图解股票

超买超卖指标背离技术

KDJ + CCI + RSI

曾 增 ◎ 编著

中国铁道出版社有限公司
CHINA RAILWAY PUBLISHING HOUSE CO., LTD.

图书在版编目（CIP）数据

图解股票超买超卖指标背离技术：KDJ+CCI+RSI / 曾增编著. -- 北京：中国铁道出版社有限公司, 2024.12
ISBN 978-7-113-31633-4

Ⅰ. F830.91-64

中国国家版本馆CIP数据核字第2024J4U845号

书　　名：	图解股票超买超卖指标背离技术（KDJ+CCI+RSI） TUJIE GUPIAO CHAO MAI CHAO MAI ZHIBIAO BEILI JISHU（KDJ+CCI+RSI）
作　　者：	曾　增

责任编辑：杨　旭　　　编辑部电话：（010）51873274　　　电子邮箱：823401342@qq.com
封面设计：宿　萌
责任校对：苗　丹
责任印制：赵星辰

出版发行：中国铁道出版社有限公司（100054，北京市西城区右安门西街8号）
网　　址：https://www.tdpress.com
印　　刷：河北燕山印务有限公司
版　　次：2024年12月第1版　2024年12月第1次印刷
开　　本：710 mm×1 000 mm　1/16　印张：11.5　字数：170千
书　　号：ISBN 978-7-113-31633-4
定　　价：69.00元

版权所有　侵权必究

凡购买铁道版图书，如有印制质量问题，请与本社读者服务部联系调换。电话：（010）51873174
打击盗版举报电话：（010）63549461

前言

在股票市场中要想获利,投资者必然离不开技术分析。但技术分析的对象该如何选取?哪种技术分析对象更能有效提高投资者的成功率?不同投资风格和持股周期的投资者又适合哪些技术分析对象?这些问题都是没有标准答案的,投资者需要经过一定的摸索才能找到适合自己的道路。

不过无论是什么类型的投资者,都离不开对买卖点的分析和寻找。而技术指标中的超买超卖型对行情转折点的预示作用是比较有效的,这些指标中的背离技术更能传递出明确的涨跌信号,可有效提高投资者的操作成功率。

在超买超卖型指标中,KDJ 指标、CCI 指标和 RSI 指标是比较常用的,它们的结构都比较简单,既能够契合股价走势,又能够与之形成背离。同时不同持股周期的投资者可以适当针对这三大指标的参数进行修改,使其更符合自己的风格。

在这三个指标中,KDJ 指标使用最为频繁,也是股市中最为有效的技术指标之一。它由三条指标线构成,通过分析指标线在不同摆动区域内的运行情况,投资者可以快速找出其中的异常点和背离形态,进而确定买卖位置。除此之外,这三条指标线内部还可以形成一定的背离,其中包含的信息十分丰富,是投资者利用超买超卖型指标分析投资的首选。

CCI 指标则仅有一条指标线,但它是为了极端情况而设计的,在行情转折的位置具有更为敏锐的反应，同时也经常与股价形成各种背离，投资者可将其作为辅助分析对象看待。

至于 RSI 指标，也是一种具有三条指标线的超买超卖型指标，但其设计原理和运行情况都与 KDJ 指标不同，因此其中包含的信息也是投资者可以深入挖掘的。同时，该指标的三条指标线内部、指标线与股价之间都可能形成背离形态，投资者要学会将其与 KDJ 指标进行区分。

本书共六章，可分为三部分：

① KDJ 基础解析与背离技术（第 1 章）+KDJ 指标背离综合实战（第 2 章）。

② CCI 初级应用与背离形态（第 3 章）+CCI 指标背离综合实战（第 4 章）。

③ RSI 基本原理与背离走势（第 5 章）+RSI 指标背离综合实战（第 6 章）。

本书内容由浅入深、循序渐进，在讲解理论知识的同时融入了大量的典型实例，并基于真实的行情走势进行细致分析，让读者感受到各种应用技法在实际操作中的具体应用。

希望读者通过对本书中知识的学习，可以提升自己的炒股技能，收获更多的投资收益。但任何投资都有风险，也希望广大投资者在入市和操作过程中谨慎从事，降低投资风险。

曾 增
2024 年 9 月

目录

第1章　KDJ指标背离指导买卖

1.1 KDJ指标基本结构 2
1.1.1 KDJ指标的构成与交叉形态 2
实例分析 伯特利（603596）KDJ指标线的交叉应用 3
1.1.2 KDJ指标三大摆动分区 5
实例分析 新易盛（300502）KDJ指标摆动区域的不同含义 7
1.1.3 KDJ指标的参数设置 10
实例分析 新泉股份（603179）KDJ指标计算周期延长后的改变 ... 11

1.2 KDJ指标背离技术详解 13
1.2.1 KDJ指标顶背离 14
技术图示 股价高点上移，KDJ指标高点下移 14
实例分析 金雷股份（300443）KDJ指标的顶背离卖出信号 14
1.2.2 KDJ指标底背离 18
技术图示 股价低点下移，KDJ指标低点上移 19
实例分析 石英股份（603688）KDJ指标的底背离买进信号 19
1.2.3 高位钝化 21
技术图示 KDJ指标在80线附近窄幅震荡 22
实例分析 深信服（300454）KDJ指标的高位钝化看涨 22
1.2.4 低位钝化 24
技术图示 KDJ指标在20线附近窄幅震荡 25
实例分析 富临精工（300432）KDJ指标的低位钝化看跌 25

1.2.5　K 曲线筑顶背离 28
  技术图示 K 曲线三次冲高，三个高点走平 28
  实例分析 中科创达（300496）KDJ 指标三重顶形态卖出 29
  技术图示 K 曲线两次上冲突破失败 31
  实例分析 喜临门（603008）KDJ 指标的双重顶卖出信号 31

1.2.6　K 曲线筑底背离 33
  技术图示 K 曲线三次下跌，三个低点走平 33
  实例分析 联特科技（301205）KDJ 指标三重底形态买进 34
  技术图示 K 曲线两次下跌，两次被拉起 36
  实例分析 金辰股份（603396）KDJ 指标的双重底买进信号 36

1.2.7　J 曲线频繁突破 100 线 38
  技术图示 J 曲线多次上穿 100 线 38
  实例分析 合力科技（603917）J 曲线频繁突破 100 线警示信号 39

1.2.8　J 曲线频繁跌破 0 线 41
  技术图示 J 曲线多次跌破 0 线 41
  实例分析 蓝英装备（300293）J 曲线频繁跌破 0 线反转信号 42

1.2.9　二次金叉的指标线背离 45
  技术图示 金叉过程中 KDJ 指标线背离 45
  实例分析 三环集团（300408）二次金叉背离预示看涨 46

1.2.10　二次死叉的指标线背离 48
  技术图示 死叉过程中 KDJ 指标线背离 48
  实例分析 东尼电子（603595）二次死叉背离预示看跌 49

第 2 章　KDJ 指标背离综合实战

2.1　大金重工（002487）：下跌阶段 KDJ 背离应用 52
 2.1.1　下跌期间反弹顶部的 KDJ 背离 52
  实例分析 反弹即将结束，KDJ 背离技术提示卖出 52
 2.1.2　下跌过程中的背离买进信号 55
  实例分析 KDJ 指标提前释放出反弹看涨信号 55
 2.1.3　低位钝化不可提前买进 58
  实例分析 低位钝化等待反转时机 58

2.2 伯特利（603596）：上涨阶段 KDJ 背离应用 61
2.2.1 走牛过程中 KDJ 指标背离买进 62
实例分析 强势上涨前夕、期间及结束时的 KDJ 指标表现 62
2.2.2 利用 KDJ 指标抓住下一次上涨 66
实例分析 KDJ 指标顶底背离指示出买卖位置 66

第 3 章　CCI 指标背离定位拐点

3.1 CCI 指标基础知识 70
3.1.1 CCI 指标特殊的运行原理 70
3.1.2 CCI 指标的两大运行区间 71
实例分析 双环传动（002472）CCI 指标在不同区域内的表现 73
3.2 CCI 指标背离形态解析 74
3.2.1 高位双重顶背离 75
技术图示 CCI 指标两次上冲，线高点走平 75
实例分析 西藏矿业（000762）CCI 指标的双重顶卖出信号 75
3.2.2 高位三重顶背离 78
技术图示 CCI 指标三次冲高，高点水平震荡 78
实例分析 隆基绿能（601012）CCI 指标的三重顶卖出信号 79
3.2.3 高位头肩顶背离 81
技术图示 CCI 指标高位震荡形成头肩顶 81
实例分析 明泰铝业（601677）CCI 指标的头肩顶卖出信号 82
3.2.4 低位双重底背离 84
技术图示 CCI 指标两个低点走平形成双重底 84
实例分析 中科创达（300496）CCI 指标的双重底买进信号 85
3.2.5 低位三重底背离 87
技术图示 CCI 指标低位震荡，三个低点走平 87
实例分析 锦浪科技（300763）CCI 指标的三重底买进信号 87
3.2.6 低位头肩底背离 89
技术图示 CCI 指标三降三升形成头肩底 89
实例分析 臻镭科技（688270）CCI 指标头肩底背离买进 89

        3.2.7 顶背离形态 91
            技术图示 股价高点上移，CCI 指标高点下移 92
            实例分析 妙可蓝多（600882）CCI 指标的顶背离卖出信号 92
        3.2.8 底背离形态 95
            技术图示 股价低点下移，CCI 指标低点上移 95
            实例分析 融捷股份（002192）CCI 指标的底背离买进信号 95
    3.3 指标线对关键线的穿越背离 98
        3.3.1 指标线在 100 线上的转折背离 98
            技术图示 CCI 指标在 100 线上转折向下 98
            实例分析 通合科技（300491）CCI 指标线在 100 线上转折回落靠近
            100 线的背离 99
        3.3.2 指标线在 -100 线下的转折背离 102
            技术图示 CCI 指标在 -100 线下转折向上 102
            实例分析 三诺生物（300298）CCI 指标线在 -100 线下转折回升靠近
            -100 线的背离 103
        3.3.3 指标线越过 280 线后股价背离 105
            技术图示 CCI 指标在 280 线上转折 105
            实例分析 科士达（002518）CCI 指标线在 280 线上转折回落靠近
            280 线的背离 106
        3.3.4 指标线跌破 -280 线后股价背离 107
            技术图示 CCI 指标在 -280 线下转折 108
            实例分析 王府井（600859）CCI 指标线在 -280 线下转折回升靠近
            -280 线的背离 108

第 4 章　CCI 指标背离综合实战

    4.1 广东鸿图（002101）：CCI 指标背离寻买点 112
        4.1.1 上涨初始利用 CCI 指标线定位买点 112
            实例分析 CCI 指标线对 -280 线的跌破与转折 112

目　录

　　　4.1.2　注意 CCI 指标线的特殊底部形态..114
　　　　　实例分析 CCI 指标线双重底与股价的背离..................................114
　　　4.1.3　下跌反弹期间的背离买点..116
　　　　　实例分析 CCI 指标底背离，反弹买进应谨慎..............................116

　4.2　兆新股份（002256）：CCI 指标背离找卖点..................................118
　　　4.2.1　上涨到高位后的 CCI 指标背离卖点..118
　　　　　实例分析 顶背离传递出可靠信息..118
　　　4.2.2　反弹高位借助 CCI 指标线撤离..121
　　　　　实例分析 反弹高位的 CCI 指标顶背离......................................121

第 5 章　RSI 指标背离辅助操作

　5.1　RSI 指标初步认知..124
　　　5.1.1　RSI 指标的基本原理..124
　　　　　实例分析 大港股份（002077）RSI 指标在不同区域内的表现..............125
　　　5.1.2　RSI 指标的参数设置..128
　　　　　实例分析 国新健康（000503）RSI 指标参数修改后的应用..............129

　5.2　RSI 指标背离技术应用..132
　　　5.2.1　指标线的多头排列与破坏..132
　　　　　技术图示 RSI 指标多头排列结束前的背离..................................133
　　　　　实例分析 科信技术（300565）RSI 指标多头排列被破坏..............133
　　　5.2.2　指标线的空头排列与破坏..136
　　　　　技术图示 RSI 指标空头排列结束前的背离..................................136
　　　　　实例分析 天合光能（688599）RSI 指标空头排列被破坏..............136
　　　5.2.3　指标线与股价顶背离..139
　　　　　技术图示 股价高点上移，RSI 指标高点下移..............................139
　　　　　实例分析 中文在线（300364）RSI 指标顶背离应用..................140
　　　5.2.4　指标线与股价底背离..142
　　　　　技术图示 股价低点下移，RSI 指标低点上移..............................143
　　　　　实例分析 三棵树（603737）RSI 指标底背离应用......................143

  5.2.5 指标线跌破支撑线与回档防线 145
    技术图示 RSI 指标跌破关键线 146
    实例分析 万业企业（600641）RSI 指标跌破关键线的卖出操作 146
  5.2.6 指标线突破压力线与回档防线 150
    技术图示 RSI 指标突破关键线 150
    实例分析 岱勒新材（300700）RSI 指标突破关键线的加仓操作 150
  5.2.7 筑底形态背离 153
    技术图示 RSI 指标双重底形态 153
    实例分析 海源复材（002529）RSI 指标突破双重底颈线买入 154
  5.2.8 筑顶形态背离 156
    技术图示 RSI 指标双重顶形态 156
    实例分析 易华录（300212）RSI 指标跌破双重顶颈线卖出 157

第 6 章　RSI 指标背离综合实战

6.1 华中数控（300161）：牛市中 RSI 背离 160
  6.1.1 转向牛市之后的 RSI 指标背离 160
    实例分析 牛市前夕与初期的 RSI 指标表现 160
  6.1.2 上涨过程中利用 RSI 指标定位买卖点 163
    实例分析 RSI 指标背离技术寻买卖点 164
  6.1.3 上涨到行情高位后的警示信号 167
    实例分析 行情可能反转，RSI 指标提前发出信号 167

6.2 保龄宝（002286）：熊市中 RSI 背离 170
  6.2.1 上一段行情高位的转折点 170
    实例分析 RSI 指标提前发出转折信号 170
  6.2.2 强势反弹是解套好时机 172
    实例分析 RSI 指标背离提示抢反弹时机 172

第 1 章

KDJ指标背离指导买卖

　　KDJ指标属于超买超卖型指标，并且还是其中知名度和实战应用频率都比较高的代表性指标。KDJ指标的背离技术也深受投资者喜欢，本章先从指标的结构和基础用法入手，循序渐进地介绍KDJ指标的背离技术。不过需要注意，本书中的理论知识需要结合实际进行分析，在实战中，不可盲目按照理论进行操作。

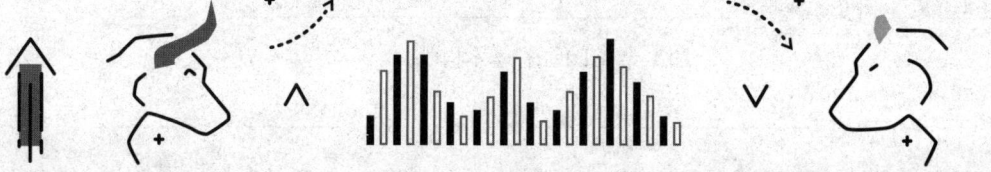

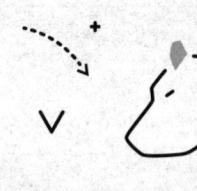

1.1 KDJ 指标基本结构

KDJ 指标的中文名称为随机指标，其具有结构简单、应用简便等特点，适合各种类型和持股周期的投资者使用。指标主要以"平衡位置"为理论核心，通过观察价格在短期内脱离"平衡位置"的程度，考察当前价格脱离正常价格波动范围的程度，并以此作为研判价格波动的依据。

简单来说，就是投资者可以通过观察 KDJ 指标的运行情况判断市场是否有超买超卖行为，股价是否过度上涨或过度下跌，进而结合其他信息作出相应的决策。

作为主要通过指标线反映市场信息的指标，KDJ 指标必然会与股价形成背离，指标线之间也可能有背离情形存在，其中一些典型形态更是具有极高的分析价值。不过在学习进阶背离技术之前，投资者最好先熟悉 KDJ 指标的构成和研判原理。

1.1.1 KDJ 指标的构成与交叉形态

KDJ 指标中主要包含三条曲线，即 K 曲线、D 曲线和 J 曲线，具体如图 1-1 所示。

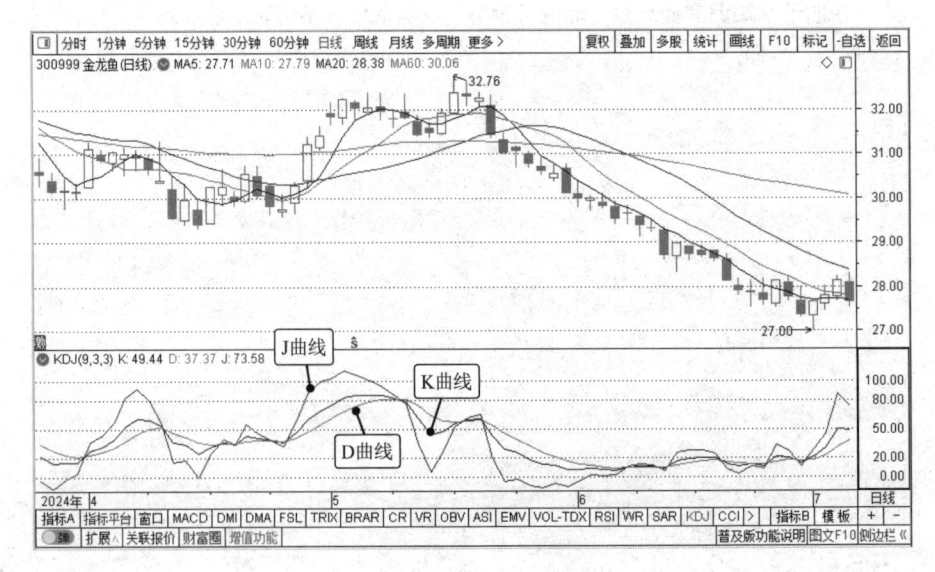

图 1-1 KDJ 指标基本构成

KDJ 指标的计算原理稍显复杂，是根据统计学原理通过一个特定的周期（通常为 9 日、9 周等）内出现过的最高价、最低价、最后一个计算周期的收盘价及这三者之间的比例关系，计算最后一个计算周期的未成熟随机值（RSV 值），然后根据平滑移动平均线的方法来计算 K 值、D 值与 J 值，最后绘制成如图 1-1 中所示的灵活曲线。

下面简单展示 RSV 值、K 值、D 值与 J 值的计算公式，投资者只需简单了解即可，不必过于深究。

RSV 值 =（当日收盘价 - 最近 N 日的最低价）÷（最近 N 日的最高价 - 最近 N 日的最低价）×100

K 值 =2/3× 前一日 K 值 +1/3× 当日 RSV 值

D 值 =2/3× 前一日 D 值 +1/3× 当日 K 值

J 值 =3× 当日 K 值 -2× 当日 D 值

在这三条指标线中，J 曲线的变动幅度最大，灵敏度最高，因此更加容易与另外两条指标线及股价形成背离。K 曲线的变动幅度则稍小，灵敏度居中，很多技术形态都是由稳定性较好的 K 曲线完成的。D 曲线的变动幅度最小，灵敏度最低，具有一定的滞后性，也容易与其他指标线和股价产生背离。

除此之外，细心的投资者可能也发现了，KDJ 指标的三条曲线总是会交叉于同一个点，每次交叉之后，K 曲线依旧居中，但 J 曲线和 D 曲线的位置会发生变化。

不同方向的交叉形成了不同的形态，J 曲线自上而下跌破 K 曲线和 D 曲线，D 曲线转移到 K 曲线上方，形成的交叉是死亡交叉，其大部分时候释放的是看跌信号；J 曲线自下而上突破 K 曲线和 D 曲线，D 曲线转移到 K 曲线下方，形成的交叉则是黄金交叉，其大部分时候释放的是看涨信号。

下面通过一个实例来简单了解 KDJ 指标三条曲线的交叉应用。

实例分析 伯特利（603596）KDJ 指标线的交叉应用

图 1-2 为伯特利 2023 年 5 月到 8 月的 K 线图。

在伯特利的这段走势中，股价的每一次明显涨跌几乎都对应着 KDJ 指

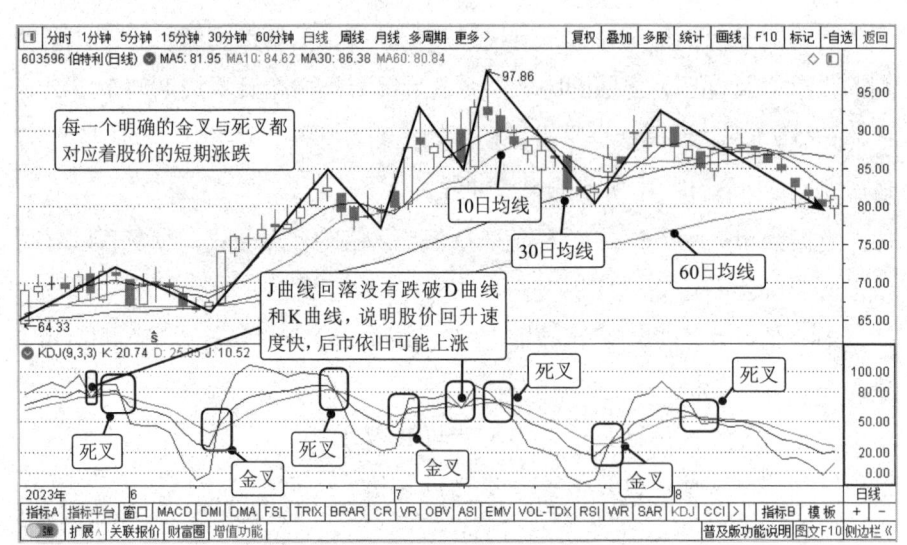

标的交叉形态，下面来逐一解析。

图 1-2　伯特利 2023 年 5 月到 8 月的 K 线图

2023 年 5 月到 6 月上旬，股价先是上涨到 70.00 元价位线上方受阻后小幅回落震荡，最终在 60 日均线上得到支撑后继续拉升。与此同时，KDJ 指标也在高处形成一个死叉后跟随下行，在股价重拾升势的同时构筑出金叉后上行，二者的契合度很高。

不过在股价受阻震荡的过程中，KDJ 指标中的 J 曲线在 5 月中下旬有过回落并靠近 D 曲线和 K 曲线，但最终没有跌破。其对应的是股价小幅回落到 60 日均线上很快收阳的一段走势，这说明该股短时间内跌幅较小，或是下跌持续的时间不长，KDJ 指标才没有就此形成死叉，可见其灵敏度还是不错的。

6 月上旬到 6 月下旬，股价从 70.00 元价位线下方上升至接近 85.00 元价位线的位置，期间上涨稳定性很好，所以 KDJ 指标也没有形成过交叉形态。只是股价在 85.00 元价位线下方受阻回调时，KDJ 指标才构筑出了一个死叉，发出了短期看跌的信号。

在后续半个月左右的时间内，股价又经历了几次涨跌，幅度有大有小，KDJ 指标也基本在每一次股价转折的同时形成了相应的交叉。并且在 7 月上旬，KDJ 指标形成了与 5 月底类似的死叉失败的形态，对应的股价回调幅度也不大，很快又回归上涨了。

在创出 97.86 元的新高后，股价转势下跌，在三连阴的作用下很快便来到了 10 日均线附近。这时的 KDJ 指标在构筑死叉后依旧下行，而且下跌幅度比以往都要大，说明行情有逆转的可能。在 7 月下旬，股价下跌到 80.00 元价位线上方受 30 日均线支撑止跌，KDJ 指标形成了一个金叉，股价出现一波短期反弹走势。

待到股价反弹结束，拐头向下在 8 月上旬跌破向下的 30 日均线时，KDJ 指标的死叉就意味着下跌趋势来临了。相较于前期的那些死叉来说，这里的卖出信号就更加强烈。因此投资者要学会综合多种信息进行决策，不可单独依靠某一个指标或研判对象操作。

1.1.2　KDJ 指标三大摆动分区

KDJ 指标的摆动区域其实就是指标线的运行范围，不过 KDJ 指标三条曲线的取值范围有所不同，投资者需要先行了解。

K 值和 D 值的取值范围在 0～100，也就是说，K 曲线和 D 曲线的波动不能超过 0～100 的界限。但 J 值的取值范围却可以超过 0～100，也就是说，J 曲线可以向下越过 0 线和向上越过 100 线，如图 1-3 所示。

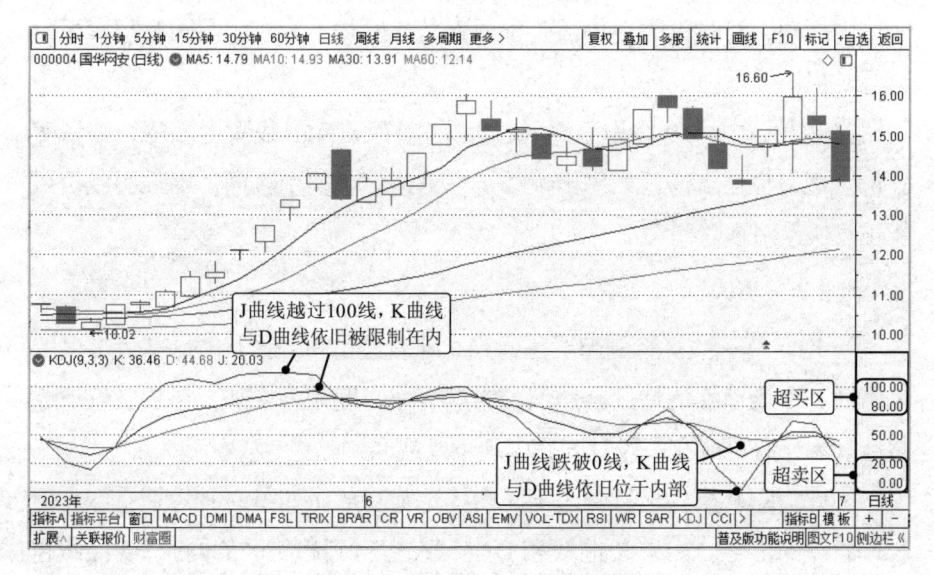

图 1-3　KDJ 指标线的取值范围

在 0～100 的主要取值范围内还有三大分区，其中，0～20 为超卖区，在此范围内形成的金叉被称为低位金叉，其看涨信号强度比普通金叉更高；20～80 为常规运行区域，在此范围内形成的金叉和死叉被称为中位金叉和中位死叉，各自的信号强度一般，多数是股价短期震荡导致的；80～100 为超买区，在此范围内形成的死叉被称为高位死叉，其看跌信号强度比普通死叉更高。

除此之外，三大摆动区域各自也有不同的含义。

（1）超卖区

当 KDJ 指标线运行到超卖区，往往意味着股价前期经历了一段时间的下跌，市场情绪更多地倾向于卖出或留在场外观望，此时是不宜介入的。

随着时间的推移，卖盘的下跌动能逐渐积累，导致股价形成了超跌现象，后市有机会产生反弹。如果 K 曲线和 D 曲线在运行到超卖区的同时，J 曲线跌破了 0 线，筑底回升的可能性就更大了，但回升时机不明，投资者要等待机会。

（2）常规运行区域

既然是常规运行区域，往往就意味着 KDJ 指标线大部分时间都在这个区域内摆动，对股价的走势虽有预示意义，但并不会在超买区和超卖区内运行时那样强烈。

在此区域内，50 线为分界线，如果指标线在 50 线附近震荡，则说明股价大概率也在震荡；如果指标线正在迅速穿越整个区间，则说明股价可能正在快速涨跌。

（3）超买区

当 KDJ 指标线运行到超买区，则意味着股价在经过长时间或大幅度的上涨后，市场追涨情绪过分热烈，买盘推涨力度大大增加，导致股价形成超涨现象，有可能在一段时间后出现下跌或回调。

因此，KDJ 指标运行到超买区内的走势释放出的是一种短期看涨，但长期看跌的信号。如果 K 曲线和 D 曲线在运行到超买区的同时，J 曲线越过了100线，那么这种信号将更加强烈。

但也并不是所有情况下KDJ指标线运行到相应区域都会给出准确的反转预示，毕竟还有背离、钝化及骗线等情形存在，所以投资者在实战中要注意结合多方信息来进行分析。

下面通过一个直观的实例来了解KDJ指标线在这三大摆动区域中的运行情况，以及与股价走势的契合程度。

实例分析 新易盛（300502）KDJ指标摆动区域的不同含义

图1-4为新易盛2022年12月到2023年4月的K线图。

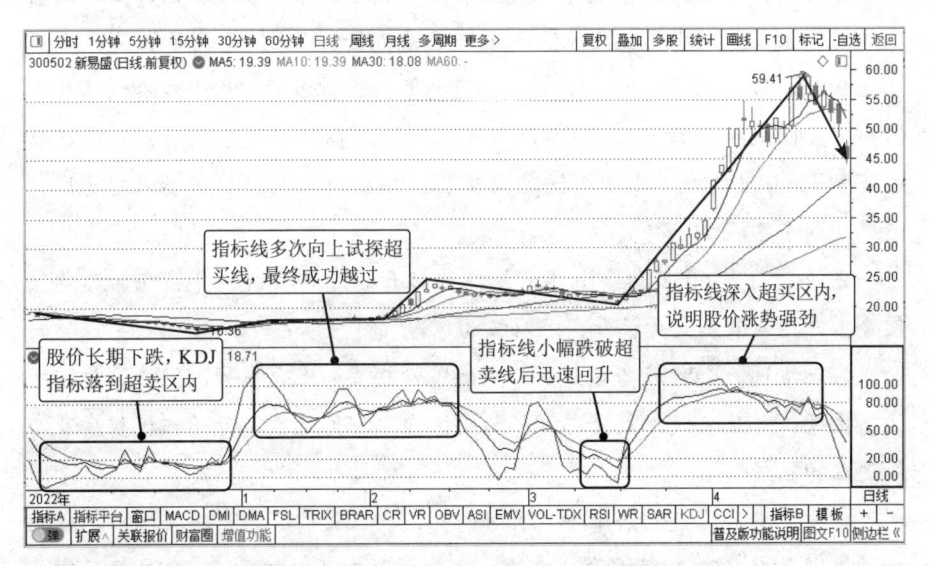

图1-4　新易盛2022年12月到2023年4月的K线图

先来看新易盛的股价转入上涨行情之前（2022年12月）的走势和KDJ指标的表现，从图1-4中可以看到，这段时间该股是明显下跌的，并且越到后期跌速越快。KDJ指标在此期间也是大幅下滑，三线都落到超卖区内后长期在该区间横向震荡，期间只有J曲线偶尔突破到20线之上，其他两线基本都在其下方运行。

这里形成的是一种被称为低位钝化的形态（具体内容将在本章后续小节中讲到），这是线性指标特有的走势，意味着这段时间内股价的跌势十分稳定，发出的信号为中长期看跌，投资者不可轻易介入。

股价在 12 月下旬触底后开始收阳回升。由于前期的跌幅比较大，即便刚开始该股的涨速也并不算快，KDJ 指标迅速从超卖区内向上突破，J 曲线更是穿越整个常规运行区域来到了 100 线上方。

不过 K 曲线和 D 曲线并没有如此极端，K 曲线在接触到超买线后就在股价横盘整理的带动下小幅回落了，D 曲线也只是靠近超买线。但即便如此，积极信号也已经传递给了市场，大量投资者借此机会跟进建仓，预备抓住后市的拉升收益。

2023 年 2 月初，股价明显加快上涨步伐，短短数日内就冲到了 25.00 元价位线附近，短期涨幅十分可观。KDJ 指标也终于冲上了超买区，不过随着股价的受阻回落，指标线又很快下跌并穿越常规运行区间来到了低位。

但此次股价的下跌幅度不大，跌速也不快，所以只有 J 曲线落到了超卖区内，K 曲线和 D 曲线距离 20 线都还比较远。在一次震荡之后，股价逐渐向下靠近 60 日均线。由于下跌时间较长，KDJ 指标也在不断接近超卖区，最终跌到了 20 线以下。

不过股价在 60 日均线上得到支撑后回升速度非常快，并且在回归均线组合上方之后开始大力拉升，涨幅极为惊人。

在此期间，KDJ 指标也是立即跟随股价拐头向上，在短时间内穿越常规运行区间，并且三线都直接进入了超买区内，可见此次拉升的积极程度及市场追涨的热烈情绪。

这种暴涨显然是无法维持太长时间的，一旦股价涨速有所减缓，KDJ 指标的表现就会反映出市场推动力的衰减。该股在 4 月初于 55.00 元价位线处受阻后小幅回落，此时的 KDJ 指标已经开始走平并转势向下了，尽管后续股价再度上涨，但涨幅不大，KDJ 指标最终还是逐步滑落到 80 线以下，回到了常规运行区间内。

下面继续来看股价大幅回调期间及行情转势下跌后的 KDJ 指标表现，如图 1-5 所示。

从图 1-5 中可以看到，该股在 4 月下旬上涨到 60.00 元价位线后阶段见顶下跌。并且由于前期上涨速度太快，盘中积累了大量亟待抛售的获利盘，此次下跌幅度还是比较大的，K 线都跌破了 30 日均线。

受此影响，KDJ 指标中的 K 曲线一度下跌并跌破了 0 线，K 曲线也小幅跌破20线，消极信号明显，短线投资者可以先行兑利出局。

5月上旬，股价重拾升势，开始在震荡中向着更高峰攀登。不过在5月底股价上涨接近前期60.00元的压力线时并未立即突破向上，而是进行了小幅的调整。KDJ指标中的K曲线也是将接触而未接触80线，突破信号尚不明确，投资者可等待时机。

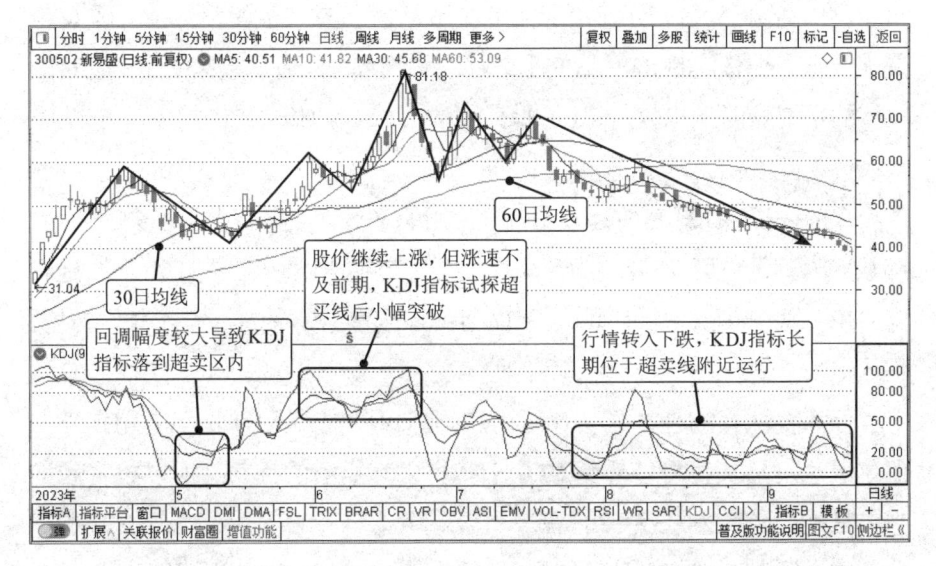

图 1-5　新易盛 2023 年 4 月到 9 月的 K 线图

6月上旬，股价终于成功收阳突破了前期高点，并持续创出新高，KDJ指标也成功越过了80线来到超买区内。投资者可尝试小幅加仓，但要注意高位被套的风险。

然而好景不长，在D曲线还没越过80线时，股价就见顶下跌了，并且跌速还比较快，这就使得KDJ指标迅速下滑到了50线以下。

股价后续还进行了两次明显的反弹，但都没能越过前期高点，可见市场助涨动能不足。KDJ指标也长期运行在50线下方，期间的震荡都没能实现有效突破，投资者要注意及时卖出。

在股价跌破30日均线和60日均线之后，KDJ指标三线都跌到了20线下方，后续虽有跟随股价反弹而震荡，但整体依旧看跌。在8月上旬到9月上旬还形成了低位钝化，预示着中长期看跌，此时还没离场的投资者可能会遭受比较大的损失。

1.1.3　KDJ 指标的参数设置

　　KDJ 指标的参数显示在指标窗口的右上方，默认参数为（9，3，3）。其中，"9"是指 KDJ 指标中 RSV 值的计算周期，也就是说，RSV 值计算的基础是近九个交易日内的最高价和最低价。

　　后面的两个"3"分别用于指定计算 K 值和 D 值的平滑天数，即 K 值是连续三个交易日的 RSV 值的平滑移动平均数，D 值是连续三个交易日的 K 值的平滑移动平均数。（J 值是三倍的 K 值与两倍 D 值的差值，计算公式始终不变）

　　一般来说，计算 K 值和 D 值时，使用的平滑天数基本上是不会改变的，都默认为三日。但 RSV 值的计算周期却可以适当改变，比如将"9"延长为"30"或"60"，就可以降低 KDJ 指标的灵敏度，使其不至于频繁转折，释放出失真信号。

　　但需要注意的是，延长计算周期固然可以提升 KDJ 指标的稳定性，但如果过度延长也可能导致 KDJ 指标失去其灵活的优势，所以投资者适当将其延长到"20"或"30"就行了。

　　如果投资者单纯想要观察中长期趋势变动情况，将其周期延长到"60"或"90"也可以，不过就不能用其定位具体的买卖点了。中长线投资者在使用默认周期的 KDJ 指标时，还可以借助其他指标比如均线、趋势线等综合判断行情变动情况。

　　下面来看一下如何修改 KDJ 指标的参数。

　　①投资者进入 K 线窗口后，右击下方副图指标窗口中 KDJ 指标线中的任意一条，在弹出的快捷菜单中选择"调整指标参数"选项，打开 KDJ 指标参数调整对话框，如图 1-6 所示。

　　②在 KDJ 指标参数调整对话框中有三个数值框，自上而下分别是计算 RSV 值的时间周期、计算 K 值的平滑天数和计算 D 值的平滑天数。若投资者想要延长 KDJ 指标的时间周期，只需要在第一个数值框中将默认数字"9"改为想要的数字即可，这里将其改为"30"，如图 1-7 所示。

③将数字修改后，指标窗口中会自动产生相应的改变，投资者只需单击"关闭"按钮，就可以回到 K 线图中使用新的 KDJ 指标了。

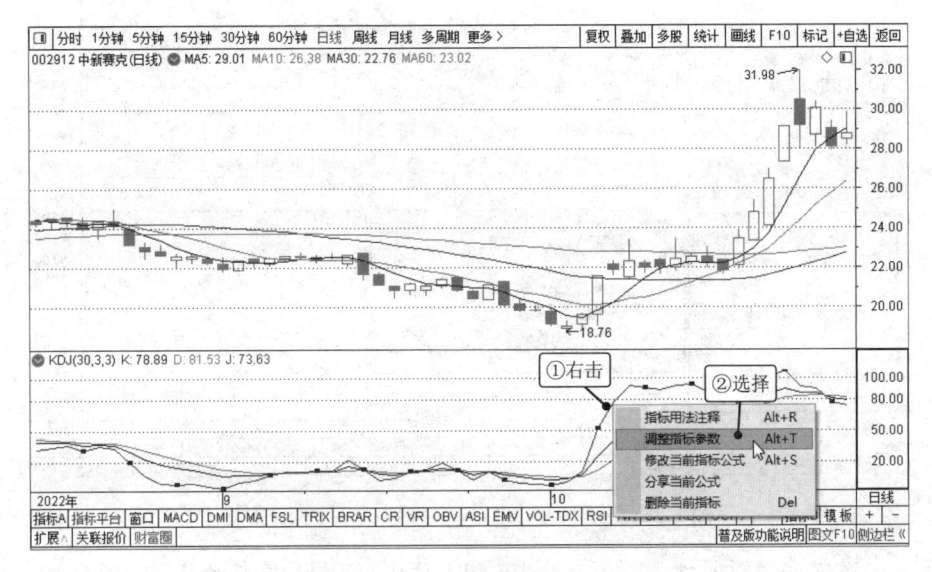

图 1-6　KDJ 指标参数修改（1）

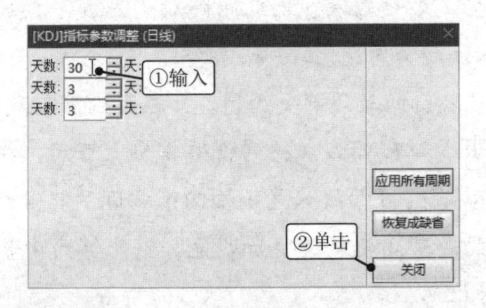

图 1-7　KDJ 指标参数修改（2）

接下来通过一个简单的对比展示计算周期延长后 KDJ 指标的效果。

实例分析　新泉股份（603179）KDJ 指标计算周期延长后的改变

图 1-8 为新泉股份 2023 年 4 月到 10 月的 K 线图。

在新泉股份的这段走势中，股价经历了两次比较明显的转折，一次是在 2023 年 4 月底到 5 月初，股价由跌转涨；另一次是在 8 月，股价由涨转跌。每一次的转折都伴随着 KDJ 指标的相应变化，不过长周期 KDJ 指标和默认周期 KDJ 指标的表现却有所不同。

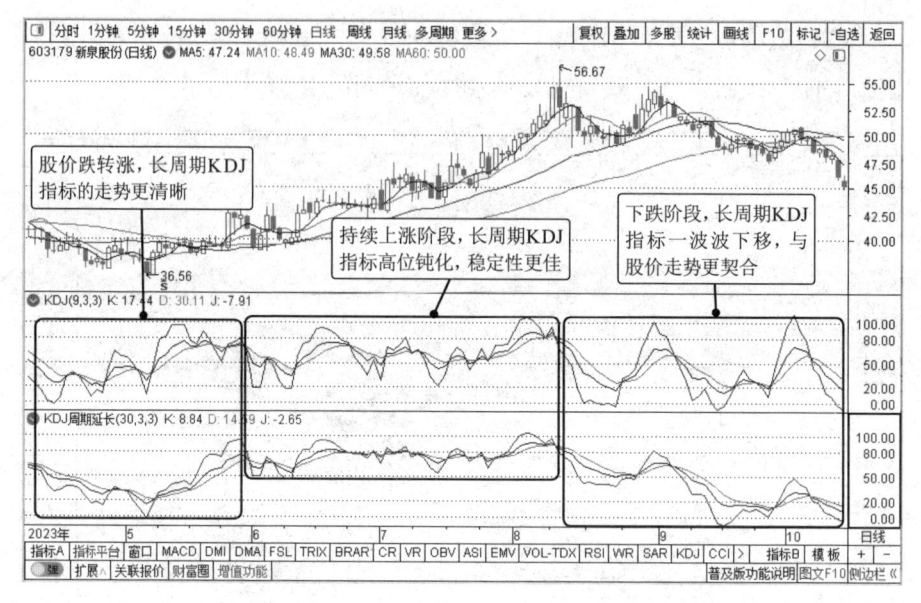

图 1-8　新泉股份 2023 年 4 月到 10 月的 K 线图

在第一次转折处，也就是 4 月底到 5 月初，股价的震荡还是比较明显的，默认周期 KDJ 指标灵敏度较高，因此跟随股价形成了数次震荡交叉，但整体还是能观察到涨跌趋势的变化。

而长周期 KDJ 指标的表现则更加稳定，在股价下跌震荡时，J 曲线就没有明显突破过 D 曲线和 K 曲线。待到价格转为上涨后，指标线就更没有产生交叉，而是持续上行，J 曲线只是小幅回落靠近了其他两条指标线。因此长周期 KDJ 指标的趋势变化轨迹更加明显，更能够为中长线投资者提供行情转势的买入参考信息。

待到股价在中长期均线上站稳脚跟，开始持续向上拉升后，默认周期 KDJ 指标就跟随在 50 线以上形成了不规律的震荡，交叉频率很高，但又不能算是高位钝化，投资者在使用时会比较麻烦。

而长周期 KDJ 指标就不一样了，在股价涨势稳定后，指标线就在 80 线附近形成了典型的高位钝化形态，尽管期间的交叉信号与默认周期 KDJ 指标一样失真，但整体却能传递长期看好的信号。这样投资者在持股时就不必因为一个死叉而战战兢兢，反复考虑要不要卖出。

进入 8 月后，股价在 56.67 元处见顶后下跌，很快便在 30 日均线上得到支撑后再度反弹拉升,但此段拉升的高点未破前期,后续就接连向下跌破两条中长期均线,开启了下跌走势。

在此期间,默认周期的KDJ指标跟随股价的震荡形成了多个交叉。尽管在8月中旬的第一次反弹时,指标中的K曲线高点有所下移,与股价反弹不破前期高点的走势契合,但在9月下旬的第二次反弹时,股价高度明显下移到了50.00元价位线处,而K曲线的高点几乎与前期齐平,J曲线更是有所上升,明显与股价形成了背离。这会让投资者把握不准股价反弹的高度和强势程度,进而可能判断失误入场被套。

再来看长周期KDJ指标的表现,随着股价反弹高点的渐次下移,长周期KDJ指标中的三条指标线都跟随出现了相应的下移,并且在第二次反弹期间形成的高度下移幅度明显大于第一次。

这就与股价契合度很高,更好地反映出了当前的市场情况。再加上指标线已经跌到超卖区内,相较于默认周期的KDJ指标释放出了更为强烈的卖出信号,警示投资者及时出局。

尽管长周期KDJ指标有如此多的优势,但这里依旧不建议投资者长期使用这种参数的指标。一是因为KDJ指标在设计之初就是为了快速、灵活定位买卖点,如果其周期被延长,就会明显减弱这一优势;二是长周期KDJ指标可能会频繁产生高低位钝化,不利于投资者抓住买卖时机。

如果投资者认为默认周期的KDJ指标变动频率太高,就可以利用其他趋势型指标来观察行情整体情况,确定具体操作范围后再利用KDJ指标精确定位买卖点。这样既能把握住大趋势,又能不错过绝佳买卖时机,比起单独使用长周期的KDJ指标来说更有效率。

因此,本章后续的背离技术还是以默认周期的KDJ指标为例进行介绍,想要尝试长周期KDJ指标的投资者可以自行设置分析。

1.2 KDJ指标背离技术详解

在KDJ指标中,三条指标线会因为灵敏程度的不同而产生运行方向上的背离;除此之外,KDJ指标也会与外部的股价走势产生背离;在分时图中，KDJ 指标还有可能与分时股价线产生背离，从而释放出超短期买卖信号。

下面就针对一些常见且实用的 KDJ 指标背离技术进行详细解析。

1.2.1　KDJ 指标顶背离

KDJ 指标顶背离是指标线与 K 线结合形成的一种特殊高位反转形态，具体是指在行情高位 K 线高点不断上移的同时，KDJ 指标的高点却出现明显下移的情况，如图 1-9 所示。

技术图示　股价高点上移，KDJ 指标高点下移

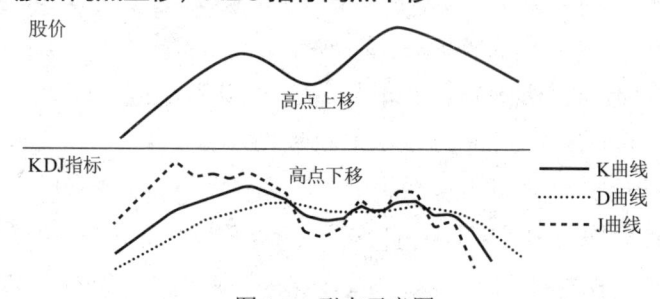

图 1-9　形态示意图

这种顶背离是 KDJ 指标背离技术的基础用法，也是实战中最常见、最有效的背离技术之一，因此投资者需要重点掌握。

一般来说，KDJ 指标都是配合 K 线的走势涨跌的，之所以在高位形成顶背离，还是因为市场推动力不足，股价涨势变缓，导致 KDJ 指标提前发生了转向。因此 KDJ 指标顶背离出现后，谨慎型投资者最好及时借高出货，将收益兑现，激进型投资者也要适当减仓。

注意，投资者在观察背离形态时主要看的是 K 曲线，J 曲线虽然也可作为参考，但参考价值不如 K 曲线高，不过投资者也可以二者结合观察。

接下来通过真实的案例进行深入学习。

实例分析　金雷股份（300443）KDJ 指标的顶背离卖出信号

图 1-10 为金雷股份 2022 年 5 月到 10 月的 K 线图。

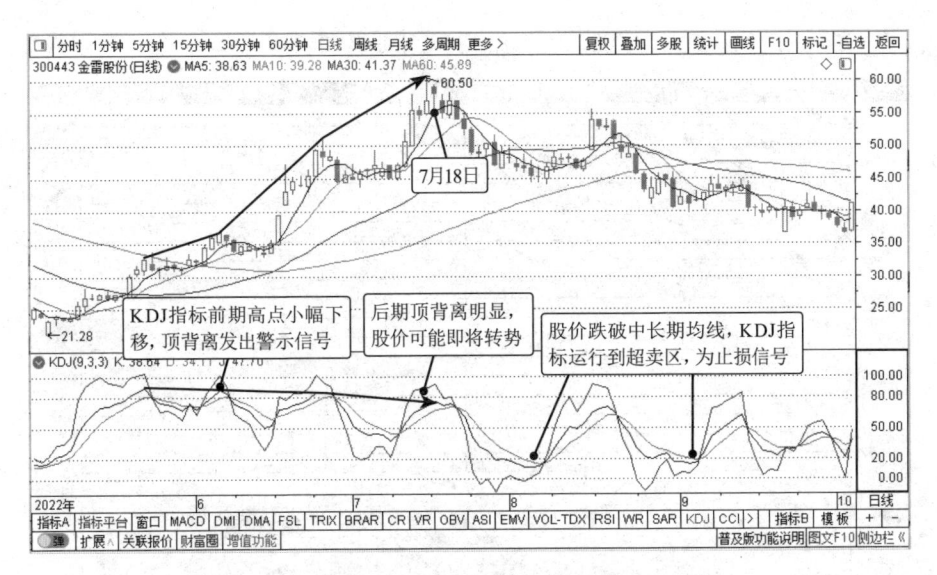

图 1-10　金雷股份 2022 年 5 月到 10 月的 K 线图

在金雷股份的这段走势中，该股在 2022 年 5 月初以 21.28 元的价格触底后开始上涨，初期的涨势并不稳定，毕竟还有中长期均线在上方阻碍发展。待到 K 线逐步收阳成功将其突破，于 6 月初在 35.00 元价位线处回调整理之后，涨速才得到进一步加快，迎来主升期。

观察这段时间内股价的整体变化趋势，不难看出该股在突破 60 日均线之后，后续高点是明显上移的，但同一时期 KDJ 指标中 K 曲线的高点却有小幅度的下移，二者形成了不太明显的顶背离，发出警示信号。

越到后期，KDJ 指标的顶背离就越明显。尤其是在 6 月底和 7 月中旬的两个股价高点处，K 曲线的高点明显逐步下滑到了 80 线以下，而股价的高点又进一步抬高，这时的顶背离才算彻底成型。

不过由于长期顶背离的存在，投资者反而很难确定确切的反转位置，也无法判断股价下跌后面临的是回调还是行情转势。因此，谨慎型投资者在确定顶背离成型后就最好提前止盈卖出，保住收益，而惜售型的投资者若想继续持股并寻找反转点位，就需要借助其他信息进行判断了。

分时图中 KDJ 指标的表现就是一个很好的参考，K 线的形态也是一大关注要点。回到图 1-10 中，该股在 7 月上旬的拉升中连续收出了数根带有长上影线的阳线，这说明股价多次单日冲高又回落，上方阻力比较大。

7 月 18 日，K 线收阴走平，分时走势中也形成了背离形态，下面来看当日的具体情况。

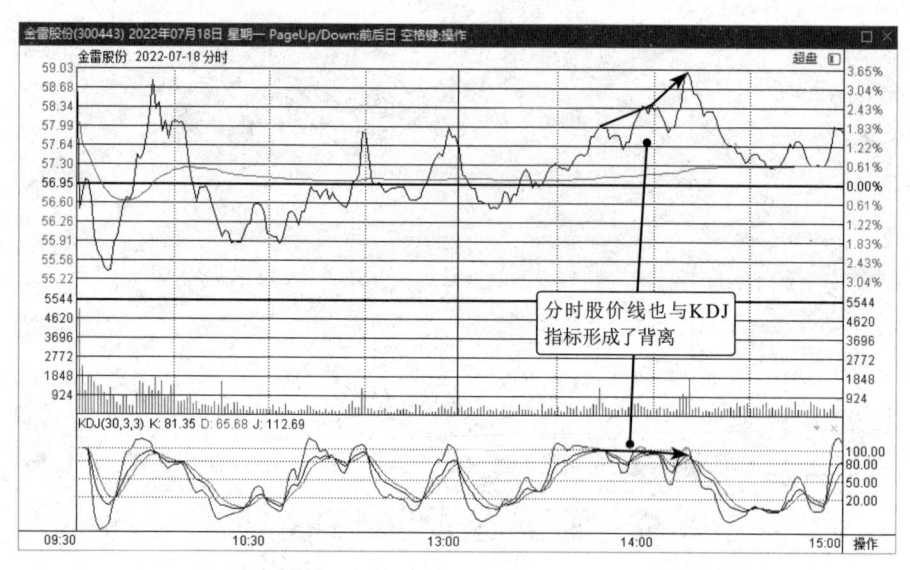

图 1-11 为金雷股份 2022 年 7 月 18 日的分时图。

图 1-11　金雷股份 2022 年 7 月 18 日的分时图

　　观察 7 月 18 日的整体走势可以发现，股价线并不具有特别明显的趋势性，而是更偏向于猴市震荡。在此期间，KDJ 指标也跟随出现了幅度较大的波动，只能指示出超短线买卖机会，并不能为外部判断行情转势提供太多的信息。

　　但在 14:00 前后，随着股价线震荡上升试图创出新高的走势，KDJ 指标线冲上了超买区，K 曲线和 D 曲线甚至还多次上升靠近最大取值极限，即 100 线，J 曲线则是多次突破到 100 线之外。

　　这样的状态看似积极，但仔细观察就会发现，在股价高点持续上扬的过程中，K 曲线的高点是逐渐下移的，尽管并不算强势，但顶背离形态依旧成立。这说明股价涨势将尽，再加上成交量并未给予足够的支撑力，该股最终还是转势下跌，以较低的价格收出阴线。

　　尽管这一个交易日的分时 KDJ 指标顶背离无法直接确定行情转势，但结合外部走势来看，投资者应当可以接收到其警示信号，进而及时卖出。

　　回到 K 线图中，该股后续在 55.00 元价位线上横盘了数个交易日，最终还是将其跌破下行到 30 日均线位置，之后股价踩在 30 日均线上横盘数日后继续下跌并跌破 30 日均线。

　　这时，行情反转的可能性已经非常大了，就算股价在 60 日均线上方得到支撑有继续上涨的趋势，投资者最好也先行卖出观望。如果该股后市确实能够继续创出新高，投资者也可以重新买进。

然而，该股在突破走平的 30 日均线之后就横盘整理并很快回归下跌，股价并未突破前期高点。KDJ 指标也在一次次的深度下跌中多次进入超卖区内，这意味着市场情绪低迷，投资者普遍看跌，为止损信号。

拓展知识 分时图中的 KDJ 指标设置与参数

大多数炒股软件中的分时图界面都只默认存在股价走势窗口、成交量窗口及右侧的交易信息窗口（图 1-11 中的交易信息窗口为隐藏状态）。若要观察 KDJ 指标、MACD 指标等这类指标，是需要单独增加一个副图指标窗口来显示的，具体操作步骤如下：

首先投资者进入个股分时图中，选择右下角的"操作"命令，在弹出的子菜单中选择"分时副图指标"命令，在弹出的子菜单中选择"1 个指标窗口"选项，如图 1-12 所示。这样就可以增加一个副图指标窗口，如图 1-13 所示。

右击副图指标窗口中的空白处，弹出的子菜单右侧会显示一些常用的指标，投资者选择"KDJ"命令即可，如图 1-14 所示。

除此之外，为增加分时图中 KDJ 指标的可信度，这里将 KDJ 指标的参数修改为（30，3，3），投资者再次调出图 1-14 所示的子菜单，在左侧选择"调整指标参数"命令，在打开的对话框中即可进行修改，方式与 K 线图中的类似，这里不再赘述。

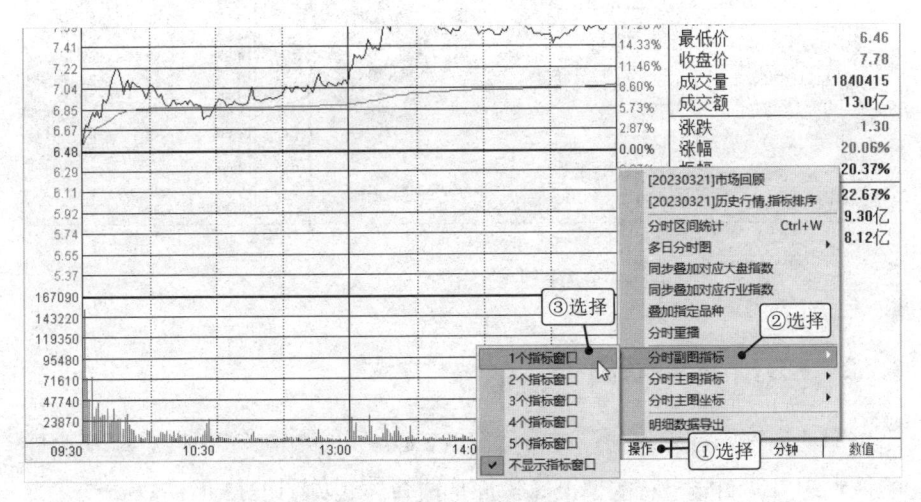

图 1-12　分时图中的副图指标窗口设置（1）

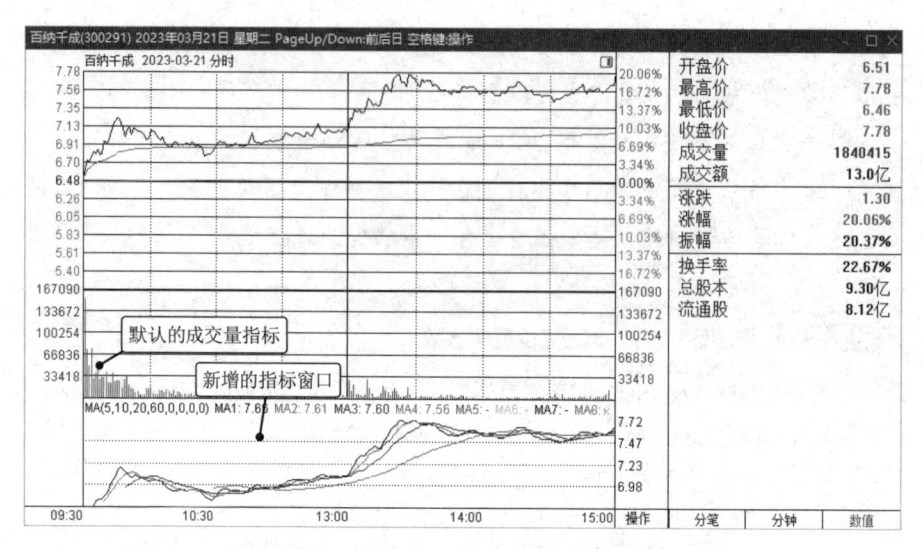

图 1-13　分时图中的副图指标窗口设置（2）

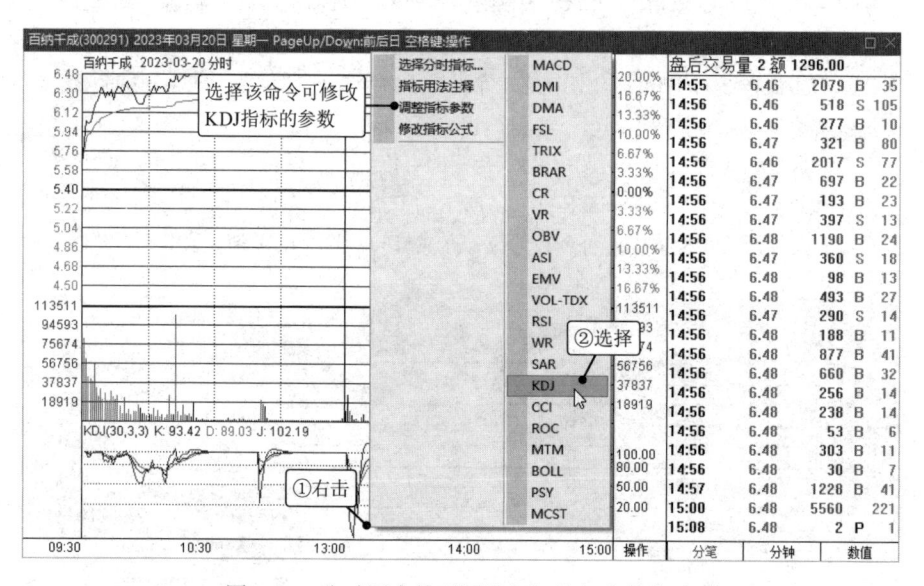

图 1-14　分时图中的副图指标切换与参数修改

1.2.2　KDJ 指标底背离

　　KDJ 指标底背离是指在行情低位 K 线低点不断下移的同时，KDJ 指标的低点却出现明显上移的情况，进而形成背离，如图 1-15 所示。

技术图示 股价低点下移，KDJ指标低点上移

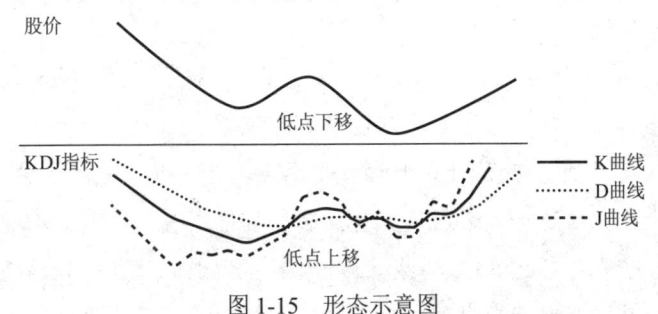

图 1-15　形态示意图

KDJ 指标的提前上移意味着市场多方已经开始大批介入，使得股价下跌速度变缓，待到价格止跌企稳，后市就可能迎来一波反弹甚至行情转势，是一种看涨形态。不过投资者的操作策略还是应当以谨慎为主，若盲目买进容易因判断失误而被套，最好在股价突破中长期均线时再介入。

接下来通过真实的案例进行深入学习。

实例分析 石英股份（603688）KDJ指标的底背离买进信号

图 1-16 为石英股份 2023 年 11 月到 2024 年 5 月的 K 线图。

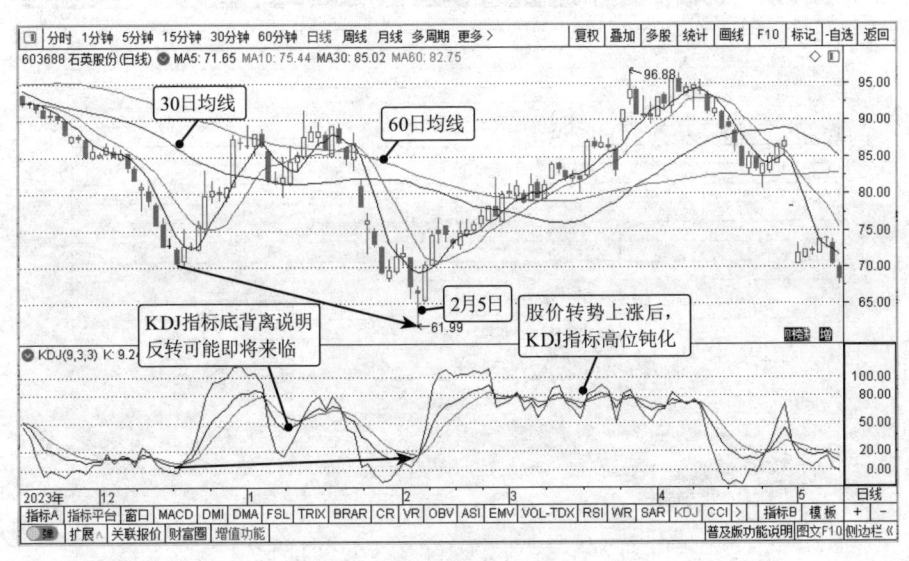

图 1-16　石英股份 2023 年 11 月到 2024 年 5 月的 K 线图

在石英股份的这段走势中，股价前期下跌速度还是比较快的，尤其是在

进入2023年12月之后,该股更是加快下跌步伐,很快便落到了70.00元价位线上,短期造成的损失极大。

此时的KDJ指标也早已跟随运行到了超卖区内,这说明市场过度看跌该股,价格已经超跌,未来是有可能形成反弹的。

12月中旬之后,股价开始大幅收阳向上拉升,甚至一度突破了30日均线,呈现出反转的迹象,吸引了大量投资者参与其中。

然而股价在接触到60日均线之后,该股就没能维持住前期的强势拉升,而是横向震荡一段时间后继续下跌,跌幅相较于前期反而更快了。在前期反弹低点买进的投资者,此时要注意及时卖出止损。

2024年2月初,股价在61.99元的位置触底后反转上涨。这时的股价低点已经有了明显下移,但观察KDJ指标可以发现,K曲线的低点相较于2023年12月中旬的低点是上扬的,二者形成了底背离形态。

除此之外,见底当日的K线形态和分时走势也有特殊寓意,下面来仔细观察和分析。

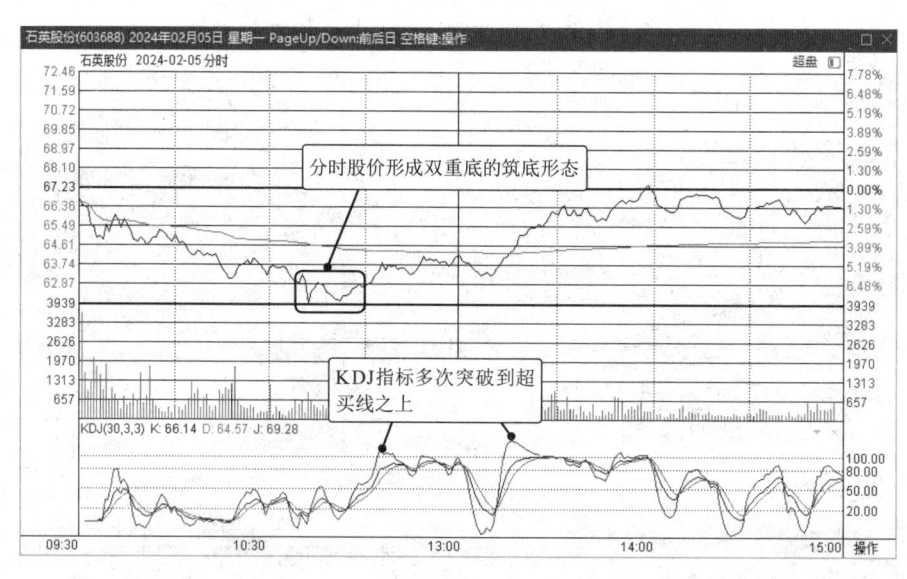

图1-17为石英股份2024年2月5日的分时图。

图1-17　石英股份2024年2月5日的分时图

2月5日正是股价见底当日,从其分时走势中可以看到,该股在开盘后先是震荡下跌了一个多小时,落到最低的61.99元处后小幅回升,短时间内再度被拉低到与前期相近的位置，随后重新上涨突破压力线。

这样两次下跌，两次被拉起，两个低点又处于相近位置的走势，就构成了一种被称为双重底的筑底形态。它是股价触底后即将反转向上的看涨形态，与KDJ指标的底背离释放出的是同向信号。

而在分时图后续的走势中，股价线积极上扬并突破均价线之上，KDJ指标多次被带动运行到超买区内，短期明显看涨。激进型投资者当时可能就已经买进了，但仍然有些冒险，谨慎型投资者应以观望为主。

在KDJ指标底背离和分时双重底看涨信号大幅加持下，此次股价是否能够成功突破中长期均线的压制呢？继续来看后面的走势便可知晓。

回到图1-16所示的K线图中，股价在反转后就开始快速收阳拉升，初期走势与2023年12月下旬的走势十分相似。不过股价在2月底接近中长期均线时，强势向上完成了突破，预示着一波强势反弹或是行情反转成型。此时的KDJ指标也已经跟随运行到了80线附近并形成钝化（下一节会详细解释其含义），释放出积极信号，谨慎型投资者此时就可以尝试着建仓跟进了。

可惜的是，后续股价的走势证实了此次的强势上涨只是一波反弹而已，该股在小幅突破95.00元价位线后就走平并最终下跌，投资者要注意借高出货，将前期收益落袋为安。

1.2.3 高位钝化

在前面的案例中已经多次提到了KDJ指标的钝化现象，到底什么是钝化呢？其实，KDJ指标的钝化就是指在股价稳定的运行过程中，三条指标线几乎黏合在一起不断震荡，并且频繁、密集地发出买入或卖出信号，但对投资者来说基本没有参考价值，这里的震荡区域就是钝化区域。

至于钝化的形成原理，则与指标的计算公式有关，但理解起来相对复杂，投资者不必深究，只需要知道当行情的走势总是保持某一固定、稳定的趋势时才能形成钝化就可以了。

而高位钝化就是指行情保持稳定上涨时，带动KDJ指标在80线附近形成的钝化现象，二者形成的也是一种背离，如图1-18所示。

技术图示 KDJ指标在80线附近窄幅震荡

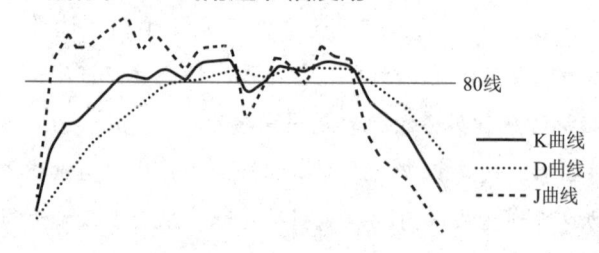

图 1-18　形态示意图

很显然，KDJ 指标的高位钝化意味着股价短时间内涨势积极，那么只要钝化现象一直保持，投资者就可以试着追涨买进。但要注意的是，越高位置的钝化，买进后反转的风险越大，毕竟指标线长期在超买线附近运行也是一种价格超涨的表现。

所以投资者只要观察到 K 线有反转，或 KDJ 指标有结束钝化的预兆，就要及时撤离，将收益落袋为安。

接下来通过真实的案例进行深入学习。

实例分析 深信服（300454）KDJ 指标的高位钝化看涨

图 1-19 为深信服 2020 年 10 月到 2021 年 3 月的 K 线图。

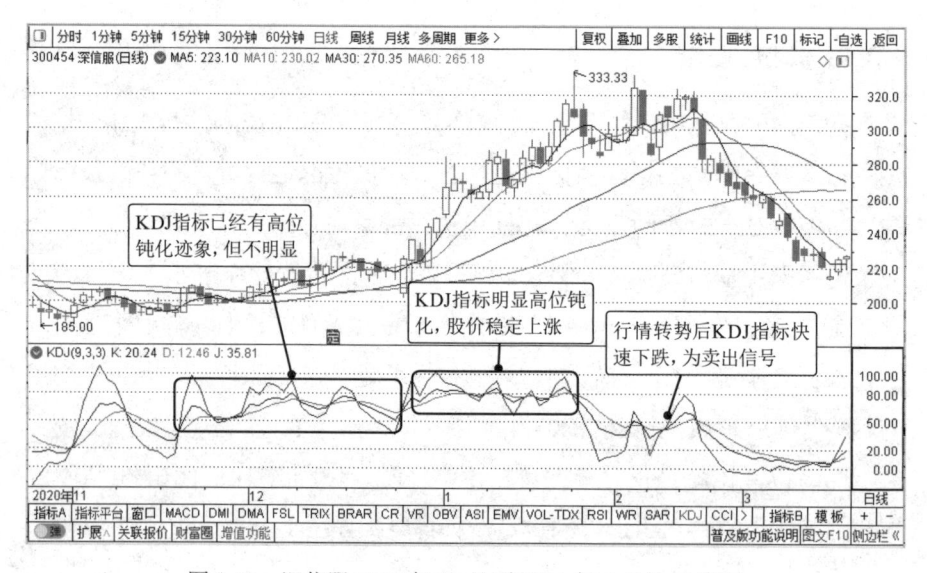

图 1-19　深信服 2020 年 10 月到 2021 年 3 月的 K 线图

2020年10月底，深信服的股价跌到了200.00元价位线之下，在中长期均线的压制下长期低位盘整，不过低点是在渐次上移的，说明市场多方还是有发力，KDJ指标也在跟随逐步上行。

11月底到12月初，股价成功形成了对中长期均线的关键突破，后续运行到其上方稳步上涨。在此期间，KDJ指标跟随来到了50线以上，K曲线和D曲线在50线与80线之间横向震荡，波动幅度较小，已经有了钝化的迹象，但不明显。

直到股价在12月下旬回踩中长期均线后，形成的近一个月的稳步拉升才带动KDJ指标真正运行到80线附近，并形成明显的高位钝化形态，与持续上涨的股价产生了背离。

根据理论知识可知，高位钝化是短期看涨但长期看跌的形态，投资者完全可以在股价回踩中长期均线不破的同时入场，在KDJ指标高位钝化的过程中保持持股，然后在股价触顶回落，KDJ指标钝化结束时撤离，即可将这段涨幅收益比较安全地收入囊中。

此次KDJ指标高位钝化结束的位置在2021年1月底，股价在收出一根带长上影线的小实体阴线，创出333.33元的新高后就明显回调，使得钝化中的KDJ指标线明显滑落到80线以下。

后续该股虽然继续上涨，但两次上冲都没能越过前期高点，可见市场推涨力度下降。再加上此时的KDJ指标也已经运行到了50线下方，与震荡走平的股价形成鲜明背离，更加证实了后市的看跌，此时谨慎型投资者最好趁着股价跌幅不大时及时出货。

在此次下跌之后，该股还形成了一次反弹，其间同样存在KDJ指标的高位钝化现象，下面继续来看后续的走势。

图1-20为深信服2021年2月到7月的K线图。

从图1-20中可以看到，该股在2021年3月中旬已经下跌到了220.00元价位线以下，短时间内的跌幅很大。这时的KDJ指标也已经深入超卖区内，价格超跌，后市有机会形成反弹。

该股在213.00元处触底后开始收阳拉升，迅速带动KDJ指标从超卖区内回升并形成低位金叉。半个月后，股价成功越过了30日均线，对于下跌趋势中的反弹来说已经是比较优秀的成绩了，被套的投资者要注意利用此次机会解套出局。

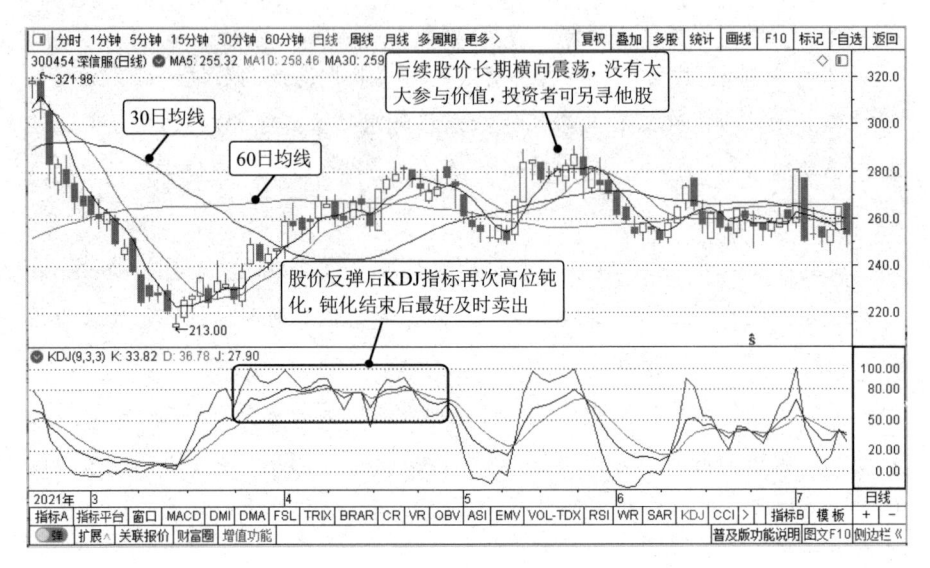

图 1-20　深信服 2021 年 2 月到 7 月的 K 线图

在股价突破 30 日均线后，KDJ 指标受其影响运行到了 80 线附近，并在此形成了又一次高位钝化。

它传递出的信息与前期上涨过程中的是一样的，但由于行情已经转为下跌，投资者的操作策略需要有所改变。场内投资者可继续持股等待反转出货，场外投资者则不建议继续买进，因为该股在突破 60 日均线数日后就开始收阴横向震荡，并最终转向下跌，结束了 KDJ 指标的高位钝化。

在后续的一段时间内，该股都维持着横向大幅震荡的走势，期间 KDJ 指标也跟随上行波动，释放出了对应的买卖信号。但显然这样的行情参与价值远没有牛市高，投资者没有必要紧抓不放，及时卖出止损后就可以另寻其他优质个股进行操作。

1.2.4　低位钝化

低位钝化是 KDJ 指标在股价连续下跌的带动下，于 20 线附近形成的钝化现象，如图 1-21 所示。

技术图示 KDJ 指标在 20 线附近窄幅震荡

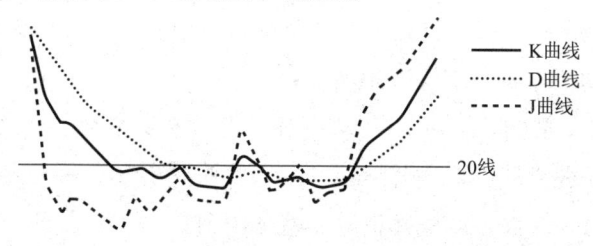

图 1-21　形态示意图

前面的一些案例中也涉及了 KDJ 指标的低位钝化现象，但都没有深入解析过其含义。其实它与高位钝化的含义正好相反，是短期看跌，但长期看涨的预兆。

低位钝化只要一直延续下去，股价的跌势也就不会停止，那么投资者也一直不能介入。不过，待到市场过度低估股价后，多方开始抄底推动，股价止跌并转势向上时，就能够打破钝化形态，投资者也可以借此买进了。

接下来通过真实的案例进行深入学习。

实例分析 富临精工（300432）KDJ 指标的低位钝化看跌

图 1-22 为富临精工 2023 年 11 月到 2024 年 5 月的 K 线图。

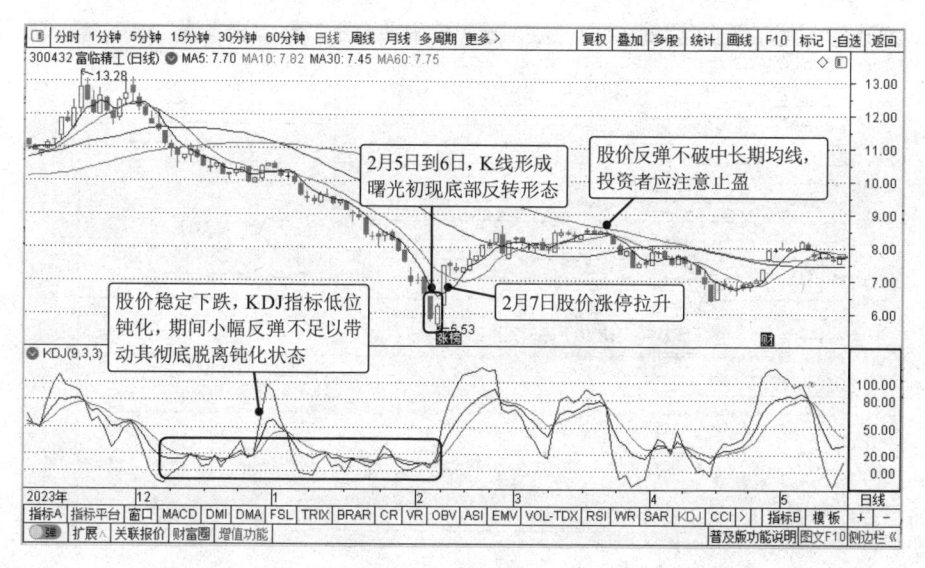

图 1-22　富临精工 2023 年 11 月到 2024 年 5 月的 K 线图

2023年11月，富临精工的股价在中长期均线之上运行，不过13.00元价位线处显然具有比较强的压制力，最终该股转势下跌，很快便跌破30日均线和60日均线，进入了下跌趋势之中。

在此期间，KDJ指标也跟随从高位下滑，逐步穿越常规运行区域，于12月初来到了超卖区附近。刚开始只有J曲线跌破了20线并运行至0线下方，随着股价的持续下跌，K曲线和D曲线也跌到20线以下，并互相纠缠形成了低位钝化，与下跌的股价形成了背离。

显然，这是股价长期下跌的标志，同时也警示着投资者不要轻易买进，场内投资者则要迅速出局止损。

12月中旬之后，该股在10.00元价位线上得到支撑开始横向震荡，打破了持续下跌的走势。KDJ指标受此影响也明显上扬，破坏了低位钝化状态，看似有形成反弹的迹象。

然而，该股最终还是没有出现反弹，而是在横盘一段时间后继续下跌。这导致KDJ指标只是短暂上冲，很快又回归超卖区内，并形成了一段更加稳定、清晰的低位钝化走势，看跌信号依旧存在，投资者不可冒进。

这样的走势一直持续到2024年2月初，该股才有了明显的反转迹象，2月5日到7日，K线形态和分时走势都有看涨预示，如图1-23所示。

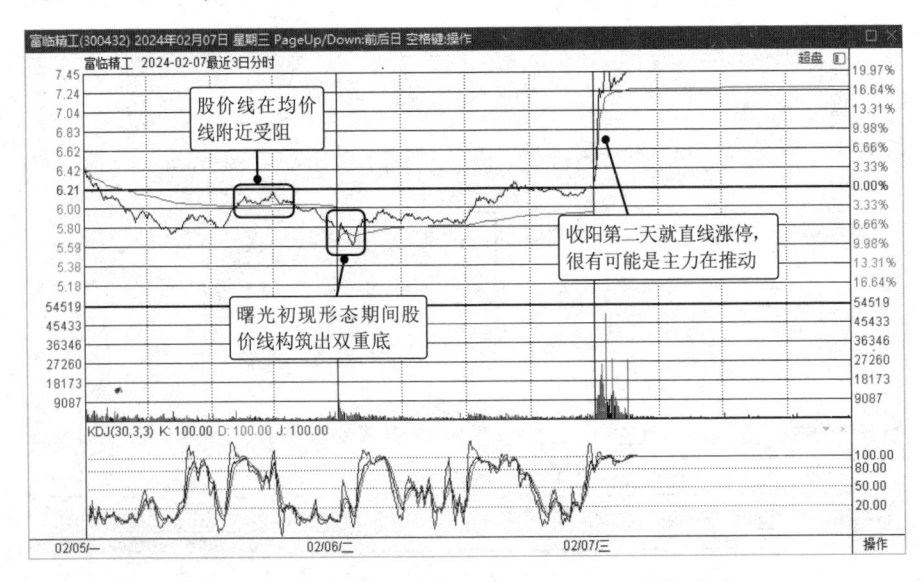

图1-23　富临精工2024年2月5日到7日的分时图

2月5日和2月6日是股价触底的前一日和触底当日，从这两日的分时走势可以看到，股价线在2月5日还处于震荡下跌状态，其间的反弹明显在均价线附近受阻。而到了2月6日，形势迅速反转，股价在短暂低位震荡后迅速冲到了均价线之上并持续上行，最终收出高价。

在两个交易日的交界处，股价线形成了一个双重底筑底形态。而这两日收出的K线前阴后阳，实体偏大，阳线的上端深入阴线实体内部一半以上，构筑出的是一种典型的K线见底组合——曙光初现。

而2月7日的分时走势则证实了该股中主力的参与，以及反弹的来临。观察其分时走势，股价线在开盘后前几分钟呈直线拉升，盘中成交量极为活跃，不断推高价格，在临近涨停时还释放出单根巨大量柱，一举将价格打到了涨停板上，显然是主力在推涨。

回到图1-22所示的K线图中观察，KDJ指标此时也在超卖区内形成了一个低位金叉后积极上行，彻底破坏了低位钝化的走势。K线走势和KDJ指标表现都明显不同于前期的走平震荡，因此后市可能迎来一波强势反弹甚至行情转势，一直等待买入机会的投资者此时可以尝试着跟进了。

虽然该股此次的反弹没能成功突破60日均线，但股价从最低的5.53元上涨至8.50元价位线附近，涨幅也有近54%，对于意图抢反弹的投资者来说已经是比较不错的收益了。而判断失误认为股价反转进入上涨行情的投资者，在发现这只是一次反弹后，也要及时卖出，保住前期收益。

拓展知识 多日分时图的设置

投资者可将多个交易日的分时走势展示在同一个界面中，这样会显得更加连贯，上一个案例中就采用了这样的方式进行分析，对比效果很不错。

多日分时图的设置不难，投资者首先进入任意个股的实时分时图中，直接按【Alt+数字】组合键进行设置。【Alt+1】组合键为一日分时图，显示的是当前交易日的走势；【Alt+2】组合键为两日分时图，显示的是当前和前一个交易日的走势；【Alt+3】组合键为三日分时图，显示的是当前和前两个交易日的走势，以此类推。

除了通过快捷键设置以外，投资者还可以选择分时图右下角的"操作"命令，将鼠标光标移动到弹出的子菜单中的"多日分时图"命令上，然后在下拉菜单中选择对应选项即可，如图1-24所示。

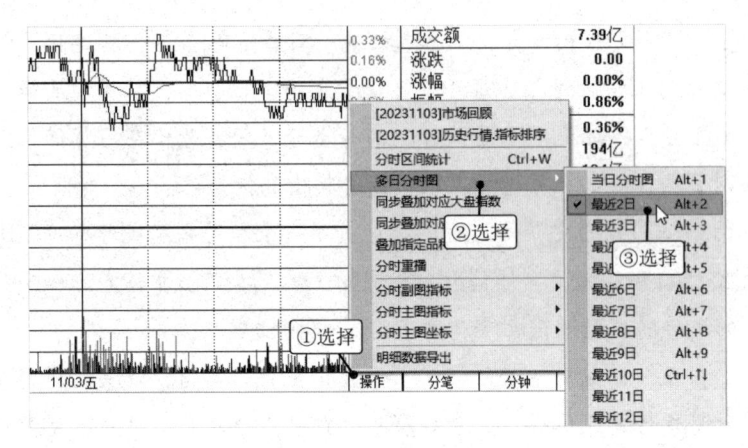

图 1-24　多日分时图设置方式

1.2.5　K 曲线筑顶背离

KDJ 指标中的 K 曲线也和股价一样，可能在高位形成筑顶形态。所谓筑顶形态，就是指一些特殊的、具有反转警示信号的高位形态，比较常见的有三重顶、双重顶、头肩顶、倒 V 形顶等。

这些筑顶形态的构筑时间相对较长，因此一旦形态符合标准，释放出的下跌信号也是比较可靠的，本节就针对三重顶和双重顶进行重点解析。

1. 三重顶

K 曲线三重顶形态是比较常见的一种 KDJ 指标筑顶背离形态，具体是指股价震荡上涨时，同时期的 KDJ 指标的 K 曲线在相对高位区域运行，连续三次上涨又连续三次跌落，在 80 线附近形成的一种顶部形态，如图 1-25 所示。

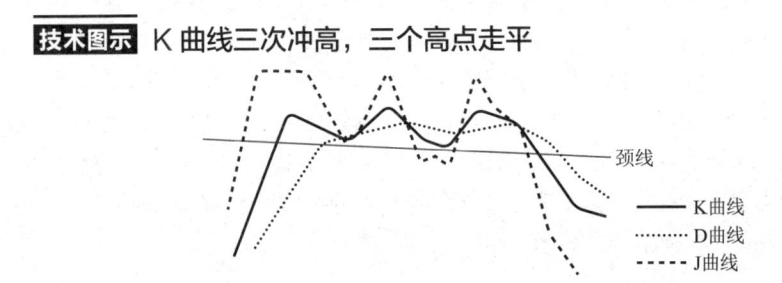

技术图示　K 曲线三次冲高，三个高点走平

图 1-25　形态示意图

要让相对稳定的 K 曲线形成三重顶，股价首先需要保持上涨，这样才能将 KDJ 指标稳在高位。同时再通过一定程度的震荡，带动 K 曲线恰好画出高点相近的三重顶，最终见顶回落，使其跌破颈线。

这里的颈线是 K 曲线两次下跌后形成低点的连线，只有 K 曲线第三次下跌并跌破该颈线，形态才能算作成立。颈线并不拘泥于指向哪个方向，它可以斜向上，也可以水平，还可以斜向下。

一般来说，K 曲线的三重顶构筑期间会形成许多次一级的小震荡，不过只要不影响形态整体，投资者都可以将其忽略。

确定形态成立的关键点主要还是在于三个高点位置是否相近，后续 K 曲线是否跌破颈线，以及是否在 80 线附近形成，只要符合相应的条件，就要引起投资者警惕，必要时提前卖出。

需要注意的是，如果 KDJ 指标在高位形成了钝化走势，那么其中 K 曲线即便形成了符合三重顶标准的形态，也不能算作三重顶。因为钝化期间 KDJ 指标线本就会反复在相近的位置震荡，期间的信号是失真的，投资者不能靠这个判断，真正的三重顶还是需要经过一定的震荡才能形成。

接下来通过真实的案例进行深入学习。

实例分析 中科创达（300496）KDJ 指标三重顶形态卖出

图 1-26 为中科创达 2020 年 11 月到 2021 年 5 月的 K 线图。

在中科创达的这段走势中，股价自 2020 年 11 月底开始上涨，很快便成功越过中长期均线开启主升期。KDJ 指标也跟随股价积极上行，很快来到了 80 线以上，积极信号明显。

12 月下旬，股价在 120.00 元价位线上受阻后小幅回调，低点在 30 日均线上得到支撑后继续上涨。这一次回调使得 KDJ 指标短暂跌下了超买区，不过指标线很快在股价重拾升势的带动下回到超买线附近，看涨信号并没有被彻底破坏。

但在股价下一次反弹形成第二个高点之后，KDJ 指标的走势就开始出现异常信号了。2021 年 1 月初，股价在 130.00 元价位线处阶段见顶后横盘整理，KDJ 指标也转势小幅下滑。

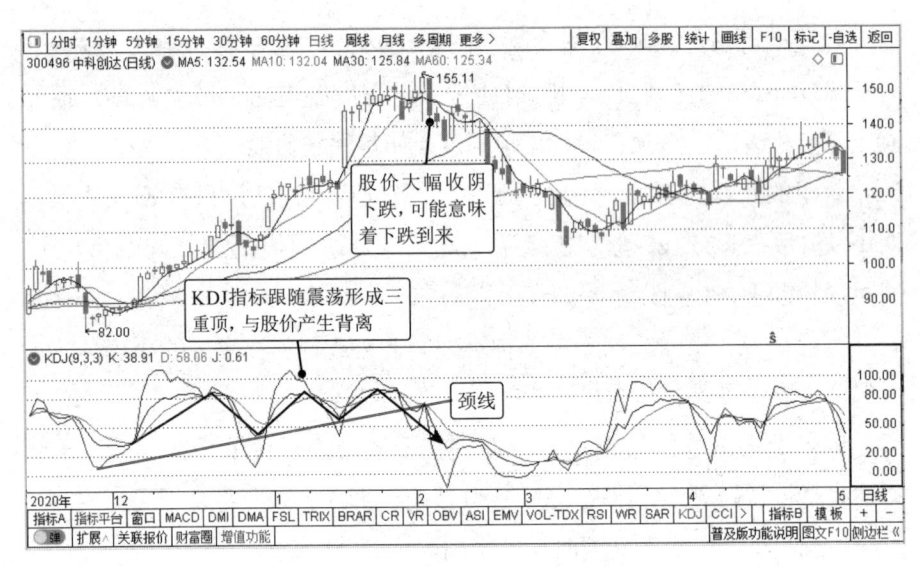

图1-26　中科创达2020年11月到2021年5月的K线图

在股价高点上移的情况下，KDJ指标中K曲线的高点几乎是走平的，二者形成的虽然不能称作顶背离，但依旧释放出了一定的警示信号，说明场内多方推涨力度有所下降。

虽然后续股价再度回归上涨，并在2月初创出了155.11元的新高，但KDJ指标中K曲线的高点依旧是走平的，与前面两个高点结合来看，形成的是一个清晰的三重顶形态，与持续上涨的股价产生背离。

再加上此时股价已经在高位出现了明显的滞涨走势，不久之后可能就会转势下跌，谨慎型投资者最好趁着价格尚未下跌先行出局。

就在股价创新高的次日，K线开始大幅收阴下跌，在向下靠近30日均线之后虽有小幅反弹，但幅度太小，完全不足以带动KDJ指标重新向上。指标线只是回升触碰到三重顶颈线后就继续下行了，三重顶成立，惜售型的投资者最好及时卖出止损，避开后市的下跌。

2. 双重顶

K曲线双重顶是指在股价震荡上涨的带动下，K曲线两次上扬又两次下跌，在80线附近形成的类似字母"M"的形态，相较于三重顶只是少了一个高点，如图1-27所示。

技术图示 K 曲线两次上冲突破失败

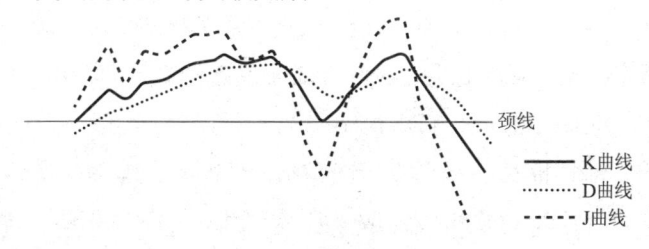

图 1-27 形态示意图

双重顶与三重顶在形成位置和形态含义方面基本一致，其颈线就是以唯一的低点为基准延伸出的水平线。只要 K 曲线的两个高点位置相近，后续又成功跌破了颈线，且不是在高位钝化期间形成的，双重顶都可以视作成立，投资者可采取与三重顶一样的策略进行操作。

接下来通过真实的案例进行深入学习。

实例分析 喜临门（603008）KDJ 指标的双重顶卖出信号

图 1-28 为喜临门 2021 年 4 月到 8 月的 K 线图。

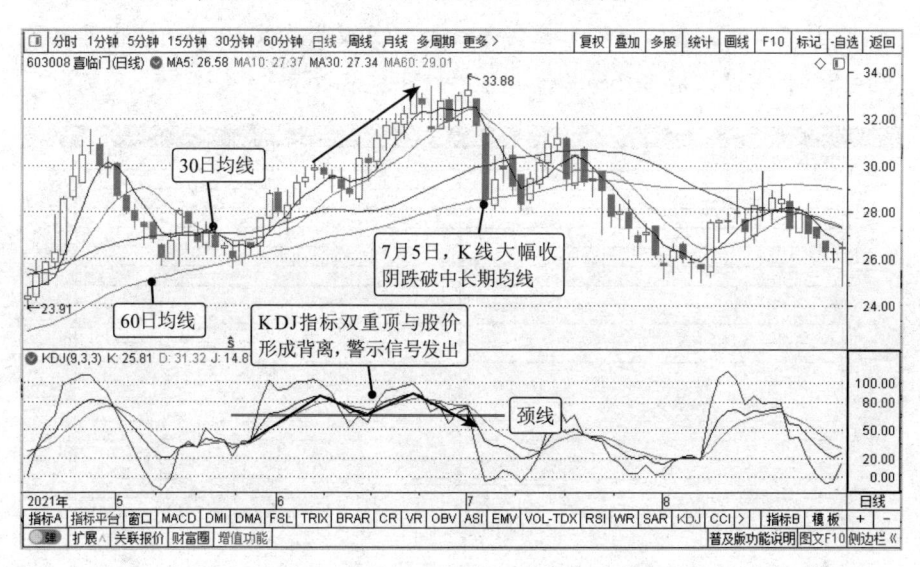

图 1-28 喜临门 2021 年 4 月到 8 月的 K 线图

观察喜临门这段股价走势，不难发现该股在上涨过程中的震荡幅度比较大。尤其是在 2021 年 4 月到 5 月，无论该股是拉升还是回调，都带动 KDJ

指标几乎穿越了整个常规运行区域,往返于超买区与超卖区之间。

在这种不稳定的行情中操作,投资者需要更加谨慎。同时由于 KDJ 指标的转折频率较高、幅度较大,投资者还要注意借鉴其他指标或信息辅助判断当前趋势,不要一味跟随 KDJ 指标操作。

5 月下旬,股价在接触到 60 日均线后开始逐步上涨,很快便回到了 30 日均线上方。KDJ 指标线也从 50 线下方回升,逐渐向着超买线靠近。

6 月初,股价在 30.00 元价位线处受阻后短暂回调,踩在 30 日均线上继续上涨,形成了一个高点和一个低点。KDJ 指标也不例外,跟随着股价形成一个 80 线附近的高点和一个稍低的低点。

股价后续重拾升势,数日之后就来到了 32.00 元价位线之上,在 33.00 元价位线处受阻后横盘整理,高点明显是上移的。反观 KDJ 指标,K 曲线的高点相较于前期走平,与上行的股价形成了背离,同时,K 曲线的这两个高点结合形成了一个双重顶筑顶形态。

结合股价滞涨的走势来看,这显然是一个反转预警信号。根据前期股价的涨跌表现,此次下跌幅度可能不会小,谨慎型投资者还是以先行出局为佳。

7 月 5 日,K 线收出了一根实体巨大的阴线并跌破 30 日均线,开启了下跌走势,下面来看当日的具体走势,如图 1-29 所示。

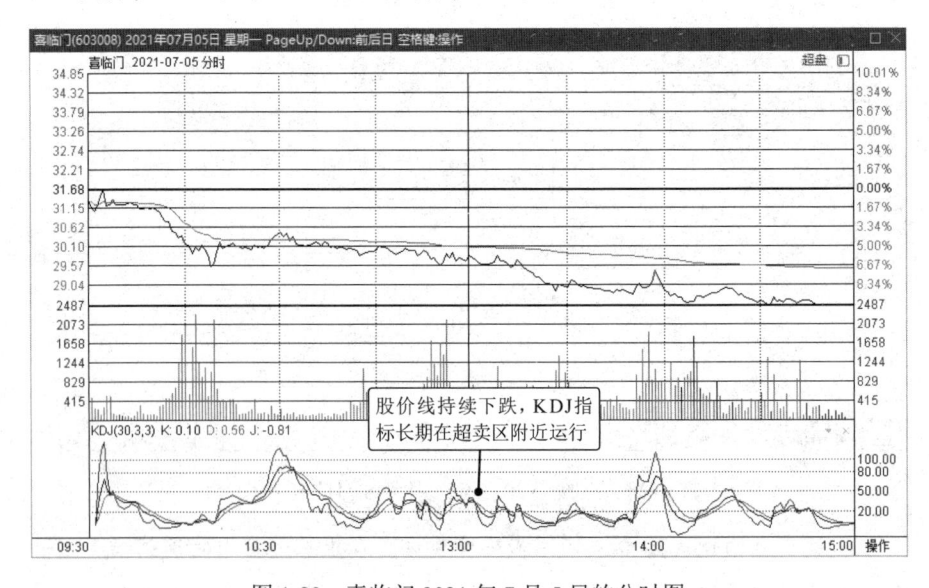

图 1-29 喜临门 2021 年 7 月 5 日的分时图

从图 1-29 中可以看到，该股开盘先是横盘了数十分钟，随后便在成交量的放量压制下快速下跌，在经历了多次横盘→下跌→再横盘→再下跌的过程后，该股最终在临近收盘时跌停，最终收出一根大阴线。

而在此期间，分时 KDJ 指标也长期在超卖线附近运行，期间虽有频繁波动并向上越过 50 线，但持续时间都不长，可见市场空方积极性较高，看跌信号明显，反应快的投资者当日就应该卖出。

回到图 1-28 所示的 K 线图中可以看到，该股在落到 60 日均线上后有过一次反弹，但最终也没能越过 30 日均线的压制。再看 KDJ 指标，K 曲线早在 7 月 5 日就向下跌破了颈线。随着股价的反弹，J 曲线还向上回抽了颈线，结果显然是不理想的，此时还未离场的投资者要抓住这个反弹机会止损。

1.2.6　K 曲线筑底背离

K 曲线的筑底背离形态与筑顶背离形态相反，是一种在行情低位形成的，能够预示出上涨积极信号的反转形态。比较常见的筑底形态有头肩底、三重底、双重底、V 形底等，本节就选择三重底和双重底进行介绍。

1. 三重底

K 曲线的三重底就是前面介绍过的三重顶形态的翻转，指的是 K 曲线在相对低位区域运行时，连续三次下跌又连续三次回升形成的一种筑底形态，如图 1-30 所示。

技术图示 K 曲线三次下跌，三个低点走平

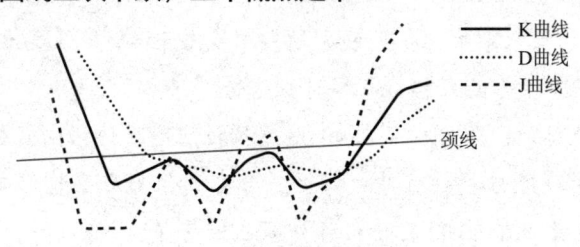

图 1-30　形态示意图

K 曲线的三重底在形成时需要股价持续下跌，将 KDJ 指标整体维持在相对低位运行，然后再通过震荡影响 K 曲线，使其三跌三涨。其中三个低

点形成于 20 线附近，与不断下跌的股价形成了背离。

连接前两次上涨形成的波峰得到颈线后，投资者就要密切关注股价和 K 曲线后续的表现了。若股价能够上涨并带动 K 曲线成功突破颈线，投资者就可以尝试着在低位建仓买进，不过还是需要注意分析，避开风险。

接下来通过真实的案例进行深入学习。

实例分析 联特科技（301205）KDJ 指标三重底形态买进

图 1-31 为联特科技 2023 年 1 月到 5 月的 K 线图。

图 1-31　联特科技 2023 年 1 月到 5 月的 K 线图

从联特科技的这段走势中可以看到，该股大部分时间是处于上涨行情之中的，中长期均线长期承托在 K 线和短期均线之下，整体呈现出积极的状态，此时投资者可以借助 KDJ 指标寻找时机建仓。

2023 年 2 月初，股价脱离在 40.00 元价位线附近的横向震荡，快速收阳向上拉升，带动 KDJ 指标直冲超买区，并在高位形成了钝化走势。虽然在数日之后，该股便在 80.00 元价位线处受阻回落了，但短时间内近乎翻倍的涨幅已经足够吸引大量投资者追涨入场。

在股价震荡回落之后，KDJ 指标也跟随下滑到了 20 线附近，不过 K 曲线和 D 曲线并未彻底跌破 20 线，而是随着股价的低位震荡而反复在其附近波动。在连续三次下跌又两次被拉起后，一个三重底的雏形就已经出现了，只等第三次被拉起突破颈线，看涨信号就能得到确认。

3月中旬，股价终于止跌开始缓慢上涨。KDJ指标第一时间开始第三次上拉并成功突破颈线，确定了三重底的看涨信号。再加上K线也成功收阳站在了中长期均线之上，投资者此时就可以建仓跟进。

3月29日，股价在一次回踩后收出大阳线，宣告着下一波主升浪来临，投资者从其分时走势就可以看出主力推涨的决心。

图1-32为联特科技2023年3月29日的分时图。

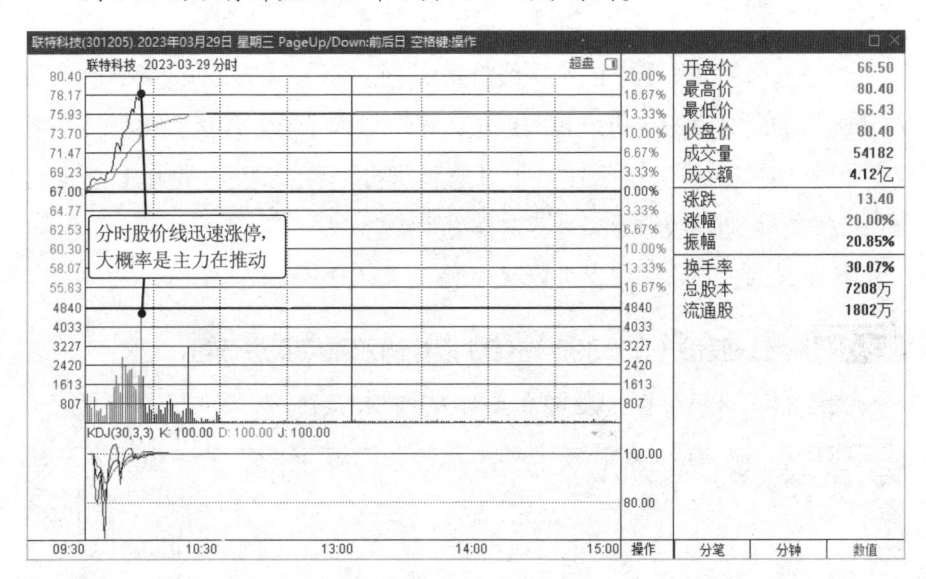

图1-32 联特科技2023年3月29日的分时图

从图1-32中可以看到，联特科技的股价在3月29日开盘后就受到成交量的放量推动而积极上涨。越到后期盘中量能越大，证明多方力度在增加，股价上涨的速度也在加快，最终股价线冲上涨停板封住，当日收出一根涨幅达20%的大阳线。

这就是一个绝佳的谨慎型建仓点和补仓点，没有在前期K曲线三重底成型时介入的投资者，此时就可以积极跟进，抓住盈利机会。

2. 双重底

双重底即K曲线在股价震荡下跌的带动下两次下跌，又两次被拉起而在 20 线附近形成的类似字母"W"的筑底形态，如图 1-33 所示。

技术图示 K 曲线两次下跌，两次被拉起

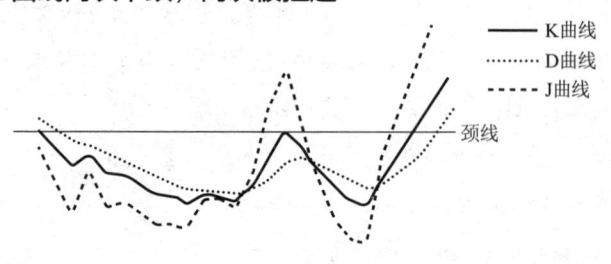

图 1-33　形态示意图

　　双重底中的波峰所在的水平线就是形态的颈线，在 K 曲线突破这条关键压力线的同时，股价可能也已经进入了明显的上涨，那么激进型投资者就可以尝试着在低位建仓跟进。至于谨慎型投资者，最好还是在 K 线彻底向上突破中长期均线后再买进，这样更为安全。

　　接下来通过真实的案例进行深入学习。

实例分析 金辰股份（603396）KDJ 指标的双重底买进信号

　　图 1-34 为金辰股份 2022 年 3 月到 7 月的 K 线图。

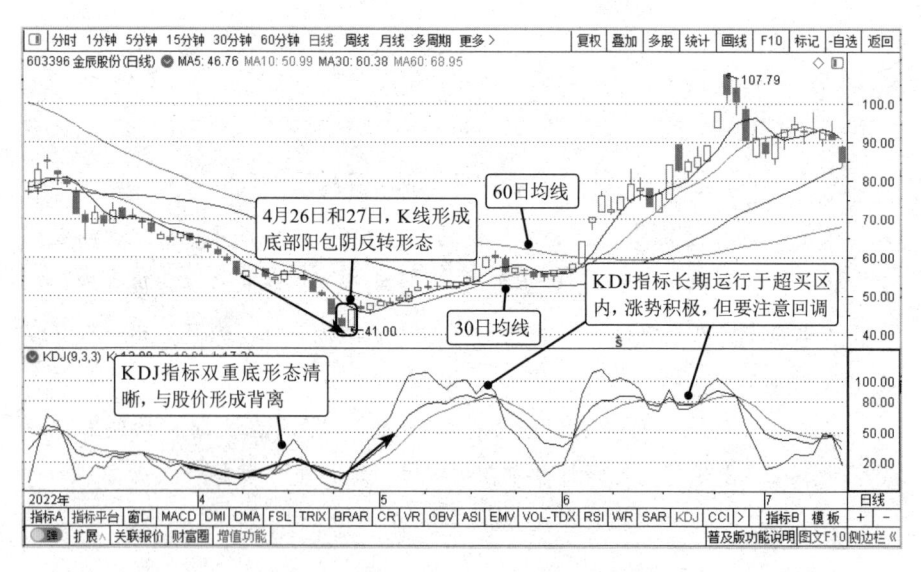

图 1-34　金辰股份 2022 年 3 月到 7 月的 K 线图

在金辰股份的这段走势中，涨跌行情转变的过程还是比较干净利落的，对于投资者来说更容易判断出合适的买点。

在2022年4月中旬之前，股价的下跌趋势还比较稳定，均线组合呈现出空头排列（即短期均线在下，中长期均线在上依次排列，均线之间互不交叉的看跌形态）。在此期间，KDJ指标也逐步靠近超卖区，并在3月底三线都跌破了20线。

4月初，股价在55.00元价位线上短暂停滞后横盘数日，随后继续下跌，在4月底时创出了41.00元的低价。与此同时，KDJ指标也在超卖区内两次下跌，但K曲线的低点明显是走平的，这与持续下跌的股价形成了背离。并且此时，K曲线的双重底雏形也出现了。

除此之外，在见底前后两个交易日的分时走势中也有筑底信号出现。

图1-35为金辰股份2022年4月26日和27日的分时图。

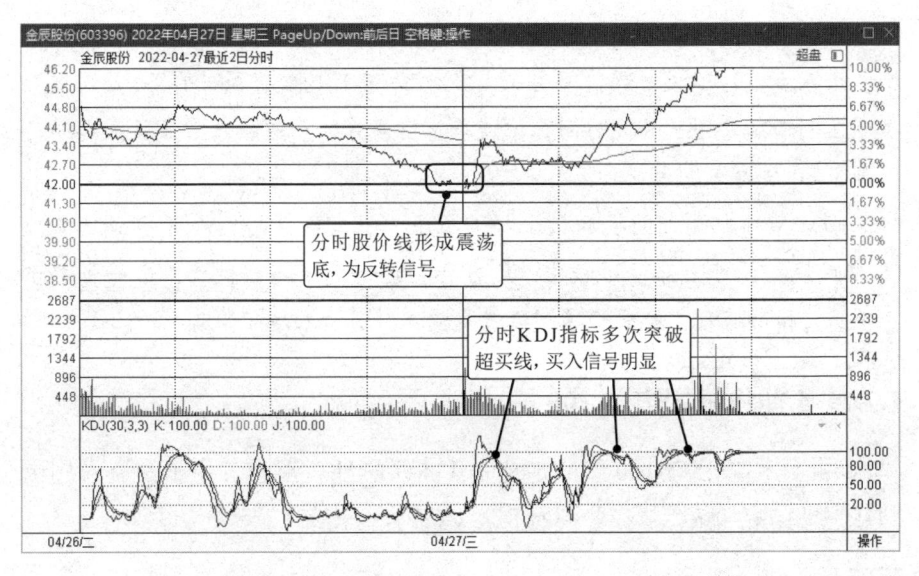

图1-35　金辰股份2022年4月26日和27日的分时图

4月26日和27日正是股价见底的前一日和见底当日，从其分时走势可以看到，股价线在4月26日是由横向震荡转为持续下跌的，最终在临近尾盘时落到42.00元价位线附近低位盘整。

次日，该股以稍低的价格开盘后先是在42.00元价位线附近震荡几分钟，随后强势拉升向上，经历一系列回调整理后，于下午时段在成交量的巨量推动下达到了涨停，最终收出一根大阳线。在当日积极上涨的过程中，KDJ 指标也多次突破到超买区内，积极信号明显。

在这两个交易日的交界处，股价线形成了一个典型的筑底形态——震荡底，即股价线落到低位后小幅横向波动，最终向上拉升突破盘整压力线的看涨形态，信号方向与双重底是一致的。

回到图 1-34 所示的 K 线图中观察，还可以发现 4 月 27 日收出的大阳线向前完全包裹住了 4 月 26 日的阴线，构筑出的是一种被称为阳包阴的见底 K 线组合，与 KDJ 指标双重底具有相似的作用。

在如此多反转形态的加持下，该股极有可能在短时间内发生反转，投资者可对其保持高度关注，激进型投资者甚至都可以轻仓试探了。

在此之后，K 线果然开始连续收阳上升，带动 KDJ 指标在超卖区内形成一个低位金叉后上行，成功突破了双重底的颈线，即前期高点所处的 20 线附近，宣告双重底筑底形态成立，买点出现。

进入 5 月后不久，股价坚定向上突破了 30 日均线，虽然在 60 日均线处受到压制回落整理了一段时间，但随着市场多方的积极推涨，该股最终还是站到了 60 日均线上方。

KDJ 指标在此期间也积极上扬，多次上探超买区。而在股价成功突破 60 日均线并持续上涨的过程中，KDJ 指标还形成了高位钝化，进一步揭示了上涨行情的成型，此时谨慎型投资者要抓紧时间入场了。

1.2.7　J 曲线频繁突破 100 线

J 曲线频繁突破 100 线的走势是 J 曲线的独有形态，也是投资者用于判断极端情况的依据之一，具体形态如图 1-36 所示。

技术图示　J 曲线多次上穿 100 线

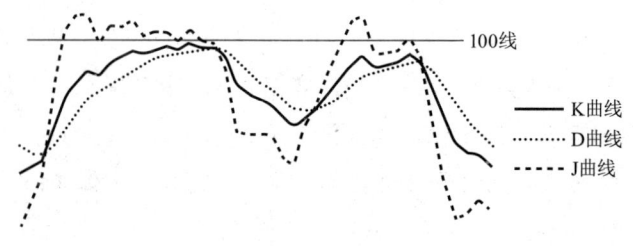

图 1-36　形态示意图

一般来说，J曲线突破100线的情况并不少见，但要让J曲线在短时间内频繁突破这条线，或是一直保持在取值范围之外，就不是那么常见了，至少短时间内股价超涨的现象更为明显。

要让J曲线频繁突破或长期保持在100线之上，市场表现需要非常积极才行，股价的涨势和涨幅也需要相对强势，这样才能吸引更多的资金跟进，不断推涨，形成良性循环。

只要这种形态能够维持下去，传递的就是看多信号，但当J曲线彻底跌下高位，或者KDJ指标与股价形成顶背离等看跌形态时，趋势就有可能发生反转。因此，投资者在遇到这种形态时最好谨慎追涨，必要时可以根据情况决定是否借高出货，将收益落袋为安。

下面来看一个实例。

实例分析 合力科技（603917）J曲线频繁突破100线警示信号

图1-37为合力科技2021年9月到2022年1月的K线图。

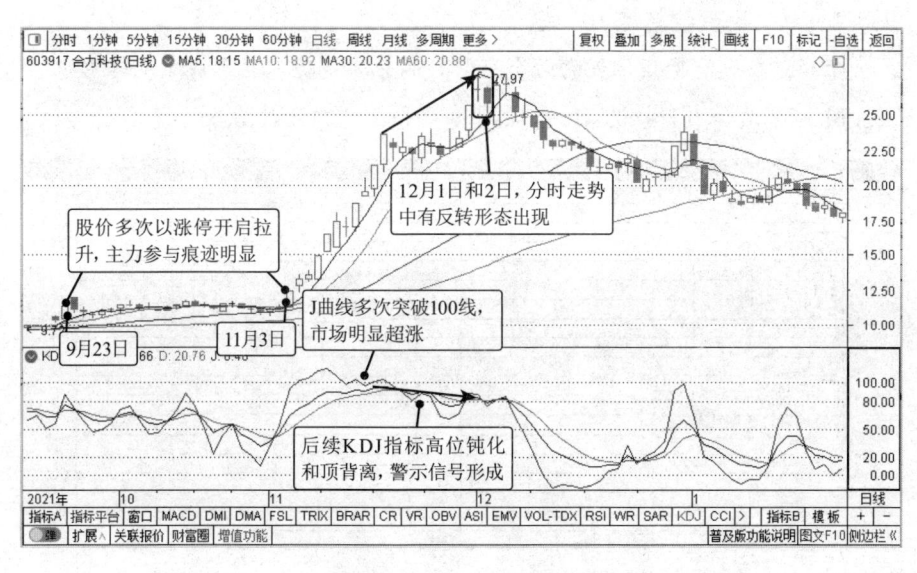

图1-37 合力科技2021年9月到2022年1月的K线图

在合力科技的这段走势中，股价在9月23日通过一个涨停大阳线将股价拉升后向上运行到了一个更高的横盘区间。在此期间，KDJ指标跟随在50线和80线之间规律震荡，暂时没有释放出明确的趋势转变信号，场内外投资者都应以观望为主。

进入 2021 年 11 月后，该股在 11 月 3 日再度以涨停收出大阳线拉升股价并脱离盘整区间，开启了下一波上涨。此次该股涨速明显大幅加快，其间多次形成涨停大阳线，短期涨幅极大，为投资者带来了丰厚的收益。

这很显然是主力拉升的结果，毕竟单凭散户是很难形成这种集中推涨的行情，因此投资者在可跟随持仓的同时，还要注意主力在高位的抛货行为。

观察这段时间内的 KDJ 指标可以看到，指标线在快速跟随上升到超买区内后，J 曲线多次突破到 100 线之外，还在其上方震荡了一段时间，可见市场已经处于超涨状态，投资者一定要注意反转的来临。

11 月中旬，该股在 22.50 元价位线上方受阻后横盘整理，导致 KDJ 指标中的 J 曲线跌到 100 线以下，并与 K 曲线和 D 曲线纠缠在一起缓慢下移，形成了高位钝化走势。

11 月底，股价继续上涨，在创出 27.97 元的新高后再次走平。这时来观察 KDJ 指标，K 曲线的高点相较于前期有明显下移，与之形成了顶背离走势。并且 J 曲线再也没能超越 100 线，可见市场推涨力度有所下降。

此外，在股价见顶位置的两个交易日的分时走势中也形成了反转形态。

图 1-38 为合力科技 2021 年 12 月 1 日和 2 日的分时图。

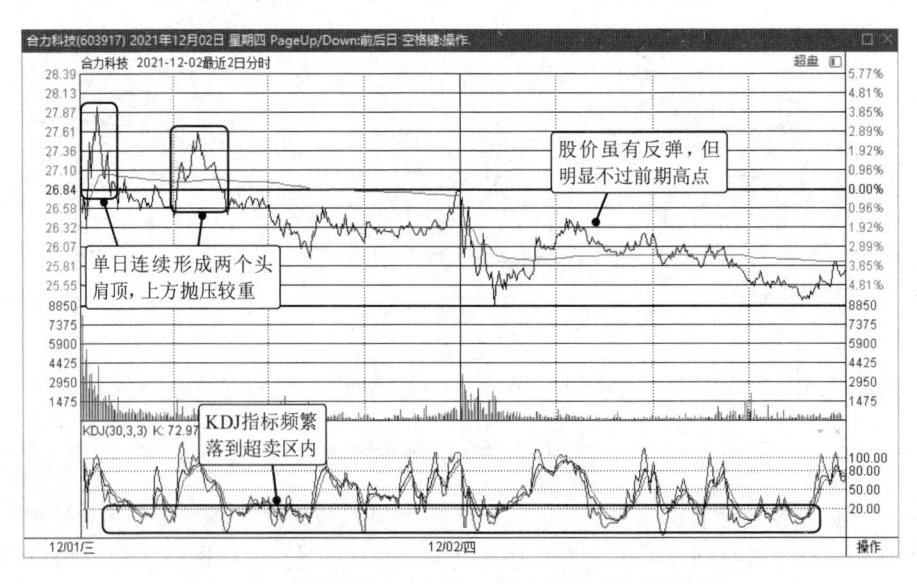

图 1-38　合力科技 2021 年 12 月 1 日和 2 日的分时图

接下来先看 12 月 1 日的分时走势，股价线在开盘后短暂震荡，随后快速拉升，但在达到 27.97 元后就转势下跌了，一涨一跌的过程中形成了一个典型的反转形态——头肩顶。

不仅如此，股价在跌破均价线整理一段时间后再度拉升受阻下跌的过程中，股价线再次形成了一个更为清晰的头肩顶。这说明上方抛压较重，市场空方，或者说主力可能正在通过短暂推高股价的方式吸引散户入场，进而在不知不觉中散出手中筹码，达到出货目的。

这是比较常见的主力出货手段，投资者在接收到 K 线图中的 KDJ 指标警示信号后，更要及时反应过来，进而跟随主力抛售的脚步止盈卖出，将前期收益落袋为安。

再来看 12 月 2 日的分时走势，股价在开盘后明显受到成交量放量压制而震荡下跌，KDJ 指标接连下移到了超卖区内，可见主力仍在继续出货。后续股价线虽然有过反弹，但始终不过前期高点，当日最终还是收出阴线。

回到图 1-37 所示的 K 线图中可以看到，该股在此之后再也没能到达更高位，反而是在数日后连续收阴进入了下跌。KDJ 指标受此影响跌下了超买区，高位钝化形态也被破坏。结合前期反转形态来看，后市该股可能迎来的不是深度回调就是行情转势，投资者最好及时撤离。

1.2.8　J 曲线频繁跌破 0 线

J 曲线频繁跌破 0 线指的是在股价持续下跌的带动下，J 曲线短时间内多次向下越过 0 线，甚至在其下方保持窄幅震荡的走势，如图 1-39 所示。

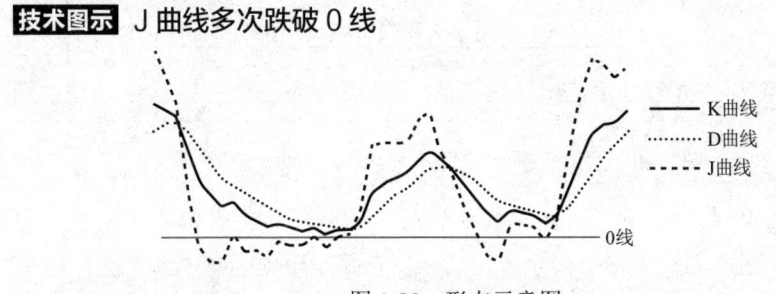

技术图示　J 曲线多次跌破 0 线

图 1-39　形态示意图

与上一节介绍的 J 曲线频繁突破 100 线一样，这种频繁跌破 0 线的走势也并不常见。要让 J 曲线频繁跌破或长期保持在 0 线之下，市场的颓势就不言而喻了，股价可能处于长期深幅下跌之中，导致资金不断涌出，更促进了价格的降低，形成恶性循环。

这种形态传递的是一种短期的看跌信号，但当 J 曲线有止跌回升的迹象，或者 KDJ 指标形成双重底、三重底、底背离等反转形态时，趋势也是有可能发生转向的。

因此，投资者可以先行离场观望，对个股保持一定的关注。待到股价有反转趋势并确定上涨后，就可以择机在低位买进建仓了。

下面来看一个实例。

实例分析 蓝英装备（300293）J 曲线频繁跌破 0 线反转信号

图 1-40 为蓝英装备 2023 年 6 月到 10 月的 K 线图。

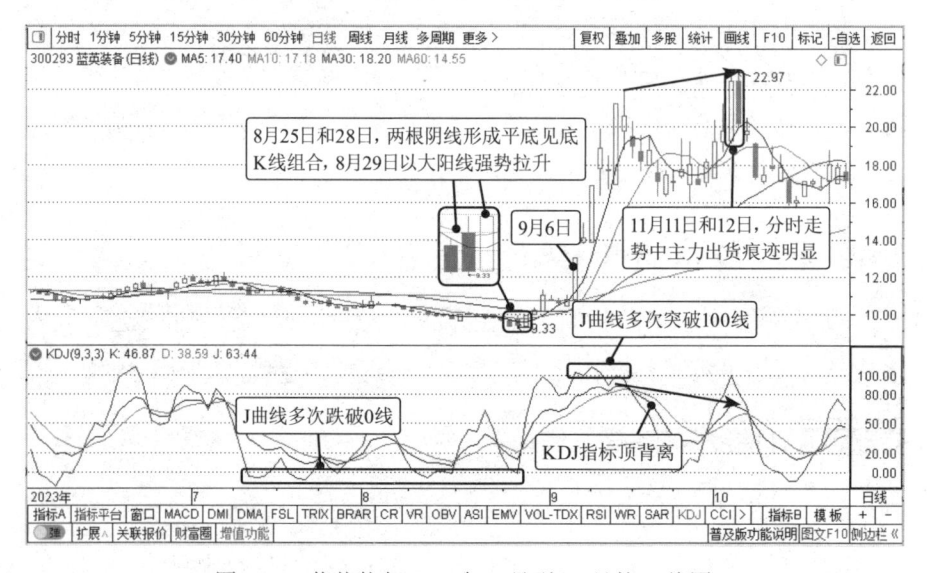

图 1-40　蓝英装备 2023 年 6 月到 10 月的 K 线图

从图 1-40 中可以看到，蓝英装备的股价走势转折得看似比较突兀，但前期实际上还是有很多预示信号的，只要投资者仔细观察就可以发现。

2023 年 6 月，股价有小幅的上升，不过在接触到 12.00 元价位线后就受阻回落了。在后续近两个月的时间内，该股几乎都保持着稳定的下跌，这导致KDJ指标跟随下滑到了超卖区内，J曲线更是多次下探到0线之外，说明市场看跌情绪占据主流，投资者不可轻易介入。

不过这样的超跌一般不会持续太长时间，股价就会产生一波反弹来缓解抛压。到了8月底，这样的时机来临了。

8月25日和28日，股价分别创出9.34元和9.33元的触底价，相近的低价使得这两个交易日收出的阴线结合构筑出了平底见底K线组合。而在平底形成的次日，也就是8月29日，股价大幅拉升向上，收出了一根大阳线，似乎有反转的迹象，下面来仔细观察这几日的分时走势。

图1-41为蓝英装备2023年8月25日到29日的分时图。

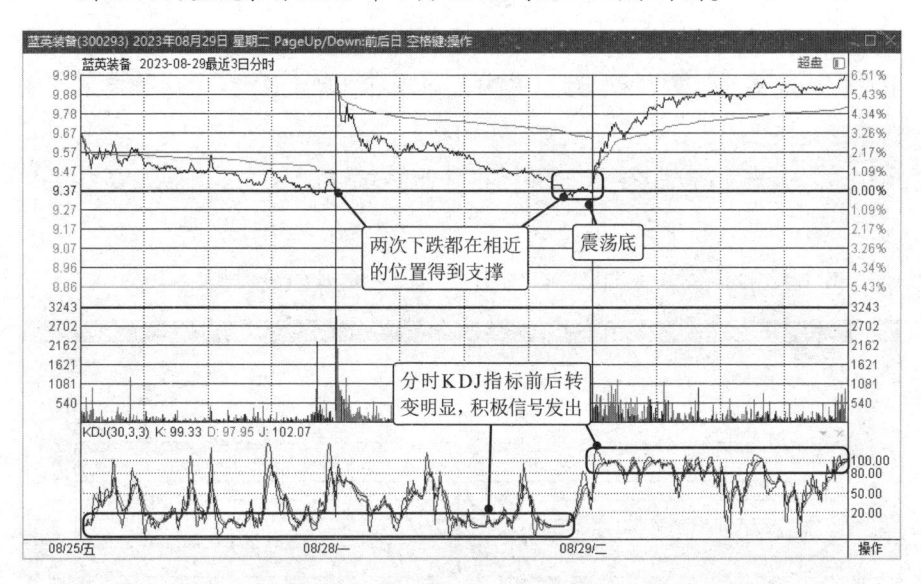

图1-41　蓝英装备2023年8月25日到29日的分时图

在前面构筑平底的两个交易日中，股价线的走势比较相似，都是在开盘后就快速下跌，最终落到9.34元和9.33元处止跌小幅回升收盘。期间的KDJ指标也多次下跌到超卖区内，市场依旧看跌。

然而到了8月29日时，股价线一开盘就十分积极的上冲，KDJ指标更是转势向上来到了超买区内，形势逆转明显。这就说明后市该股有可能会迎来一波强势反弹甚至行情转势，激进型投资者可尝试轻仓介入，谨慎型投资者还可以再观察一段时间。

数日之后，股价逐日收阳来到了30日均线之上，在接触到60日均线后小幅回落整理。不过整理的低点没有跌破 30 日均线，说明整体还是看涨的，而且此时的 KDJ 指标已经冲到了较高位置，J 曲线甚至还有突破 100 线的趋势，投资者可适当在此加仓。

9 月 6 日，该股以一根实体超长的大阳线成功突破了 60 日均线的压制，并在后续接连收阳上冲，短期涨幅极为惊人。而 KDJ 指标也受到其影响继续向上，不仅 J 曲线开始频繁突破到 100 线之上，K 曲线和 D 曲线也纷纷来到了超买区内，积极信号明显，投资者收益颇丰。

不过这种短期翻倍的暴涨也是无法维持太长时间的，因此投资者在发现股价于 22.00 元价位线处见顶下跌后，就要及时止盈，将前期收益落袋为安。

在股价见顶下跌之后，KDJ 指标形成了一个高位死叉，之后下跌。不过股价下跌的幅度不算太大，所以 KDJ 指标没有跌到太低的位置，只有 J 曲线落到了超买区内。

后续该股又进行了一次拉升，并创出 22.97 元的新高，在高处的两个交易日的分时走势中却出现了警示信号，下面来观察其分时走势。

图 1-42 为蓝英装备 2023 年 10 月 11 日和 12 日的分时图。

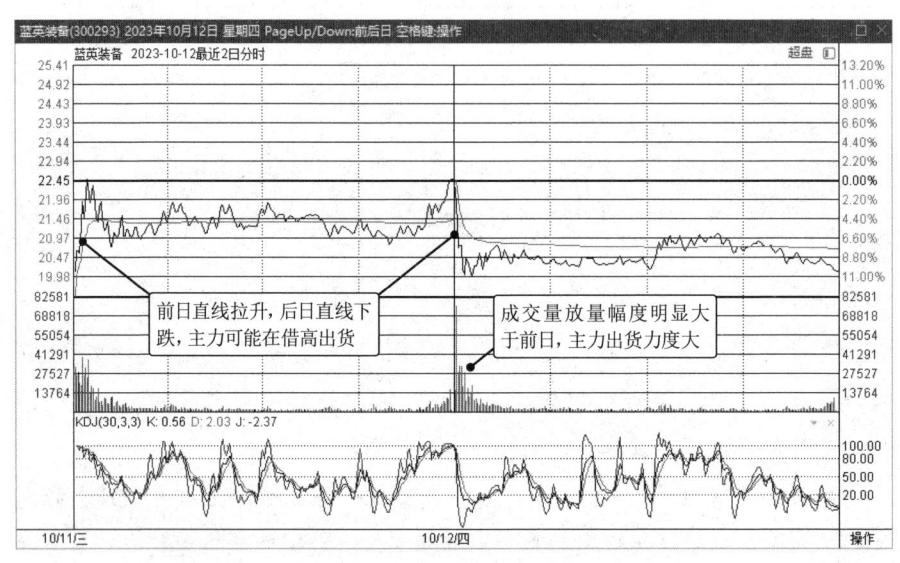

图 1-42 蓝英装备 2023 年 10 月 11 日和 12 日的分时图

10 月 11 日和 12 日是股价见顶时的两个交易日，从这两日的分时走势对比可以看出，该股在前一日开盘后还受到成交量的放量推动而直线拉升，并最终以高价收盘。而次日就在卖盘的大单压制下跳水下跌，形成了鲜明的转势。

在前面的案例中提到过，这种前日推涨次日压价的走势大概率是主力借高出货的表现，投资者需要注意高位被套的风险。

回到图 1-40 所示的 K 线图中观察，在股价高点上扬的过程中，KDJ 指标跟随上升形成的高点却相较于前期有明显下移，形成了 KDJ 指标的顶背离形态。这无疑是股价即将再次下跌的警告，而且根据股价高点上移的幅度来看，后市下跌的深度不会太小，谨慎型投资者要注意止盈。

1.2.9 二次金叉的指标线背离

在本章前面介绍过 KDJ 指标的金叉是 J 曲线自下而上突破 D 曲线和 K 曲线的形态，三线交叉于同一点。而高低位金叉的划分主要依靠 20 线和 80 线，在 80 线之上形成的金叉是高位金叉，在 20 线之下形成的金叉则是低位金叉。

在实战中，由于 KDJ 指标进入超买区后能够上涨的空间太小，很难再形成一个金叉，因此在 50 线以上的金叉就可以视作高位金叉了。在 20 线与 50 线之间形成的金叉则被称为中位金叉，参考价值和信号强度介于低位金叉和高位金叉之间。

二次金叉往往是低位金叉与高位金叉先后出现形成的组合形态，在金叉形成的过程中，J 曲线很容易提前转向，进而与 K 曲线和 D 曲线产生走势上的背离，如图 1-43 所示。

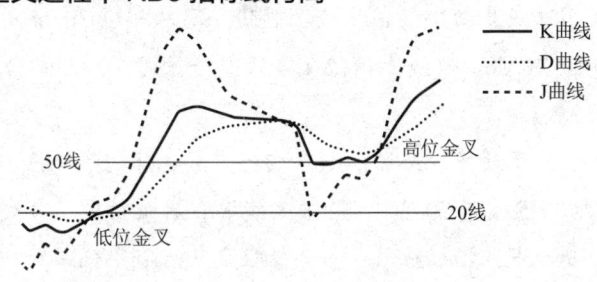

技术图示 金叉过程中 KDJ 指标线背离

图 1-43　形态示意图

二次金叉传递出的看涨信号更加强烈，代表着股价从低位回升后回调不破前期低点，随后继续上涨，投资者可以在回调位加仓。

需要注意的是，二次金叉可以是两个低位金叉（很少出现，部分伴随着与股价的底背离）、一低一高两个金叉，还可以是两个高位金叉，只要第二个金叉的位置更高就可以。这些形态的买进信号基本一致，但信号强度有所不同。

下面来看一个实例。

实例分析 三环集团（300408）二次金叉背离预示看涨

图 1-44 为三环集团 2022 年 8 月到 11 月的 K 线图。

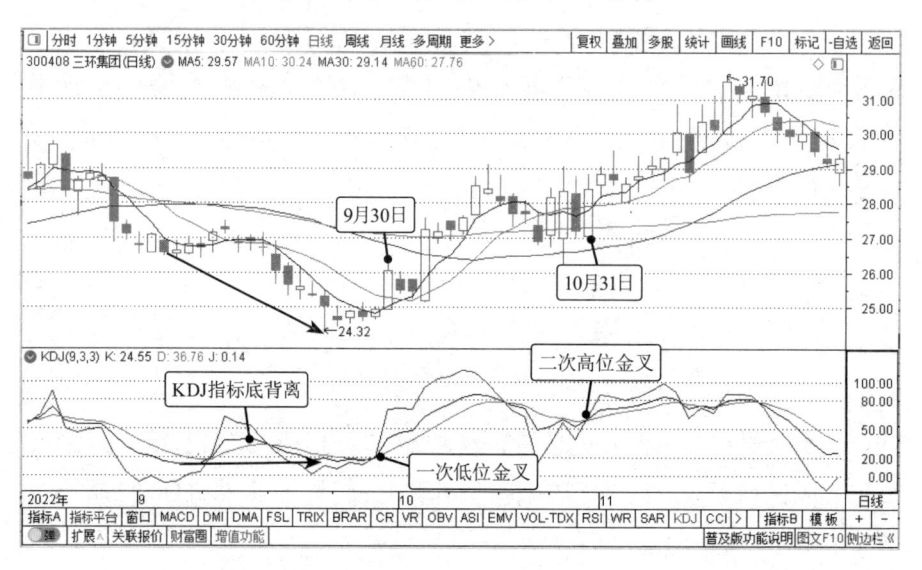

图 1-44 三环集团 2022 年 8 月到 11 月的 K 线图

在三环集团这段走势中的前半段，股价一路从接近 30.00 元价位线的位置下滑，落到 26.50 元价位线上稍微反弹修整一段时间后继续下跌，最终落到 24.32 元处触底。

在此期间，由于跌势的持续，KDJ 指标自然也落到了低位，三条曲线在 8 月底到 9 月初相继跌到 20 线以下，J 曲线还在后续跌破了 0 线。虽然在股价小幅反弹的带动下，指标线形成一个低位金叉后有小幅回升，但最终还是落回了超卖区内。

观察股价和KDJ指标的低点，会发现K曲线的低点在同一时期内有小幅的上移，二者形成了不太明显的底背离，不过依旧是一个反转信号，投资者可给予该股一定的关注，但不要着急买进。

9月底，股价在低位盘整一段时间后突然于9月30日收出大阳线拉升，使得KDJ指标立即在20线下方形成了又一个低位金叉。但此次的金叉相较于上次的几乎走平，因此不能算作二次金叉。不过结合前期的底背离来看，该股可能有大幅反弹甚至行情反转的潜力，激进型投资者可轻仓尝试，谨慎型投资者还是继续观望。

数日之后，该股收出了一根更大的阳线，一举自下而上突破了整个均线组合，后续更是在60日均线上站稳，这预示着一波上涨的到来。这时谨慎型投资者就可以积极跟进了，前期已经买进的投资者还可以加仓。

在接触到29.00元价位线后，股价小幅回落到30日均线上整理。KDJ指标跟随下跌，形成了一个在80线附近的高位死叉，不过由于股价只是在整理而并非直接下跌，这个高位死叉的卖出信号并不强烈。

10月31日，股价再度收出大阳线后，终于带动震荡的KDJ指标形成了一个高位金叉，与前面的低位金叉结合形成了二次金叉。并且在两个金叉形成时，对应两个交易日的分时走势十分相似，如图1-45所示。

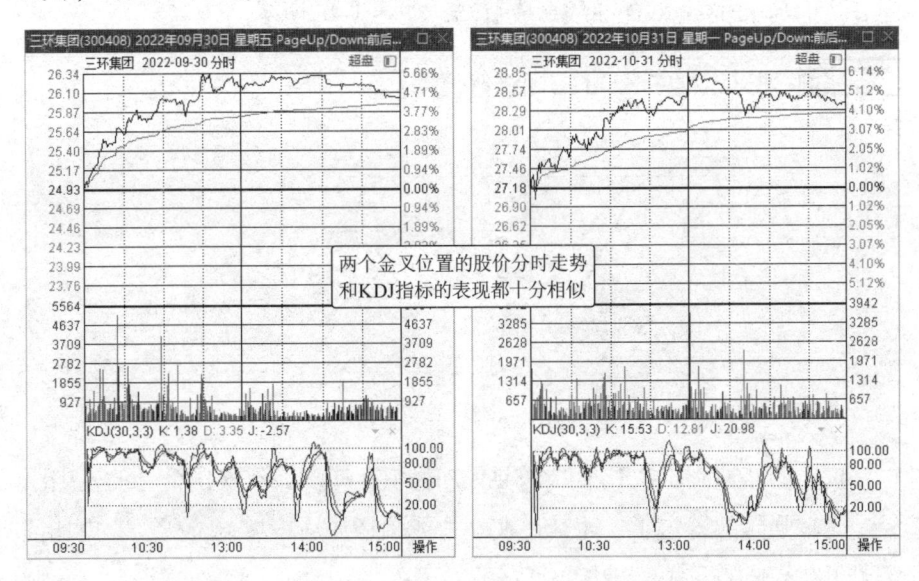

图1-45　三环集团2022年9月30日和10月31日的分时图

从图 1-45 中可以看到，无论是带动 KDJ 指标形成一次低位金叉的 9 月 30 日的分时走势，还是二次高位金叉形成时的 10 月 31 日的分时走势，从整体上看走势十分相似，都是在开盘后呈锯齿状震荡拉升，上涨到高位后横向震荡或小幅回落，最终以稍低的价格收出大阳线。

不仅股价线如此，盘中的 KDJ 指标也走出了相似的形态，可见盘中可能是有主力在参与，并且在两个关键交易日中推涨的手法相近。因此，投资者就可以跟随主力注资持仓，抓住后续涨幅。

1.2.10　二次死叉的指标线背离

KDJ 指标的死叉指的是 J 曲线自上而下跌破 D 曲线和 K 曲线的形态，三线交叉于同一点。高低位死叉的划分主要依靠 80 线和 20 线，在 80 线之上形成的死叉是高位死叉，在 20 线之下形成的死叉是低位死叉，在 20 线和 80 线之间形成的死叉则为中位死叉。同样的，在实战中，将 50 线下形成的死叉也视为低位死叉。

二次死叉即是由多个死叉构成的组合形态，具体组合不限，只要第二个死叉的位置有明显下移即可。在死叉形成的过程中，J 曲线会提前向上转向，进而与 K 曲线和 D 曲线形成背离，如图 1-46 所示。

技术图示　死叉过程中 KDJ 指标线背离

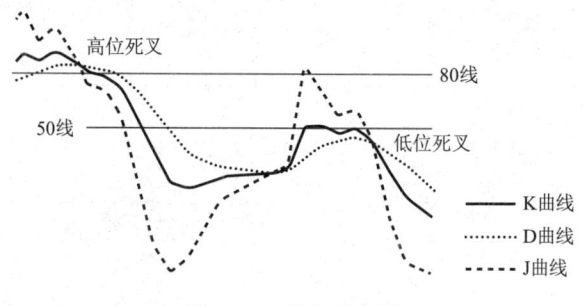

图 1-46　形态示意图

投资者在遇到二次死叉时需要更加谨慎，毕竟二次卖出信号的发出已经是比较强烈的警告了，尤其是在高位死叉形成后再接低位死叉，更加证实了下跌行情的形成。

下面来看一个实例。

实例分析 东尼电子（603595）二次死叉背离预示看跌

图 1-47 为东尼电子 2022 年 7 月到 10 月的 K 线图。

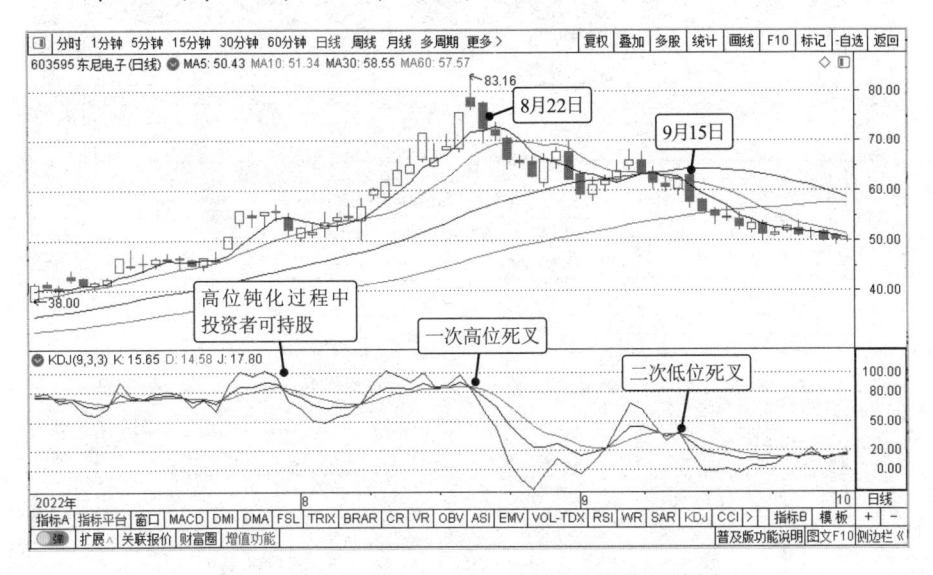

图 1-47　东尼电子 2022 年 7 月到 10 月的 K 线图

从图 1-47 中可以看到，东尼电子正处于行情转势的过程中，在前期稳步上涨时，KDJ 指标早已背离股价形成了高位钝化走势，期间投资者完全可以保持持股，甚至在合适的回调位置加仓。

在 8 月下旬时，该股在 80.00 元价位线之上触顶后反转收阴，初始的下跌速度就比较快。这导致 KDJ 指标迅速脱离高位钝化区域，在 80 线以上形成一个高位死叉后下行，一个清晰的卖点形成了。

随着后续股价在 30 日均线得到支撑后小幅反弹的走势，KDJ 指标也跟随回升了一小段距离，J 曲线再次来到了 K 曲线和 D 曲线之上。然而好景不长，该股在 9 月 15 日收出长阴线后，KDJ 指标转势下跌，在 50 线以下形成了一个低位死叉，与前期的死叉结合构筑出二次死叉形态。

不仅如此，在一次高位死叉和二次低位死叉形成时，该股的分时走势也走出了相似的步伐，如图 1-48 所示。

8 月 22 日是 KDJ 指标一次高位死叉处的交易日，9 月 15 日则是二次低位死叉处的交易日，从图1-48中可以看到，这与上一个二次金叉的案例一样，这里的两个死叉交易日的分时走势也是十分相似，股价都在开盘后震荡下跌，落到低位后小幅反弹，最终以稍高的价格收盘。

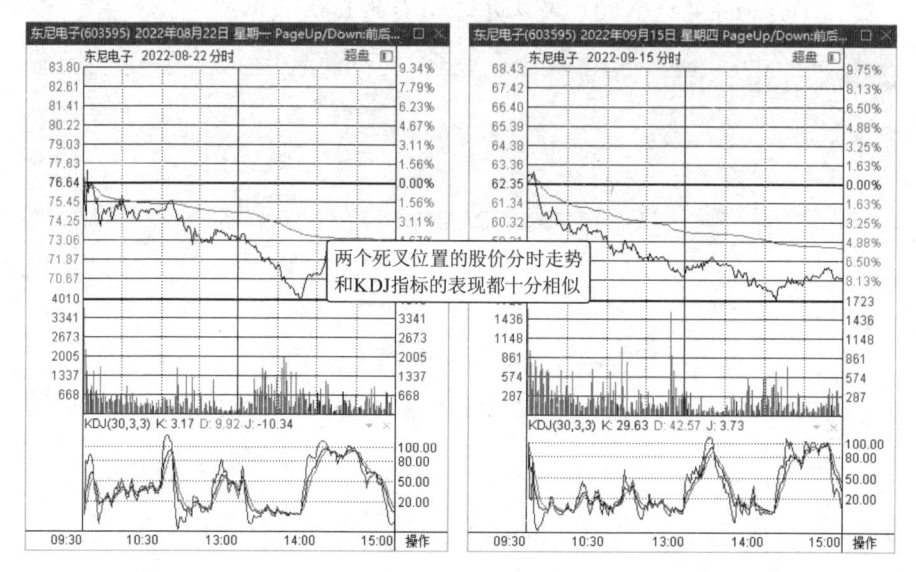

两个死叉位置的股价分时走势和KDJ指标的表现都十分相似

图1-48　东尼电子2022年8月22日和9月15日的分时图

根据上一个案例的经验，东尼电子的此次下跌大概率也有主力的影子，那么投资者就不能再继续停留，而是以及时出局为佳。

拓展知识　关于案例中炒股软件窗口时间轴显示问题的说明

本书会涉及大量案例解析，关于案例截图中软件K线图下方的时间轴显示的问题，这里提前做一个大致说明。

一般情况下，炒股软件窗口大小发生调整或对K线图进行缩放时，都会造成软件底部的时间轴发生相应的变化，所以书中的案例截图可能存在时间轴上显示的起止日期与分析内容描述的起止日期不一致，以及案例截图中的时间间隔不是很连续的情况。这是软件自身原因造成的，本着客观陈述的原则，为了让读者能够更准确地查阅，本书在进行分析时仍然以实际K线走势的起止日期进行描述。

除此之外，A股沪深股市的交易时间为每周一到周五，周六、周日及国家规定的其他法定节假日不交易，所以炒股软件中的K线图时间轴仅显示交易日。

第 2 章

KDJ指标背离综合实战

在系统学习了KDJ指标的背离技术之后，投资者还要学会将其应用到实战中，将多个分散的理论融会贯通，以便在未来真正操作时能够灵活自如，提高买卖成功率。本章就将选取两只股票的一段涨跌走势来展示如何实际应用KDJ指标的背离技术。

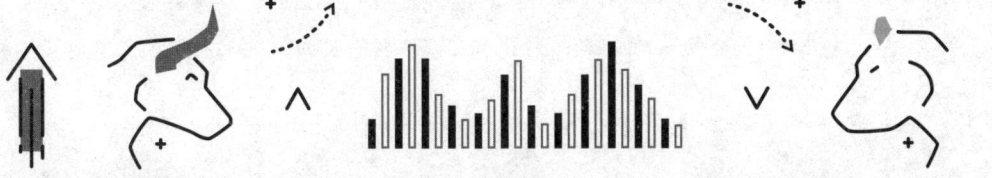

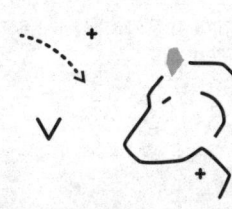

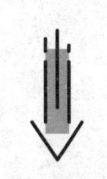

2.1　大金重工（002487）：下跌阶段 KDJ 背离应用

在下跌熊市之中，投资者更多关注的是如何抓住反弹时机，以及如何及时在反弹高位卖出止盈。

在此期间，KDJ 指标的背离技术可为投资者提供丰富的参考信息，有些是提前警示信息，有些则是伴随着股价的下跌或是转势而形成的背离形态，投资者要注意甄别，并结合其他技术指标或是信号综合决策。

本节就选取大金重工的一段熊市行情来向投资者展示 KDJ 指标背离技术在实战中的应用。

2.1.1　下跌期间反弹顶部的 KDJ 背离

在下跌行情之中，股价有可能因为多头的反抗而产生强势反弹，许多投资者会借助这些反弹来解套或是盈利。不过因其风险较高，投资者一定要注意利用 KDJ 指标的背离技术来提前作出决策，避免再次被套。

下面就来看一下大金重工的一波强势反弹期间 KDJ 指标的背离形态。

实例分析　反弹即将结束，KDJ 背离技术提示卖出

图 2-1 为大金重工 2022 年 12 月到 2023 年 4 月的 K 线图。

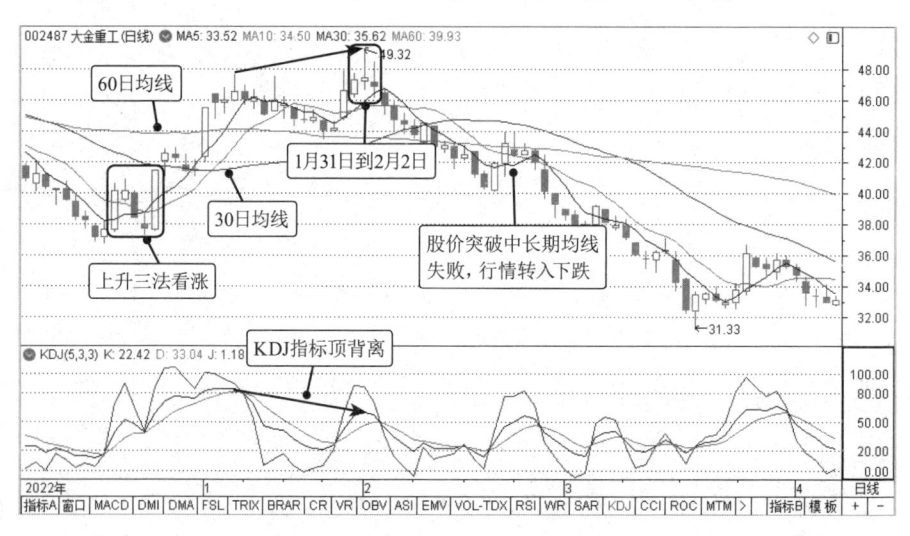

图 2-1　大金重工 2022 年 12 月到 2023 年 4 月的 K 线图

在大金重工 2022 年 12 月到 2023 年 4 月的走势中，股价形成过一次比较强势的反弹，K 线成功越过了中长期均线，因此投资者可将其视作盈利机会，不过要抓住这个盈利机会也不是那么容易的。

该股在 2022 年 12 月初已经跌到了 38.00 元价位线附近，在此得到支撑后小幅收阳停滞。在收阳的次日，该股大幅拉升向上收出了一根实体非常长的阳线，后面三日则收出小 K 线下跌，且三根小 K 线的实体都被包含在第一根阳线内部。在第五个交易日，股价立刻转而向上收出了一根实体更大的阳线，高点突破了第一根阳线的最高价。因此这五根 K 线构筑出的是一个上升三法形态。这是一种看涨形态，意味着股价在经历整理后即将回归拉升。放在下跌行情中，这就可能是股价即将形成强势反弹的预兆。

观察下方的 KDJ 指标可以发现，指标在股价刚开始收阳时就在 20 线下方形成了一个低位金叉，后续便随着震荡而拉升向上。在上升三法形态最后一根阳线拉出之后，J 曲线已经成功越过了 100 线，K 曲线也十分接近 80 线，预示出了即将到来的反弹，有意图抢反弹的投资者要注意及时介入。

继续来看后面的走势，股价在此之后成功越过 30 日均线，在其支撑下横盘数日后再度拉升，向上越过了 60 日均线，短期涨幅还是非常可观的。该股后续一路向上，在即将接触 48.00 元价位线时受阻，随后小幅回调到 60 日均线上震荡整理。

在此期间，KDJ 指标先是在 80 线附近形成了一个高位死叉，后续便持续下滑到 20 线附近。J 曲线频繁跌破 20 线，但 K 曲线和 D 曲线都还处于其上方，再加上 K 线没有彻底跌破中长期均线，因此是一个短期卖出信号，不过谨慎型投资者也已经可以先行减仓了。

2023 年 1 月底，股价落到 44.00 元价位线附近后得到支撑，继续拉升向上，并在数日后创出了 49.32 元的新高。与此同时，KDJ 指标也在 20 线上方形成一个金叉后上行。

但由于股价上涨持续时间太短，并且上涨幅度也不算大，因此 KDJ 指标并未向上拉升太多，便跟随股价回落而拐头向下形成了一个二次死叉。

观察指标和股价的高点可以发现，在股价高点上移的同时，K 曲线的高点是有明显下移的，二者形成了一个顶背离形态。

除此之外，在股价创新高前后的三个交易日内，盘中也有卖出信号出现，下面来观察其分时走势。

图 2-2 为大金重工 2023 年 1 月 31 日到 2 月 2 日的分时图。

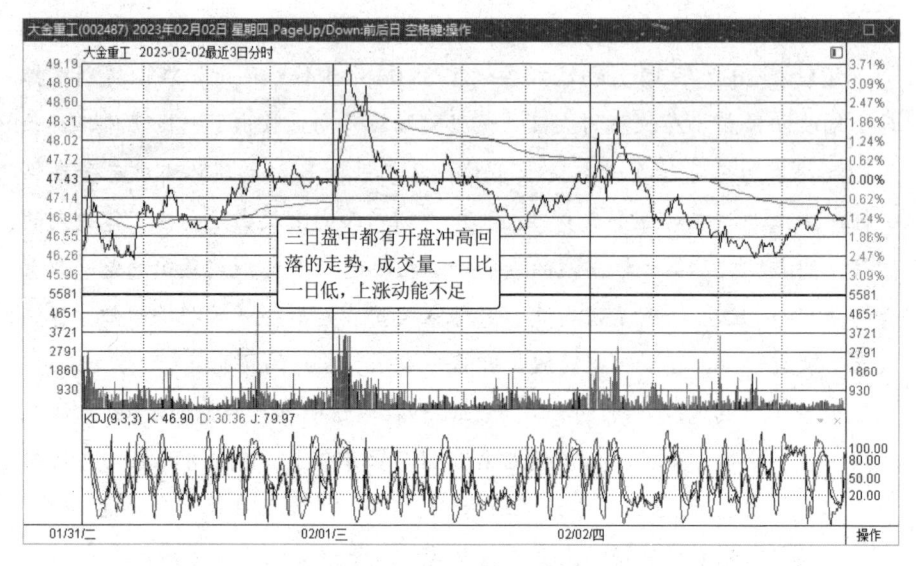

图 2-2　大金重工 2023 年 1 月 31 日到 2 月 2 日的分时图

在股价见顶的三个关键交易日内，分时股价线在开盘后的一个小时内都有相似的走势，即在成交量的大幅放量推动下直线拉升，在触及某一价位线后拐头向下，形成冲高回落的尖顶走势。并且到临近收盘时或是下午时段，股价线都有小幅的回升。

连续三日如此相似的走势和成交量表现，几乎可以确定场内有主力在推动。前期的冲高回落是主力借高出货的手段，后期的小幅回升则是安抚市场情绪，吸引多头继续挂买单，接收其散出筹码的手段。

结合外部 KDJ 指标的顶背离来看，后续股价是有可能转入下跌的，因此谨慎型投资者有必要清仓出局，惜售型的投资者也需要适当减仓。

下面回到如图 2-1 所示的 K 线图中继续观察，可见该股 2 月 2 日之后就连续收阴下跌并跌破了 30 日均线，踩在 60 日均线上短暂横盘数个交易日后又继续向下彻底跌破。与此同时，KDJ 指标早已运行到了 20 线附近的低位，形成低位钝化的走势。

虽然后续该股在 40.00 元价位线上得到支撑后形成过一次反弹，但高点并没有成功越过中长期均线的压制。因此 KDJ 指标也只是小幅回升到了

50 线上，很快便拐头向下形成死叉继续下跌，传递出明确的弱势信号。一直持股到现在都没有离场的投资者，可能会遭受较大的损失。

2.1.2　下跌过程中的背离买进信号

在抢反弹之前，KDJ 指标也可能与股价形成底背离的形态，不同的底背离传递出的看涨信号强度也是不一样的，下面就来看看大金重工的这段走势中形成的两个底背离有何区别。

实例分析　KDJ 指标提前释放出反弹看涨信号

图 2-3 为大金重工 2023 年 2 月到 6 月的 K 线图。

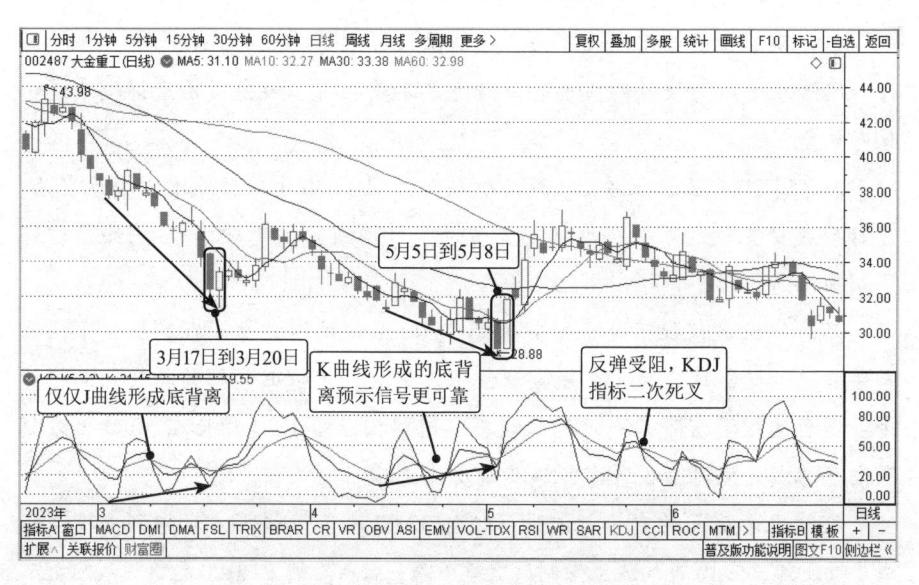

图 2-3　大金重工 2023 年 2 月到 6 月的 K 线图

从图 2-3 中可以看到，该股在 2 月底创出 43.98 元的阶段高价后开启了一波快速下跌行情，中长期均线早已拐头向下，并且与短期均线配合形成了空头排列形态。在此期间，没有强势背离买入形态的预示，投资者不可轻易介入。下面具体来分析这段走势。

在 3 月初，股价落到 38.00 元价位线上后得到支撑，形成了数日的小幅反弹，不过最终连 10 日均线都没有突破便继续下跌了。但这次反弹也导致敏感度较高的 KDJ 指标形成了一次转折。

数日之后，股价在 36.00 元价位线上再度小幅反弹，带动 KDJ 指标继续转折。3 月中旬，股价已经跌到了 30.00 元价位线附近，并再次得到支撑收阳向上。

观察这连续三次的小幅反弹，不难看出股价的低点是在持续并快速下移的。与此同时，KDJ 指标中的 K 曲线只是在 20 线附近横向震荡，低位几乎都处于该支撑线附近，没有形成明显的区别，但低点的走平依旧与股价形成了一定的背离。

反观 J 曲线，其低点反而是在持续向上移动，与股价形成了明显的底背离，虽然并没有 K 曲线底背离那样强势，但依旧能够传递出股价跌势减缓，多方发力推动的信号。

这说明后续股价形成的有可能是一次比较弱势的反弹，投资者可保持关注。风险承受能力较低的投资者最好还是不要买进，避免股价反弹幅度过小反而被套。

在 3 月 20 日股价止跌后，股价小幅回升到 33.00 元价位线附近横盘震荡，数日后成功突破到下一个阶梯，并带动 5 日均线向上突破 10 日均线，破坏了空头排列的形态。

不过股价也仅仅只是小幅突破到 36.00 元价位线之上，在其压制下横盘震荡数日后就继续下跌了，短期涨幅不算太大，但依旧能够为抢反弹的投资者及解套的投资者带来一定的收获。不过前提是当 KDJ 指标在 50 线上方拐头向下形成死叉时，投资者能够及时卖出止损。

继续来看后面的走势，该股下跌到 32.00 元价位线下方后得到支撑，形成小幅反弹，在 10 日均线上受制后继续下跌，低点落到了 30.00 元价位线附近。

与此同时，KDJ 指标也形成了多次转折，但 K 曲线的低点已经出现了上移，与股价的低点下移形成一个标准的 KDJ 指标底背离。很显然，这里的底背离传递出的反弹信号比前期强多了，不过鉴于股价还未形成彻底的反弹走势，投资者依旧需要以观望为主。

数日之后，该股继续下跌，在创出 28.88 元低价的次日便收出一根实体巨大的阳线，带动 KDJ 指标再次转折向上，K 曲线低点依旧上移，底背离形态依旧存在。

除此之外，如果投资者仔细观察 3 月下旬的反弹前夕及此次反弹前夕的分时走势就可以发现一些微妙的相似之处。

图 2-4 为大金重工 2023 年 3 月 17 日到 3 月 20 日，以及 5 月 5 日到 8 日的分时图。

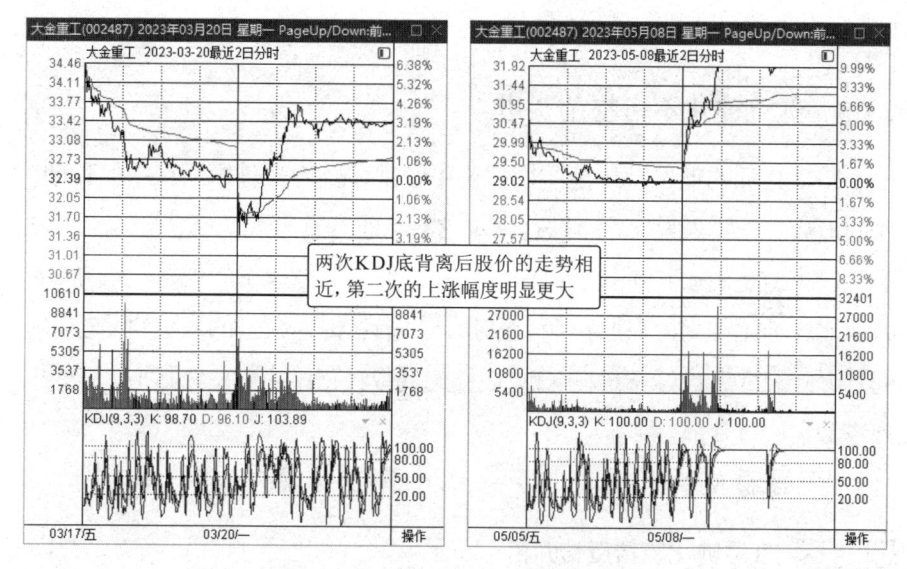

图 2-4　大金重工关键交易日的分时图

3 月 17 日到 20 日是股价在 3 月下旬反弹前夕的关键交易日，5 月 5 日到 8 日则是此次股价反弹的关键交易日。

从这几日的分时走势可以看出，它们的整体情况十分相似，都是在前一个下跌的交易日持续震荡向下，最终以低价收盘。而在次日，股价线就形成了明确的拉升，并在接触到某一高位后横向震荡，5 月 8 日甚至还是以涨停收盘的。

而且在拉升的过程中，成交量都有释放出大量能支撑，由此可见盘中可能有主力在参与推动，并且其目的都是构筑出反弹走势。

前期 KDJ 指标的底背离信号比较弱，3 月 20 日的高点并未突破前日，因此股价反弹的幅度也不高。那么这一次 KDJ 指标的底背离是标准的，后续阳线也是以涨停收盘，高点远远越过前日，那么股价的反弹很可能就会比前期更加强势，激进型投资者此时就可以尝试介入。

回到图 2-3 所示的 K 线图中继续观察可以发现，该股确实在此之后成功越过 30 日均线，并在后续继续收阳向上，有突破 60 日均线的趋势。

事实上股价也成功突破了，但在 36.00 元价位线上受到阻碍后横盘震荡了好一段时间，最终才震荡向下跌破中长期均线。在此期间，KDJ 指标也形成了多次死叉，为投资者指示出了分批卖出的点位。投资者只要保持谨慎及时卖出，就可以将此次反弹收入囊中。

2.1.3 低位钝化不可提前买进

KDJ 指标的低位钝化是前期理论中经常涉及的一种短期看跌但长期看涨的走势。一般来说，在下跌行情中这种形态经常出现。

但也正是由于其所处的行情特性，低位钝化传递出的信号更偏向于看跌。即便钝化结束之后股价会有反弹，投资者提前买进的风险也是非常大的。因此投资者最好还是在 KDJ 指标的低位钝化结束，K 线形成明确的反弹走势之后再介入。

下面来看大金重工这段走势中的数个低位钝化预示信号。

实例分析 低位钝化等待反转时机

图 2-5 为大金重工 2023 年 7 月到 11 月的 K 线图。

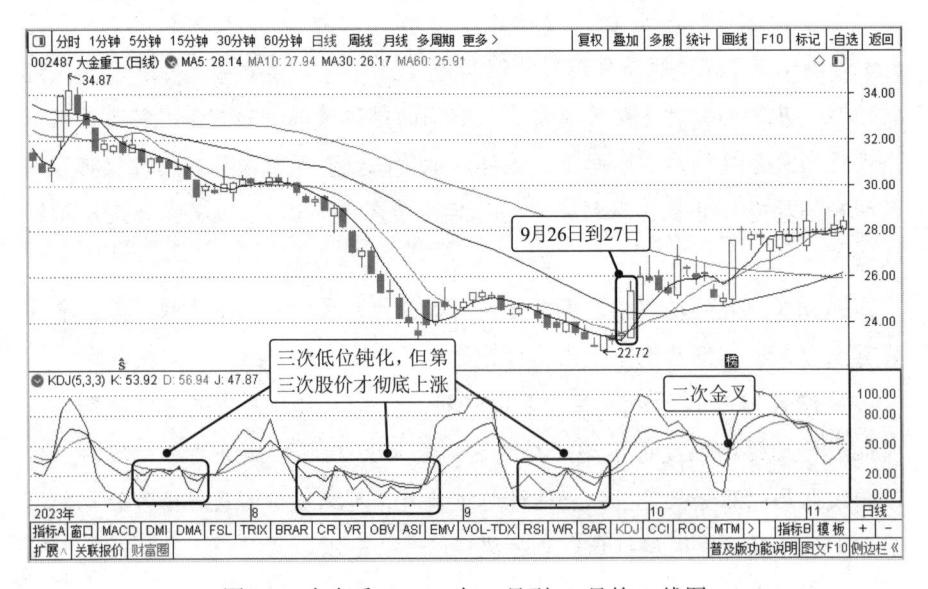

图 2-5　大金重工 2023 年 7 月到 11 月的 K 线图

在 2023 年 7 月初的一次反弹创出 34.87 元的阶段高价之后，大金重工的股价继续下跌，并且跌速比较稳定，导致 KDJ 指标持续下滑到 20 线附近后形成了一次比较清晰的低位钝化。

不过当股价落到 30.00 元价位线上得到支撑开始收阳之后，KDJ 指标的低位钝化就结束了。指标线在 20 线附近形成一个低位金叉后向上震荡，来到了 50 线附近。但由于股价上涨的幅度实在太小，更倾向于横盘震荡，指标线也并没有传递出太过强势的买进信号，因此投资者也不能着急在此介入。

进入 8 月后，股价收阴继续下跌。在如此稳定的下跌带动之下，KDJ 指标再次向下来到了超卖区附近，并跌破 20 线后形成又一次位置更低的钝化。

此次无论是股价下跌速度还是持续时间，以及 KDJ 指标钝化的程度，都要强于前期，所以投资者更不能在此期间买进。前期判断失误被套的投资者，也要及时在高位卖出止损。

到了 8 月底，股价在 24.00 元价位线下方得到支撑后拉升向上，导致 KDJ 指标的低位钝化被破坏。指标线在 20 线下方形成一个低位金叉后，快速向上拉升到了 50 线之上，J 曲线甚至还来到了接近 100 线的位置。

但这大概率是因为前期股价下跌速度太快，持续时间太长，指标线才会在一次小幅反弹的带动下形成如此激烈的拉升。因此投资者在发现 K 线反弹都没有向上接触到 26.00 元价位线，距离两条中长期均线更是十分遥远时，最好不要轻易买进。

果然在数日之后，股价就继续下跌，于 9 月底来到了更低的位置。在此期间，受到股价稳定下滑的影响，KDJ 指标在 20 线附近形成又一个低位钝化。根据前期经验，投资者也要按兵不动。

在创出 22.72 元的新低后，该股开始收阳反弹，KDJ 指标也又一次在 20 线附近形成一个低位金叉。不过此次的反弹有些许不同，K 线在 9 月 27 日收出了一根实体超大的阳线，成功越过了 30 日均线的压制。

虽然 KDJ 指标的表现与 8 月底到 9 月初的那次反弹并没有什么区别，但 K 线走势有了明显的变化，单是股价成功突破中长期均线的形态，就足以催促投资者抢反弹介入。

下面来看 9 月 26 日到 27 日的分时走势中有哪些积极信号。

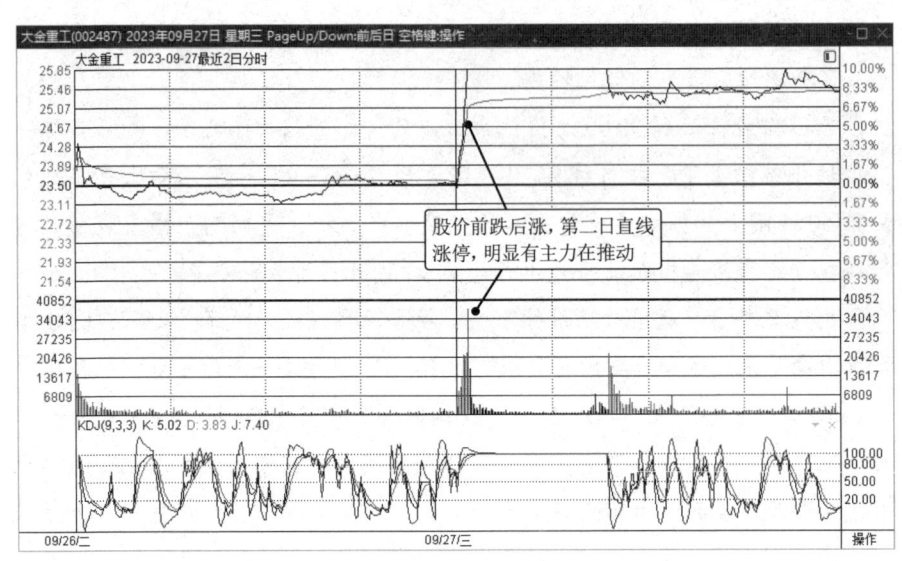

图 2-6 为大金重工 2023 年 9 月 26 日到 27 日的分时图。

图 2-6　大金重工 2023 年 9 月 26 日到 27 日的分时图

从图 2-6 中可以看到，大金重工的股价在 9 月 26 日还处于横盘震荡的过程中，但到了 9 月 27 日开盘后，股价就立即被极速放大的成交量直线推到了涨停板上，并封板一个多小时。

虽然在后续股价有开盘交易，但也只是跌到均价线附近，最终收出的是一根大阳线。可见主力推动的决心之强，后续股价是有可能形成一波强势反弹的。结合 K 线图中的 KDJ 指标脱离低位钝化的走势来看，此次投资者就可以择机买进，抓住时机。

下面再来看后续股价反弹过程中及即将结束时，KDJ 指标又有哪些背离技术出现。

图 2-7 为大金重工 2023 年 9 月到 12 月的 K 线图。

从图 2-7 中可以看到，股价在成功越过 30 日均线后继续向上拉升，在 60 日均线上受阻后小幅回调，落到 30 日均线附近，并再次收出了一根实体极大的阳线。

这根大阳线和前一根小实体阳线形态与前面 9 月 26 日和 27 日的非常相似，大概率又是主力推涨的手段。并且 KDJ 指标也再次形成了一个二次金叉，投资者完全可以借此机会加仓。

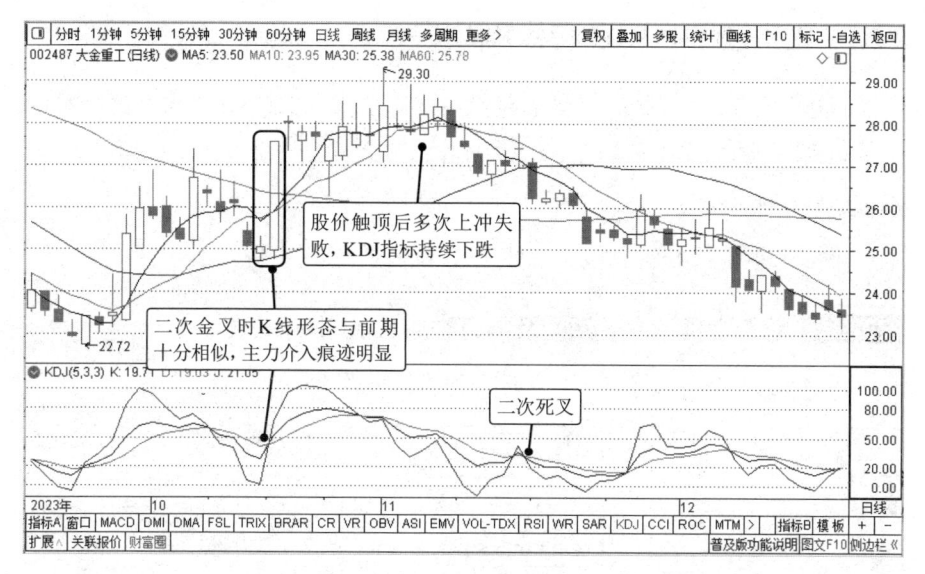

图 2-7　大金重工 2023 年 9 月到 12 月的 K 线图

在后续的走势中，股价持续震荡向上，但上涨的速度明显不如前期，而且 K 线大多数都带有较长的上影线。这说明上方压力较重，股价多次冲高回落，即便是主力也难以在下跌行情中维持长期的反弹。

而且这时的 KDJ 指标高点已经有明显下移了，KDJ 指标顶背离形态出现，谨慎型投资者要注意及时借高止盈。而惜售型的投资者在发现股价拐头向下跌破 30 日均线，KDJ 指标也持续下滑到 20 线附近并形成一个二次死叉后，也要及时出局止损了。

2.2　伯特利（603596）：上涨阶段 KDJ 背离应用

在上涨阶段中，KDJ 指标的背离显然更偏向于帮助投资者寻找合适的建仓点与加仓点，同时及时在股价回调或是下跌前夕提示投资者卖出持股，将收益兑现后落袋为安。

本节将选取伯特利的一段牛市行情，分析 KDJ 指标背离技术在其中的关键作用。

2.2.1 走牛过程中 KDJ 指标背离买进

在股价转入牛市行情前夕、股价持续上涨的过程中及上涨行情即将结束的位置，KDJ 指标都会给出相应的背离技术提示。不过其具体形态还要根据实际情况分析。

下面来看伯特利的一段上涨走势中 KDJ 指标的表现。

实例分析 强势上涨前夕、期间及结束时的 KDJ 指标表现

图 2-8 为伯特利 2021 年 1 月到 7 月的 K 线图。

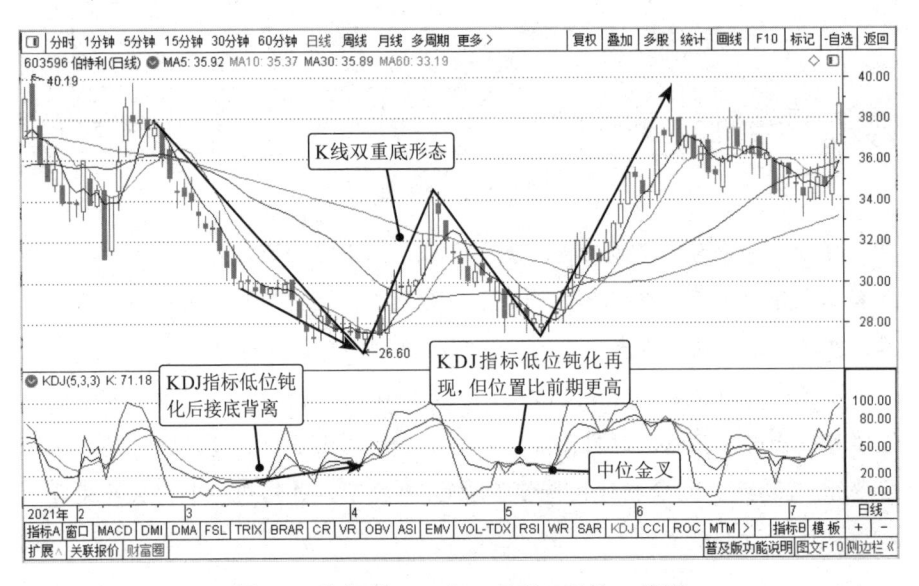

图 2-8　伯特利 2021 年 1 月到 7 月的 K 线图

在伯特利的股价进入上涨之前，K 线也是长期位于中长期均线的压制之下。从图 2-8 中可以看到，股价在 2021 年 2 月底到 4 月初的下跌速度非常快，尤其是前期，连续收阴的下跌带动均线组合形成空头排列形态，KDJ 指标也被压制到超卖区内形成低位钝化的走势。

虽然在 3 月中旬，股价进行了一次小幅反弹，导致 KDJ 指标的低位钝化结束，但由于反弹时间太短，最终该股还是继续下跌，低点明显下移。

反观 KDJ 指标可以发现，K 曲线的低点上移到 20 线上方，与股价形成了一个底背离形态。KDJ 指标低位钝化结束后接底背离的走势，可能是股价即

将进入强势反弹的预兆。不过投资者也不能着急买入，只对该股保持关注即可。

数日之后，该股横盘并跌到了 26.60 元的位置，低点依旧是下移的，但 KDJ 指标中 K 曲线的低点又一次向上移动，底背离还在传递看涨信号。而且观察 KDJ 指标线的表现，后续还有继续上升的趋势。

进入 4 月后不久，股价开始大幅收阳向上并成功在数日后突破了 30 日均线。受此影响，KDJ 指标迅速向上拉升突破到 50 线以上，积极信号明显，此时激进型投资者已经可以尝试介入了，谨慎型投资者最好还是等待股价彻底突破 60 日均线时再买入。

又过了一段时间，股价成功越过了 60 日均线，但在当日就在 34.00 元价位线上受阻，随后连续下跌回落到了两条中长期均线之下。与此同时，KDJ 指标也在 80 线附近形成一个高位死叉后快速下跌，落到 20 线上方低位钝化。这个低位钝化相较于前期的低位钝化来说位置高了一些，而且股价下跌得到支撑的位置也比前期稍高，可见市场还是有一定支撑力的。

股价下跌到 28.00 元价位线上横盘数日后，该股价再度连续拉升向上，成功越过了两条中长期均线。与此同时，KDJ 指标也脱离了低位钝化，并在 20 线上方形成一个中位金叉后连续拉升向上，三条指标线都相继运行到了 80 线上方，买入信号十分强烈。

而且此时观察 K 线走势，不难发现其形成了一个双重底形态。那么结合多方信息来看，即便股价此时尚未突破双重底形态的颈线，谨慎型投资者也可以买进，已经介入了的投资者则可以适当加仓。

下面来看后续的走势。

图 2-9 为伯特利 2021 年 5 月到 2022 年 1 月的 K 线图。

图 2-9 展示的是伯特利的股价进入正式上涨后半年多的走势，从 K 线图中可以看到，该股在此期间几乎长期保持着稳定的上涨，两条中长期均线承托在短期均线和 K 线下方，形成的是一种被称为上山爬坡的长期稳定看涨形态。

在此期间，只要 K 线没有彻底跌破 60 日均线，投资者就可以保持持有，或者分段操作，即在回调的位置加仓，在股价受阻下跌的位置卖出。

在这段时间内，KDJ 指标同样拥有指导买卖的功能，但参考价值并没有行情转折位置的大。因此投资者更多的还是要利用 K 线与均线之间的关系来确定买卖时机，KDJ 指标只是作为一个额外的参考信号来用。

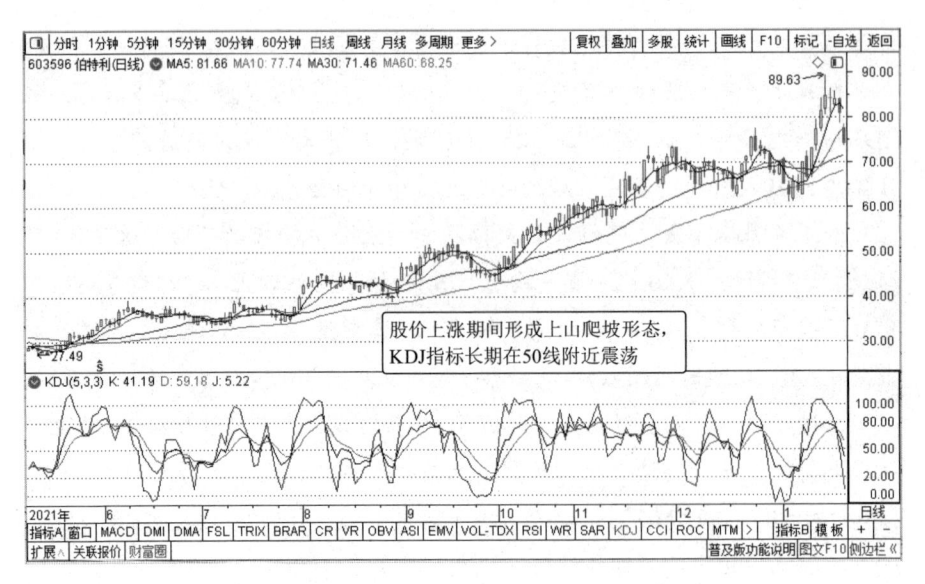

图 2-9　伯特利 2021 年 5 月到 2022 年 1 月的 K 线图

比如在股价下跌幅度较大，接触到 60 日均线时，KDJ 指标就会跌破 50 线，或是 J 曲线跌破 20 线。具体情况各有不同，投资者应根据实际情况进行分析。

下面还是来看这段行情走到末尾后 KDJ 指标的表现。

图 2-10 为伯特利 2021 年 11 月到 2022 年 4 月的 K 线图。

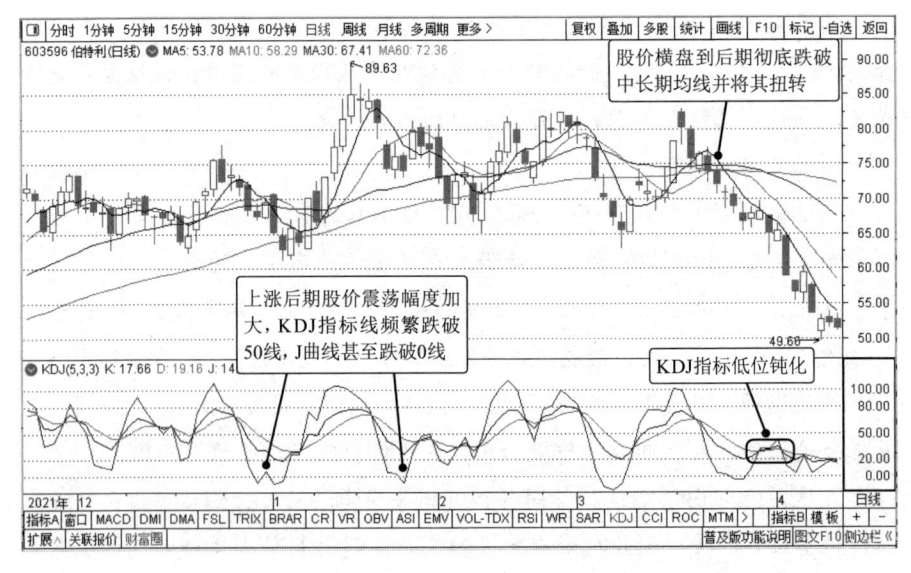

图 2-10　伯特利 2021 年 11 月到 2022 年 4 月的 K 线图

从图2-10中可以看到，股价在2021年12月已经上涨到了接近75.00元价位线的位置，涨幅已经是非常大了。在该处受到阻碍后，股价照例回调整理，并落到了60日均线附近。

在前期多次的震荡过程中，该股都没有彻底跌破过这条均线，因此当其踩在60日均线上收阳向上时，投资者继续加仓的操作也是没有问题的。

之后股价一直上涨到89.63元才冲高回落并下跌整理。这一次该股依旧是小幅跌破60日均线，但没有彻底下跌。观察这两次的小幅跌破可以发现，在此期间KDJ指标都落到50线以下，其中J曲线还两次跌破了0线。

这说明股价两次下跌的幅度较大，不过由于KDJ指标的高点并没有产生太大的波动，因此只是一种并不算强烈的警示信号，提醒谨慎型投资者注意行情反转。

2022年2月上旬，股价踩在60日均线上继续拉升，但这一次并未突破前期高点，而是在80.00元价位线上方不远处就受阻继续下跌了。并且这一次下跌明显大幅跌破60日均线，低点落到了65.00元价位线上。该价位线正是前期该股整理止跌的位置，可见这是一条关键支撑线。

而股价没有成功突破前期高点，就已经说明了当前正处于高位滞涨，中长期均线已经与K线产生了交叉，后续若该股不能形成更好的拉升，就有可能彻底将这两条均线跌破。

这时再来观察KDJ指标可以发现，在3月初股价大幅跌破中长期均线的同时，J曲线已经落到了0线下方较远的位置，与K曲线和D曲线形成了较大的偏移。而J曲线连续落到0线下方的走势已经证明了当前空方力量较为强劲，股价是有可能在后续转势下跌的，因此谨慎型投资者有必要提前出局。

继续来看后面的走势。

3月上旬，股价向上突破两条中长期均线，但还是在前期高点不远处就受阻下跌，数日之后彻底跌破这两条均线，并连续收阴向下。与此同时，KDJ指标在50线上方构筑出一个死叉后，快速向下落到20线附近形成低位钝化。

此时的股价也已经跌破了65.00元的关键支撑线，说明此次牛市行情已经结束，后续即将迎来下跌或是深度回调，持股时间较长的投资者需要尽快卖出止盈，高位被套的投资者最好及时出局，尽可能地减少损失。

2.2.2 利用 KDJ 指标抓住下一次上涨

在经历了前期如此长的上涨行情之后,一次深度下跌并不能磨灭投资者的信心。如果投资者能在后续持续关注伯特利的股价走势,就有机会借助 KDJ 指标抓住又一次牛市行情的起点。

实例分析 KDJ 指标顶底背离指示出买卖位置

图 2-11 为伯特利 2022 年 3 月到 6 月的 K 线图。

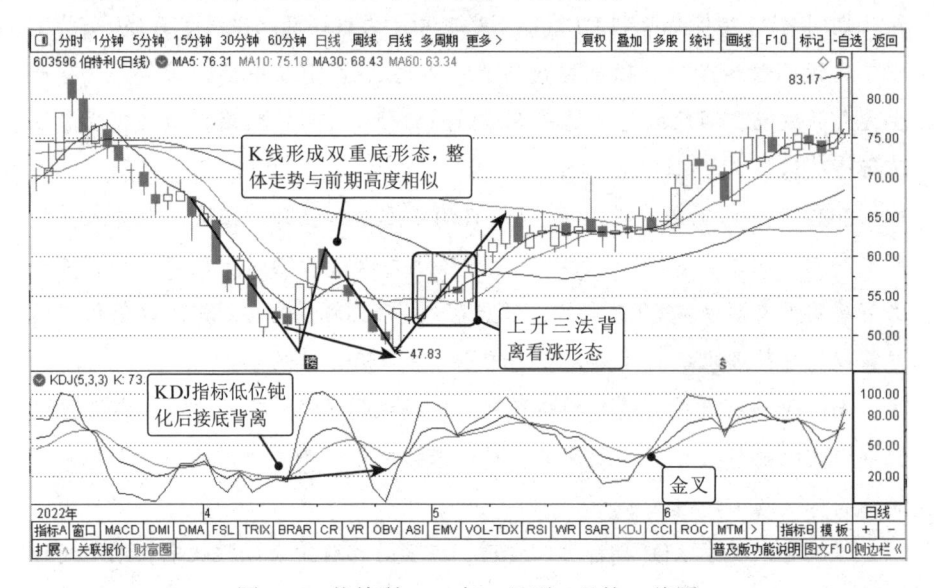

图 2-11 伯特利 2022 年 3 月到 6 月的 K 线图

从图 2-11 中可以看到,伯特利在 2022 年 3 月就出现了快速的下跌,导致 KDJ 指标滑落到下方形成低位钝化。

股价一直落到 50.00 元价位线附近才得到支撑横盘震荡,数日之后便踩在该价位线上收阳向上,可惜在接触到 60.00 元价位线后就受阻再次下跌了。

此次反弹虽然成功带动 KDJ 指标脱离低位钝化,但也只是短暂的上行。随着股价的继续下跌,KDJ 指标在 50 线附近形成一个中位死叉后继续向下。不过数日之后,股价就在 47.83 元的位置止跌并继续收阳向上了。

这一低点相较于前期虽有下行,但是幅度比较小,因此可视作一个双重底形态。与此同时,KDJ 指标中 K 曲线的低点却有明显的抬升,这与股价形成了底背离形态。

到了这里，投资者一定会觉得此处的走势与伯特利上一次牛市前夕的走势非常相近，都是KDJ指标低位钝化后接底背离，然后K线形成双重底形态。

这说明场内可能有主力在积极推动，并且这个主力操作的风格前后相似。那么投资者就可以根据前期经验及时在双重底第二底的位置买进建仓，但要注意仓位管理，毕竟这只是推测。

数日之后，该股成功收出多根大阳线越过了30日均线。在上涨的过程中，K线还形成了一个上升三法看涨形态，配合KDJ指标发出了强烈的买进信号。那么在K线突破30日均线的同时，谨慎型投资者也可以买进建仓了。

后续不久，股价在60日均线上受到压制后横盘震荡，不过最终还是在5月底实现了突破。KDJ指标在50线下方不远处形成一个金叉后继续向上接近超买区，股价则一路积极向上抬升，投资者完全可以继续加仓。

下面来看此次上涨接近尾声时的情况。

图2-12为伯特利2022年6月到9月的K线图。

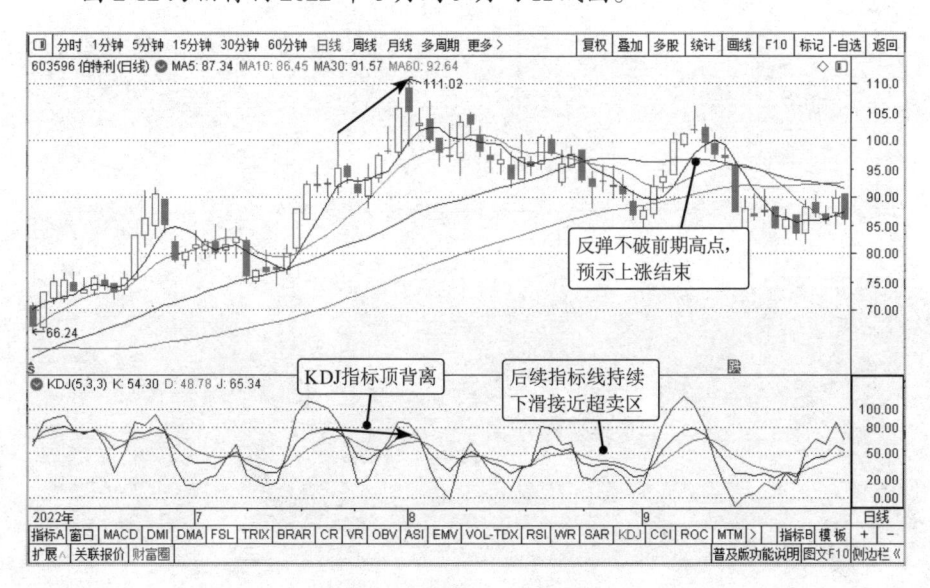

图2-12　伯特利2022年6月到9月的K线图

在2022年8月之前，伯特利的股价还在继续向上，并且价格已经来到了100.00元价位线以上。

在该股第一次接触到 100.00 元价位线时，K 线收出了一根带长上影线的阳线，这说明该价位线处具有较强的压制力，股价当日有冲高回落的情况。

在此整理两日后，该股继续向上拉升并成功突破了该压力线，创出 111.02 元的新高。此时观察 KDJ 指标可以发现，在股价高点上移的同时，K 曲线的高点明显有下移，二者形成了一个顶背离。

这显然是一个警示信号，那么当谨慎型投资者发现该股在创出新高后持续震荡下跌并跌破 30 日均线时，最好及时卖出止盈。毕竟前期收益已经足够多了，而且 KDJ 指标在此期间也持续下滑到了 50 线下方，低点一直在朝着 20 线靠近。

虽然在 9 月初，该股小幅跌破 60 日均线后形成了一次快速反弹，但高点没有越过前期，说明市场推动力稍显不足。前期被套的投资者最好借此高点及时卖出，否则可能会遭受较大的损失。

第 3 章

CCI指标背离定位拐点

　　CCI指标是超买超卖型指标中比较特殊的一类，它只有一条指标线，因此也只会与股价或其他指标产生背离。不过由于其运行原理特殊，投资者还是能凭借其背离技术找到许多值得操作的买卖点。

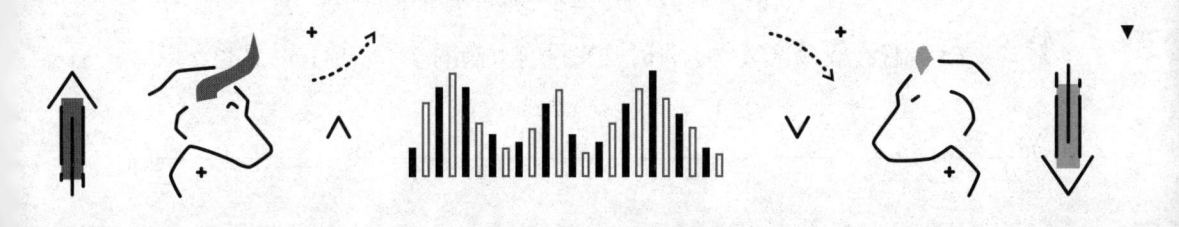

3.1　CCI 指标基础知识

CCI 指标也是用于衡量股价是否超出常态分布范围的超买超卖型指标，虽然它只有一条指标线可以使用，但学会了方法，投资者依旧可以从中获取丰富的信息。

3.1.1　CCI 指标特殊的运行原理

CCI 指标与常规超买超卖型指标最大的区别就在于其取值没有上下限，波动范围介于负无穷大到正无穷大，因此指标线不会像 KDJ 指标那样钝化，所以该指标更多时候是用于观察极端行情走势，测量当前价格脱离正常范围的变异性。

不过，CCI 指标也有超买区和超卖区之分。超买区以 100 线为界，100 线以上区域为超买区；超卖区则以 -100 线为界，-100 线以下区域为超卖区；而 -100 线与 100 线之间的区域为 CCI 指标的震荡区域，具体如图 3-1 所示。

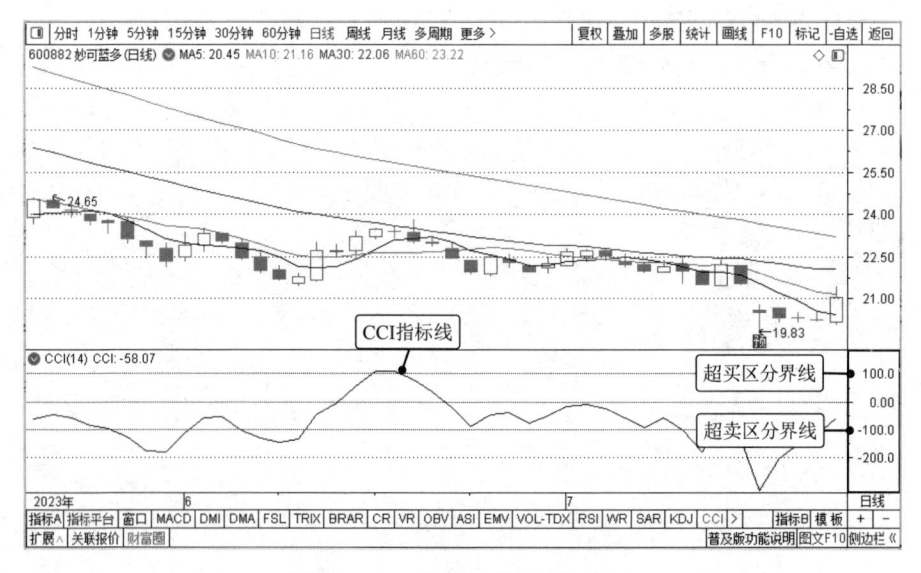

图 3-1　CCI 指标基本构成与分区

CCI 指标在震荡区域内运行时几乎没有太高的参考价值，并且也不以零轴为分界线，这一点与 KDJ 指标不一样，投资者要学会区分。但当 CCI 指标运行到震荡区域之外，将会传递出极为快速、及时的买卖信号，可见 CCI 指标就是专门针对极端情况设计的。

CCI 指标的计算原理比较复杂，投资者稍作了解即可，具体如下：

CCI（N）=（TP − MA）÷ MD ÷ 0.015

TP=（最高价 + 最低价 + 收盘价）÷ 3

MA= 最近 N 日（TP）价的累计和 ÷ N

MD= 最近 N 日（TP − MA）绝对值的累计和 ÷ N

其中，0.015 为计算系数，N 为计算周期（一般默认为 14），TP 代表典型价格，MA 代表移动平均价格，MD 代表平均绝对偏差。

下面来看 CCI 指标线在不同区间内运行的含义。

3.1.2　CCI 指标的两大运行区间

这里的两大运行区间主要是指 CCI 指标的常态区间和非常态区间，常态区间其实就是 −100 线与 100 线之间的震荡区域，非常态区间则是指超买区和超卖区。

当 CCI 指标运行到非常态区间时，即便股价有极为细微的变动，都有可能导致 CCI 指标线立即发生转折，进而释放出极为迅捷的买卖信号。比如在连续涨停或连续跌停的过程中，一旦股价有开板，CCI 指标线就可能立即转折，投资者可根据 CCI 指标线的转折走势确定买卖点。

而当 CCI 指标在常态区间内运行时，并非完全失去作用，只是相较于其在非常态区间内的参考价值来说小很多，毕竟它只有一条指标线。在很多时候，CCI 指标还是能反映出股价大致运行方向的，不过建议投资者还是结合其他指标比如 KDJ 指标、均线、成交量等进行综合分析。

不过需要注意的是，大部分炒股软件中都没有可以设置 CCI 指标摆动区域的坐标值，多为自动显示，不方便投资者观察超卖区和超买区内的情况，因此这里需要投资者手动添加，具体添加的方法如下：

首先调出 CCI 指标，之后右击指标线，在弹出的快捷菜单中选择"修改当前指标公式"选项，如图3-2所示，或者单击指标窗口任意位置后按【Alt+S】组合键，打开"指标公式编辑器"对话框。

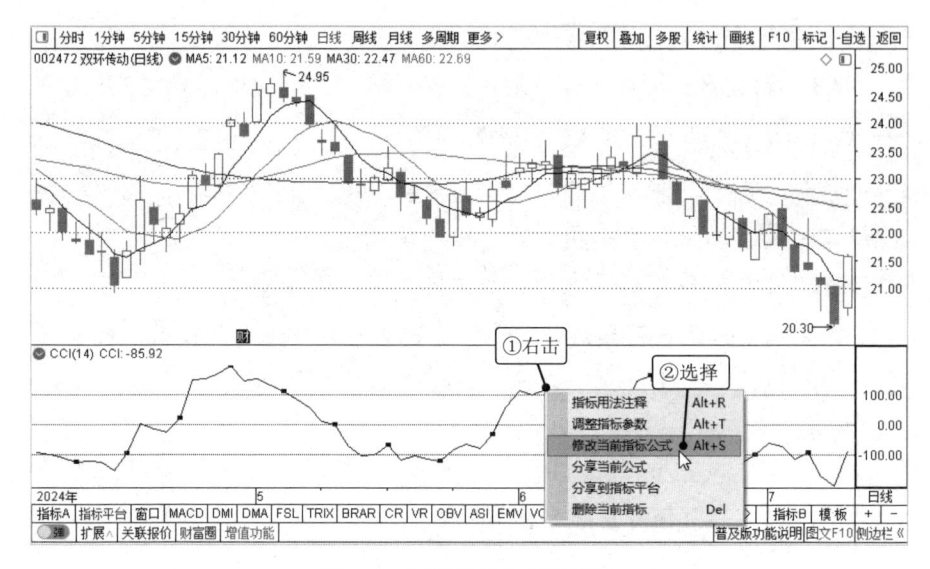

图3-2 打开指标公式编辑器

在"指标公式编辑器"对话框中有一个坐标线位置输入框，其中的原始数据是"自动"，投资者只要将其修改为"-100.00;0.00;100.00"，然后单击右上方的"确定"按钮即可，如图3-3所示。

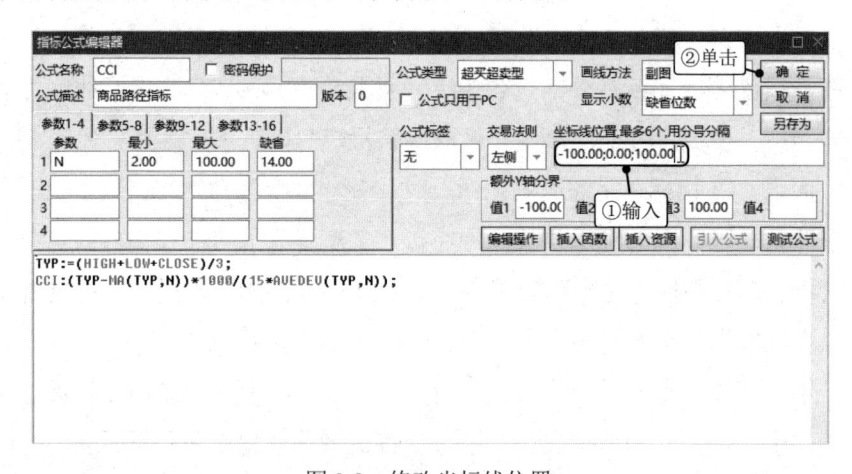

图3-3 修改坐标线位置

需要注意的是，每个坐标线位置之间的";"需要是半角状态，否则会修改失败。

下面通过一个案例来简单了解 CCI 指标对于市场极端情况的指示作用，以及不同区间内的 CCI 指标线表现。

实例分析 双环传动（002472）CCI 指标在不同区域内的表现

图 3-4 为双环传动 2023 年 3 月到 7 月的 K 线图。

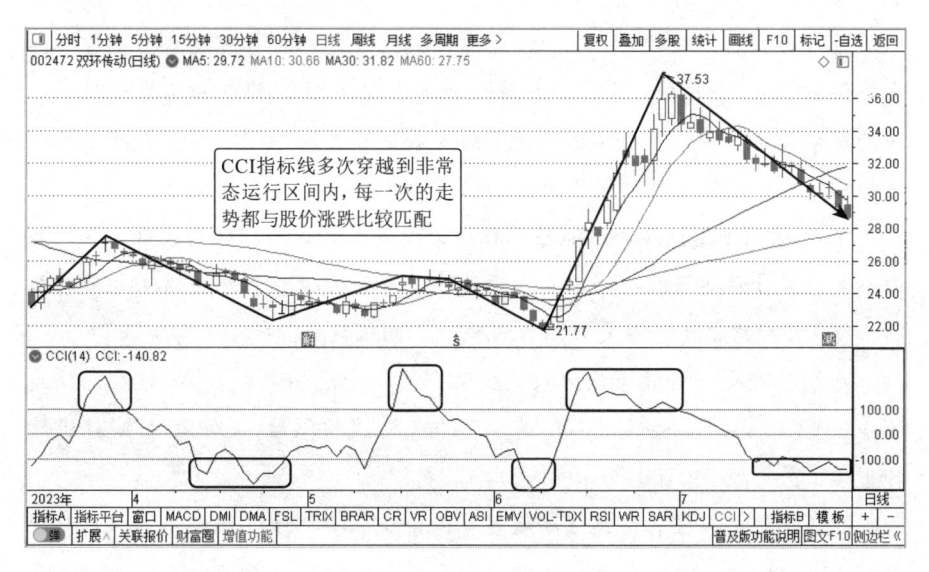

图 3-4　双环传动 2023 年 3 月到 7 月的 K 线图

在双环传动的这段走势中，CCI 指标线跟随股价形成了多次转折，其中有三次突破到了 100 线以上，三次则跌到了 -100 线以下，每一次都对应着股价的趋势变化，下面就来逐一解析。

CCI 指标线第一次突破 100 线是在 2023 年 3 月，当时的股价正从低位回升，短时间内的涨幅比较大，才带动 CCI 指标线运行到了超买区内，是一种积极信号。

不过当价格在 60 日均线上受到压制转势收阴的同时，CCI 指标线也在 100 线以上形成了尖锐的转折，并在股价跌破 30 日均线时同步落回了常态区间内，可见 CCI 指标线转折处和跌破 100 线的位置就是两个鲜明的卖点。

再来看后续的走势。该股在跌下 30 日均线后持续下滑，使得 CCI 指标线也跟随下行并小幅跌破 -100 线。在股价小幅收阳反弹的带动下，CCI 指

标线很快回升到 -100 线之上。但由于反弹持续时间太短，幅度也不大，最终股价回归下跌，CCI 指标线也重新回落到超卖区内。

CCI 指标线第二次下探超卖区的深度更大，说明股价下跌的速度更快。在股价跌速减缓的同时，CCI 指标线也发生了转折，并在 K 线收阳时突破 -100 线，并长期维持在其上方横向运行。这说明市场虽然继续看跌，但空方压制力已经不如之前强劲。

进入 5 月后，股价才在 22.00 元价位线上方企稳后再度上涨，数日后向上接触到了 60 日均线。CCI 指标线受到股价突然反弹的影响而直线拉升，穿越整个常态区间后突破 100 线，最终也在股价受阻的同时向下转折。待到股价横盘试图突破失败收阴下跌后，CCI 指标线也跌下了 100 线。

这两次 CCI 指标线都没能在 100 线上维持太长时间，说明股价上涨的潜力不大，投资者参与的价值不高。那么等到下一次 K 线彻底突破中长期均线后，CCI 指标线会不会有更好的表现呢？下面继续来分析。

在第二次反弹失败下跌后，该股来到了 21.77 元附近，其间较快的跌速还导致 CCI 指标线跌破了 -100 线。不过在 K 线收阳后，CCI 指标线就迅速转折向上并突破了 -100 线。

随着上涨的持续，K 线成功越过了两条中长期均线的压制，并在 6 月中旬形成了快速的拉升。如此积极的上涨自然会带动 CCI 指标线直线向上并突破 100 线，虽然上涨期间的一次小幅收阴使得 CCI 指标线转折向下，但其始终没有跌破 100 线，而是在 100 线上方震荡运行，传递出当前市场看涨的信号。

直到股价在 36.00 元价位线上见顶横盘下跌，CCI 指标线才彻底跌破 100 线，这预示着此次上涨的终结。此时，投资者便可以借助这种走势及时出局，确保保住前期收益。

而在后续的走势中，该股持续下跌接近中长期均线，在将 30 日均线跌破的同时，CCI 指标线也彻底运行到 -100 线以下，这说明当前市场高度看跌，投资者不可轻易跟进。

3.2　CCI 指标背离形态解析

CCI 指标的背离技术还是比较丰富的，主要就是各种 CCI 指标线形态与股价走势之间的背离。比如在第 1 章介绍过的 KDJ 指标三重顶、双重顶、三重底和双重底等特殊顶底形态，以及常规的顶背离和底背离形态等，在 CCI 指标中也同样存在。

3.2.1 高位双重顶背离

CCI 指标的高位双重顶指的是在股价高点不断上移的同时，CCI 指标线在 100 线以上两次上冲又两次下跌，构筑出的双尖角形态，两个波峰的高点需要相近，波谷则需要位于 100 线附近，如图 3-5 所示。

技术图示 CCI 指标两次上冲，高点走平

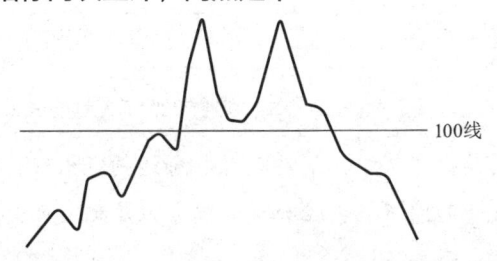

图 3-5　形态示意图

从形态上来看，CCI 指标线的双重顶与 KDJ 指标的双重顶是一样的，只是在 CCI 指标中，超买线起到了比较关键的研判作用，毕竟 CCI 指标线在常态区间内的分析价值不大。

如果在股价震荡上涨的过程中，投资者发现了 CCI 指标线两个高点走平的这种背离形态，大概率意味着该股的上涨动能正在减弱。这种态势往往导致 CCI 指标线出现连续两次向下转折，而每一次转折都是一个短线卖点。

当 CCI 指标线第二次下跌击穿 100 线及双重顶形态颈线时，股价就有可能已经发生或即将发生转折，那么此时投资者最好及时借高出货，将前期收益兑现。

接下来进入实战解析之中。

实例分析 西藏矿业（000762）CCI 指标的双重顶卖出信号

图 3-6 为西藏矿业 2022 年 12 月到 2023 年 3 月的 K 线图。

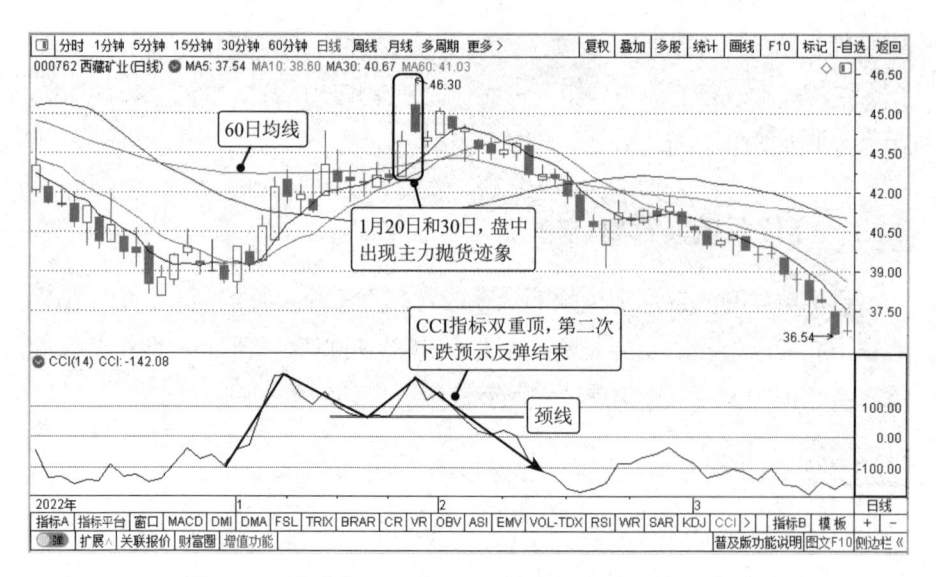

图 3-6　西藏矿业 2022 年 12 月到 2023 年 3 月的 K 线图

在西藏矿业的这段走势中，带动 CCI 指标线构筑出双重顶形态的是一段反弹走势，尽管反弹时间不长，但短期涨幅依旧是比较可观的，仍有不少投资者希望借此机会盈利或是解套。

2022 年 12 月，股价基本都在中长期均线的压制下持续下跌，直到落在 39.00 元价位线上才止跌企稳。在此期间，CCI 指标线早已跌到 -100 线以下，只在股价企稳时才小幅回升到常态区间内，可见市场中的看跌情绪占据主流，投资者不可轻易介入。

进入 2023 年 1 月后，股价明显转势上涨，带动 CCI 指标线迅速拉升并穿越整个常态区间，来到了 100 线以上。不过随着股价在 60 日均线上受阻后小幅回落的走势，CCI 指标线也转折向下跌破了 100 线。

还好股价止跌回升的速度很快，CCI 指标线也在 100 线下方不远处止跌后继续向上回到了超买区内。

到了 1 月底时，股价在借助中阳线突破中长期均线的次日，就收出了一根带有长上影线的大实体阴线，这种 K 线形态意味着盘中有冲高回落的走势，主力可能探顶失败，也可能在借高出货，下面来看这两日的分时走势对比。

图 3-7 为西藏矿业 2023 年 1 月 20 日和 30 日的分时图。

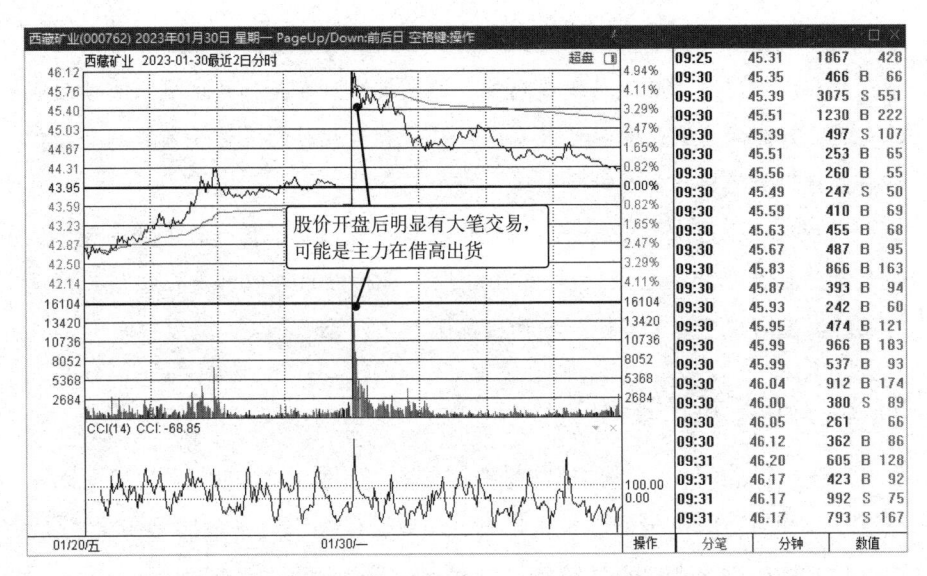

图3-7 西藏矿业2023年1月20日和30日的分时图

1月20日和30日正是股价突破60日均线时的两个交易日，在收阳当日，股价线在整个早盘期间都在积极震荡上涨，盘中成交量逐步升高，可见追涨力度较大。在下午时段开盘后，股价线小幅回落并横向震荡，最终以3.34%的涨幅收出一根中阳线。

次日开盘时，该股就表现出了异常，当日的开盘价相较于前日有明显的向上跳空，并且开盘后盘中成交量十分活跃，推动股价产生短暂上冲。观察右侧的分笔交易数据可以看到，当时场内大买单和大卖单并存，这大概率是主力在借高卖出的同时适当买入维持高价。

几分钟后，量能开始明显下降，股价线也转势下跌，随后进入了长期的弱势震荡中，最终收出长阴线。

这两日的分时走势已经发出了一定的预警，回到K线图中继续观察CCI指标线的表现，投资者会有更多的收获。

从图3-6中可以看到，在股价见顶的当日，CCI指标线就迅速跟随转折向下，形成了近期的第二个高点。很显然，这个高点相较于前期高点是走平的，与上涨的股价形成了背离形态，并且也形成了一个双重顶的雏形。若此次下跌指标线能够跌破100线和形态颈线，卖出信号就会比较可靠，投资者也不可再停留了。

进入 2 月后不久,股价下探到 43.50 元价位线附近,而 CCI 指标线已经下探并相继跌破了 100 线和颈线两条关键支撑线。在指标线跌破双重顶颈线的同时,强烈的卖出信号也已经发出,尽管股价此时的跌势还不算明显,但谨慎型投资者仍然需要及时卖出。

直到接近 2 月中旬,股价才跌破中长期均线形成了明确的下跌走势。然而此时的 CCI 指标线已经跌破了 -100 线,释放出的可以算是止损信号,没有及时离场的投资者可能连前期收益都保不住。

3.2.2 高位三重顶背离

CCI 指标的高位三重顶指的是在股价高点不断上移的同时 CCI 指标线三次上涨又三次回落形成的筑顶形态,与双重顶相比只是增加了一次震荡,顶部和底部分别多了一个波峰和一个波谷,具体如图 3-8 所示。

技术图示 CCI 指标三次冲高,高点水平震荡

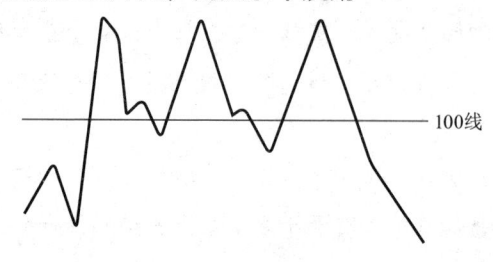

图 3-8 形态示意图

CCI 指标线三重顶的构筑时间可能就要长一些了,对应的股价震荡频率也会更高。所以指标线高点走平与股价高点上扬的背离可能在刚上涨之时就初具雏形,投资者反而不好确定具体的反转点,所以往往需要借助其他指标或信息进行辅助分析。

遇到这种情况投资者可以采取分段操作或是分批减仓的方式应对,即在每一次 CCI 指标线高点走平时清仓或减仓,分段操作的投资者则要在下一次股价上涨时重新买进。

惜售型的投资者也可以一直持仓到转势时机来临,只是面临的风险较大,一旦判断失误就容易高位被套,因此不建议风险承受能力较弱的投资

者采用这种策略。

接下来进入实战解析之中。

实例分析 隆基绿能（601012）CCI指标的三重顶卖出信号

图3-9为隆基绿能2022年4月到9月的K线图。

[图中标注：6月27日到7月4日，股价线形成筑顶形态；CCI指标线三重顶；颈线]

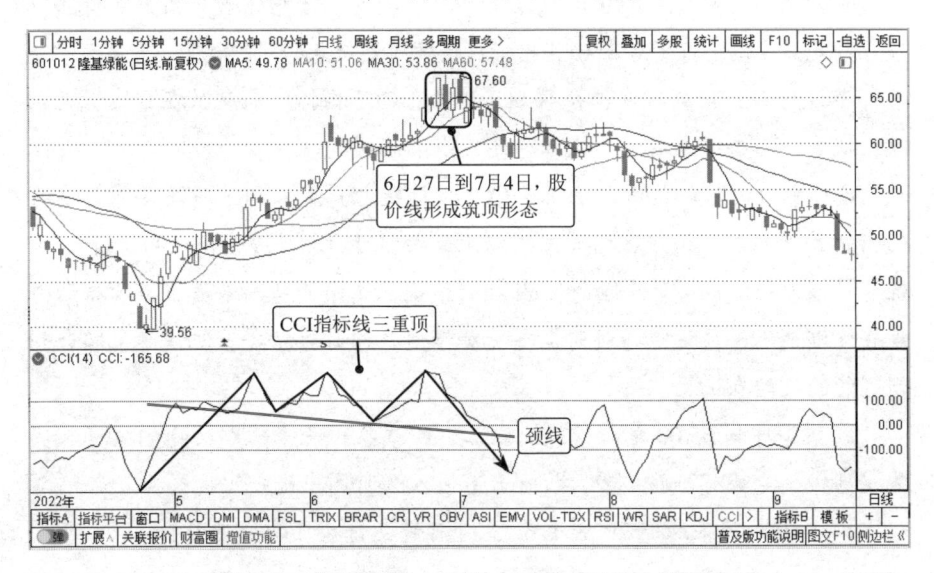

图3-9　隆基绿能2022年4月到9月的K线图

在2022年4月底之前，隆基绿能的股价还在持续下跌，这导致CCI指标线多次跌下-100线，看跌信号很清晰。

在40.00元价位线附近触底后，股价开始转势向上，刚开始的拉升速度就非常快，短短四个交易日后就向上接触到了50.00元价位线。CCI指标线在此带动下直线向上拉升，在冲破-100线的束缚后很快便来到100线附近。不过由于此时的股价在30日均线处受阻横盘，指标线并没有第一时间突破100线，而是在下方小幅横盘震荡。

5月中旬，该股凭借一根大阳线成功突破60日均线，将CCI指标线也带到了超买区内，形成了一个明确的买进信号。

不过两日后该股在55.00元价位线处滞涨回落，导致CCI指标线转折向下并小幅跌破100线，形成了一个高点。此时投资者可按兵不动，因为股价没有跌破中长期均线。

数日后，该股重拾升势，CCI 指标线跟随回升到 100 线之上，但拉升速度远不如前期，这可能是因为股价上涨的速度也有所下降。

6 月初，该股再次受阻回调，CCI 指标线也转势下跌到了常态区间内。观察这两次转折点的位置可以发现，CCI 指标线的高点走平，与持续上涨的股价形成了背离。而且指标线中两个波峰一个波谷的组合意味着场内可能有双重顶在构筑，谨慎型投资者在 CCI 指标线跌破前期低点的同时就迅速出局了。

不过好在股价的下跌很快得到了遏止，CCI 指标线也及时在 0 线附近止跌，双重顶形态并未成立，投资者还可以继续买进。

6 月中旬之后股价继续上涨，CCI 指标线也再度来到了超买区内。这时的价格已经来到了 65.00 元价位线以上，相较于上涨初期的 40.00 元来说已经有了极大的涨幅。结合前期 CCI 指标线高点走平的背离来看，市场推涨力度在逐渐消退，投资者持股时需要更加谨慎，同时要结合其他信息来综合判断可能的反转点位置。

在该股冲到 65.00 元价位线上之后，K 线收出几根阴阳交错的横盘长实体震荡线，走势有一些异常，投资者可进入分时图中进一步观察。

图 3-10 为隆基绿能 2022 年 6 月 27 日到 7 月 4 日的分时图。

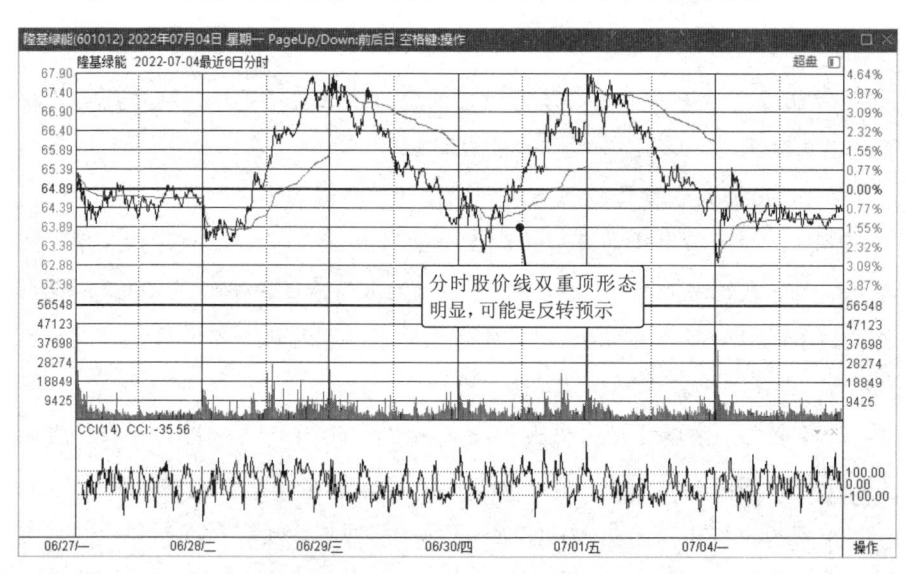

图 3-10　隆基绿能 2022 年 6 月 27 日到 7 月 4 日的分时图

6 月 27 日到 7 月 4 日是股价高位震荡期间表现得最为异常的六个交易日，

从连续的分时走势中可以看到，股价线在中间的四个交易日中形成了一个非常清晰且标准的双重顶形态。尽管在这六个交易日中，形态的颈线并未被彻底跌破，但见顶信号十分明显，结合外部走势来看，谨慎型投资者有必要提前撤离。

而回到图 3-9 所示的 K 线图中观察 CCI 指标线可以发现，在股价滞涨的同时，指标线也发生了转折，高点相较于前期依旧是走平的，可见其形成的是三重顶而不是双重顶。

后续股价没能继续回升，而是接连收阴下跌并跌破了分时图中双重顶的颈线和 30 日均线。此时的 CCI 指标线也早已跌到了 100 线和三重顶形态的颈线之下，看跌信号十分强烈，此时还未离场的投资者要抓紧时间了。

3.2.3　高位头肩顶背离

CCI 指标的高位头肩顶指的是股价高点不断上移的同时 CCI 指标线在 100 线附近三次上冲又三次下跌构筑出的形态，其中左右两边的波峰位置相近，中间的波峰独高，形成类似于头肩部的形态，如图 3-11 所示。

技术图示 CCI 指标高位震荡形成头肩顶

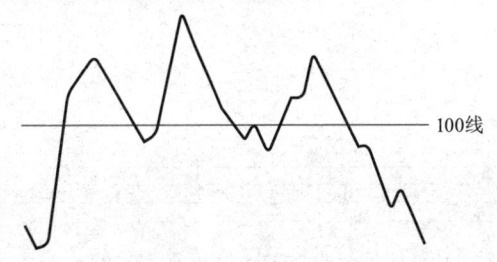

图 3-11　形态示意图

CCI 指标线的头肩顶形态其实与三重顶形态的含义是一致的，构筑过程和股价震荡程度也基本相似，只是头肩顶中部的波峰位置稍高。而且由于 CCI 指标线容易形成震荡，两个形态在构筑过程中都可能会形成一些干扰性波动，但只要整体形态清晰，这些次一级波动就不会对其信号强度产生太大影响。

一般来说，高位头肩顶的三个波峰需要处于 100 线之上，两个波谷也最好处于其上方，但如果有小幅跌破也是可以的，更能体现出股价的多次震荡及场内助涨动能的变化。

除了观察 CCI 指标线之外，投资者还要注意分析场内的其他指标或信息，比如高位异常 K 线的内部分时走势、特殊 K 线形态等，这可以为投资者确定反转点提供很大的参考价值，这一点相信投资者在前面的一些实例中已经有所体会了。

接下来进入实战解析之中。

实例分析 明泰铝业（601677）CCI 指标的头肩顶卖出信号

图 3-12 为明泰铝业 2021 年 2 月到 5 月的 K 线图。

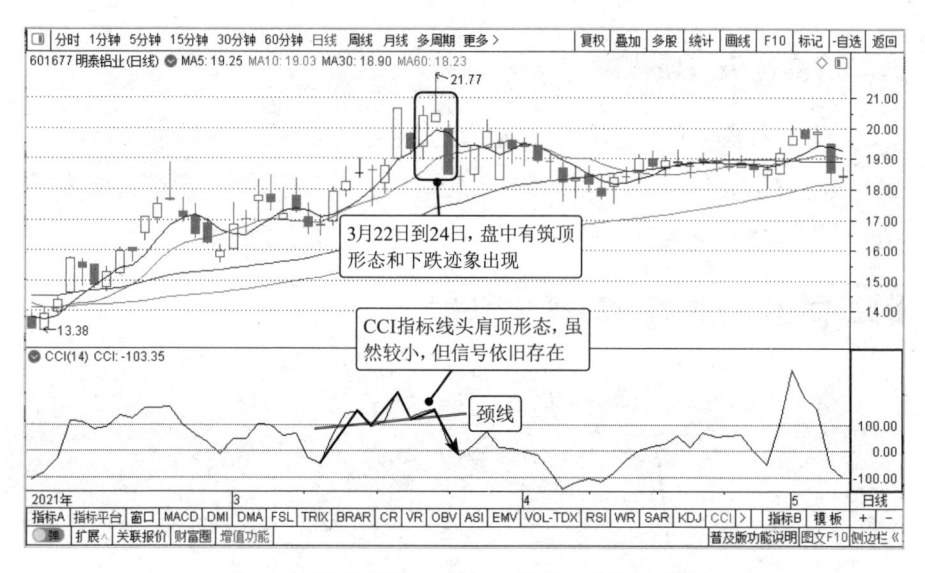

图 3-12　明泰铝业 2021 年 2 月到 5 月的 K 线图

在明泰铝业的这段走势中，股价整体向上，始终在中长期均线的支撑下震荡攀升。不过期间价格的频繁变动也导致 CCI 指标线出现了多次转折，这些转折可以帮助投资者寻找买卖点。

2021 年 2 月上旬，股价向上突破中长期均线后持续上扬，带动 CCI 指标线很快运行到了 100 线之上，并在后续跟随高位震荡。期间投资者就可以积极跟进或是保持持仓。

到了 2 月下旬，股价在 18.00 元价位线阶段见顶小幅回落整理，CCI 指标线受到影响在100线以上转折向下，在股价回调的过程中跌破了100线。这属于一个短线卖点，毕竟股价前期上涨的时间并不长，后续还是有拉升空间的，谨慎型短线投资者可先行出局观望。

数日之后，股价踩在30日均线上得到支撑继续上升。不过第一波上涨没能突破前期18.00元价位线这条压力线，所以CCI指标线也没能突破100线，投资者可不着急买进，而是等待更好的时机。

进入3月后，股价再度回调结束后重拾升势，这一次终于成功突破了18.00元价位线这条压力线，CCI指标线很快运行到超买区内，释放出积极信号。

不过随着股价的频繁震荡，CCI指标线也在100线上小幅波动。到了3月下旬，股价创出21.77元的新高，CCI指标线也形成了第三个100线上的高点，第三个高点与第一个高点位置相近，且都低于中间的高点，有形成头肩顶的迹象，投资者要注意了。

就在股价创新高的次日，K线大幅收阴下跌，带动CCI指标线明显向下转折并跌破前期两个低点的连线和100线，构筑出一个完整的头肩顶。除此之外，见顶前后的几个交易日内的分时走势也由特殊形态构成，下面来看具体的走势情况。

图3-13为明泰铝业2021年3月22日到24日的分时图。

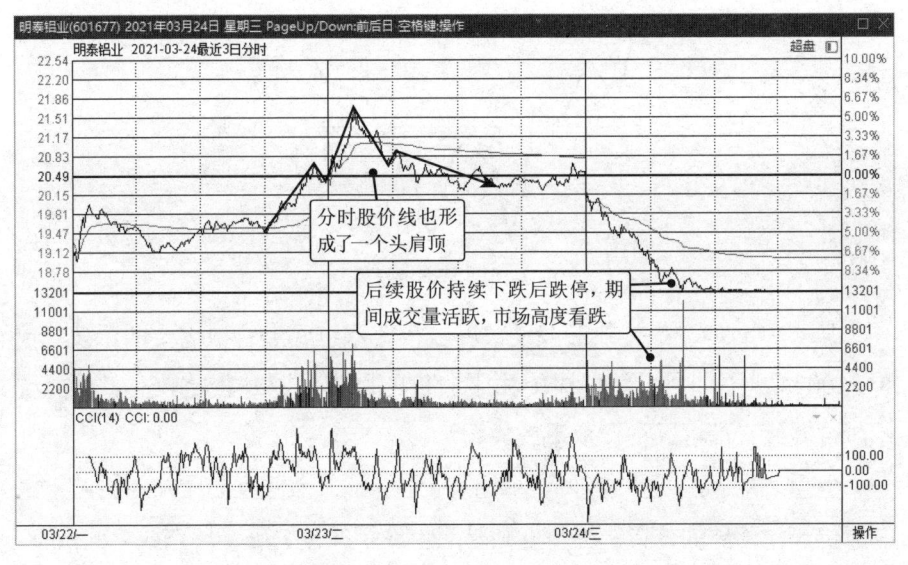

图3-13　明泰铝业2021年3月22日到24日的分时图

3月22日、3月23日和3月24日是股价见顶的前日、当日和次日。从这三个交易日的联合分时走势中可以看到，股价线在3月22日和23日的交界处形成了一个清晰的头肩顶形态，并且期间的成交量十分活跃，可见市场正在借高频繁交易，不排除是主力出货的行为。

而且在分时股价线头肩顶成型之后，该股就长期在均价线的压制下运行。到了3月24日，股价更是开盘即下跌，在成交量的放量压制下很快就跌停了，最终收出一根大阴线。

回到图3-12所示的K线图中可以看到，此时的CCI指标线已经跌下了100线，头肩顶形态成立的同时，也进一步证实了分时走势中的筑顶信号，此时谨慎型投资者应该及时止盈出局。

3.2.4 低位双重底背离

CCI指标的双重底就是在股价低点不断下移的同时CCI指标线在股价震荡下跌的带动下，形成的低位震荡筑底形态，两个低点位置相近，高点则位于-100线附近，如图3-14所示。

技术图示 CCI指标两个低点走平形成双重底

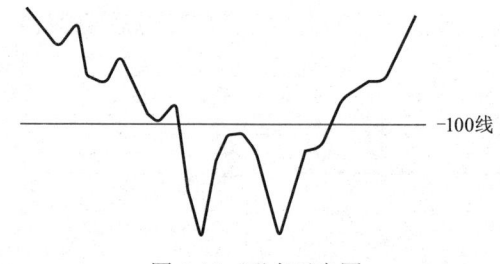

图3-14　形态示意图

其实由于CCI指标线的波动幅度较大，双重底形态只需要两个波谷位于-100线之下即可，波峰可能由于股价的反弹而回升得比较高，但只要不越过0线，都可以视作双重底成型。

双重底形态的买点主要有两处：一处是第二个低点形成并与持续下跌的股价产生背离的位置，另一处则是双重底颈线被突破，形态成立的位置。前者买进的风险较高，但成本会低一些；后者则相对安全，但谨慎型投资者最好还是等待 K 线突破中长期均线之后再买进。

接下来进入实战解析之中。

实例分析 中科创达（300496）CCI 指标的双重底买进信号

图 3-15 为中科创达 2022 年 2 月到 7 月的 K 线图。

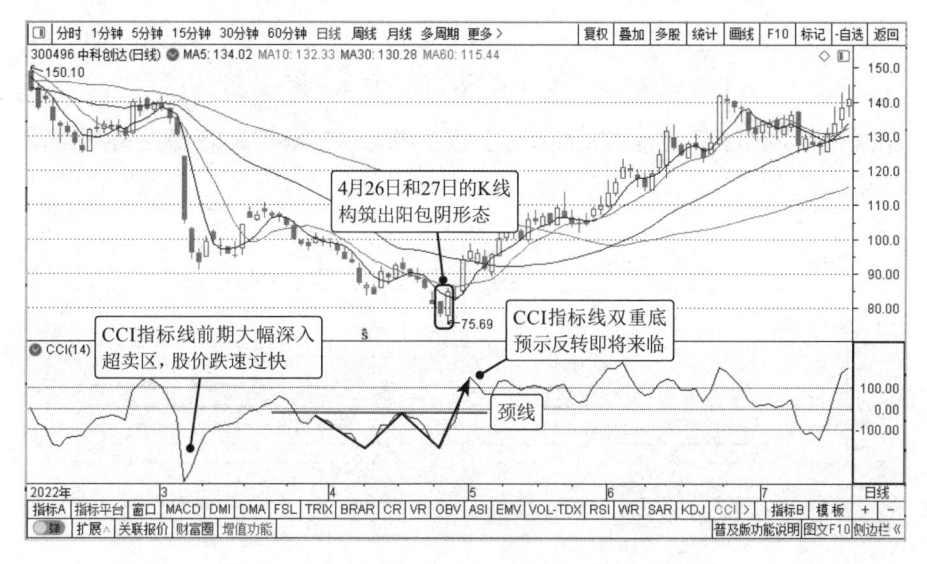

图 3-15　中科创达 2022 年 2 月到 7 月的 K 线图

从图 3-15 中可以看到，中科创达的趋势变化十分清晰。在前期下跌的过程中，K 线收阴幅度非常大，导致 CCI 指标线也产生了频繁的波动。

尤其是在 2022 年 3 月初，K 线连续收出数根跌幅巨大的阴线，导致 CCI 指标线从超买区内直线下滑，深入了超卖区内。可见市场杀跌氛围浓厚，同时也可能是主力压价吸筹的表现，投资者要注意不可轻易介入。

数日之后，该股在 90.00 元价位线上方得到支撑后形成反弹，在 3 月中旬于 110.00 元价位线上受阻并横盘。CCI 指标线则早在股价止跌反弹的同时就回转向上了，可惜此次反弹持续时间不长，幅度也不算大，因此 CCI 指标线也没能突破 100 线，而是在其下方反转向下。

后续股价一路跌到了 90.00 元价位线之下不远处，带动 CCI 指标线跟随落到了超卖区内。随着反弹的进行，CCI 指标线小幅回升到接近 0 线的位置，但并未突破，而是在股价继续下跌的带动下再度下行，跌回超卖区内。

4月27日，股价在75.69元的位置触底后反转向上收出大阳线。这使得CCI指标线迅速转折向上并突破了-100线，低点相较于前期的低点而言是走平的，不仅与下行的股价形成了背离，还形成了一个双重底形态的雏形，只待突破形态颈线后就可以确认其买进信号。

再看股价触底时的两个交易日，分时走势中也可能出现反转信号，下面来仔细观察具体的情况。

图3-16为中科创达2022年4月26日和27日的分时图。

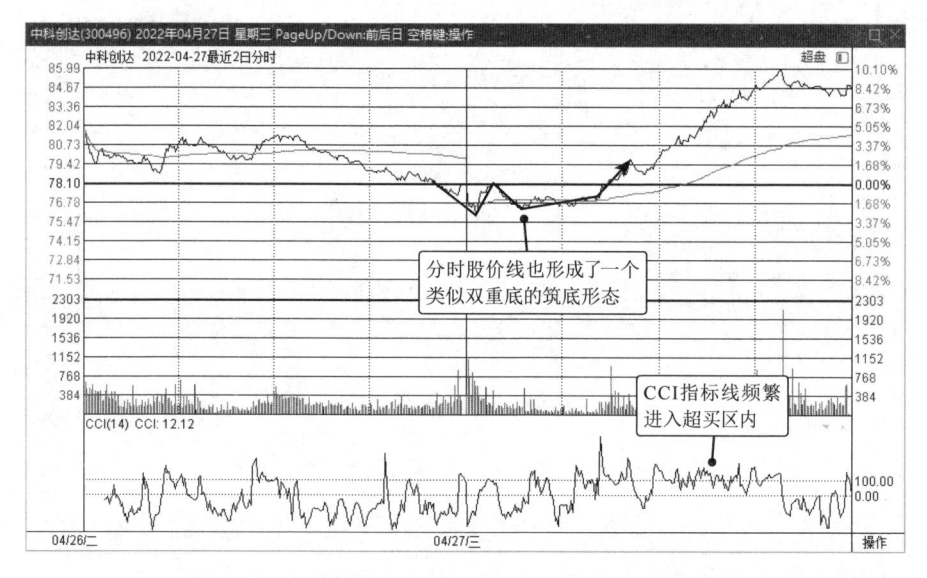

图3-16　中科创达2022年4月26日和27日的分时图

4月26日，也就是触底的前一日，股价的走势还是比较平和的，只在下午时段有明显的下跌，但跌幅不深。次日股价开盘后就在低位震荡，临近早间收盘时迅速拉升向上，与前一日尾盘的股价线结合形成了一个类似双重底的筑底形态。

而且在转势上涨后，分时CCI指标线也多次进入超买区内，并在高位横向震荡，可见市场看涨力道强劲，投资者可趁机介入。

回到图3-15所示的K线图中观察后续走势，该股在此之后就连续上涨，并在5月上旬接连突破了30日均线和60日均线，带动CCI指标线运行到100线附近震荡。此时，谨慎型投资者也可以迅速跟进了。

3.2.5 低位三重底背离

CCI 指标的低位三重底指的是股价低点不断下移的同时 CCI 指标线在 -100 线附近反复震荡，形成的三个低点位于相近位置的筑底形态，如图 3-17 所示。

技术图示 CCI 指标低位震荡，三个低点走平

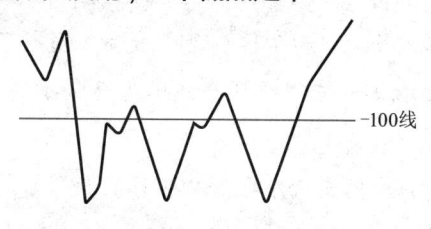

图 3-17 形态示意图

CCI 指标三重底的三个波谷需要位于 -100 线以下，波峰则低于 0 线即可，传递出的是股价可能即将反转上升的信号，投资者可采取与双重底类似的策略应对。

接下来进入实战解析之中。

实例分析 锦浪科技（300763）CCI 指标的三重底买进信号

图 3-18 为锦浪科技 2022 年 2 月到 7 月的 K 线图。

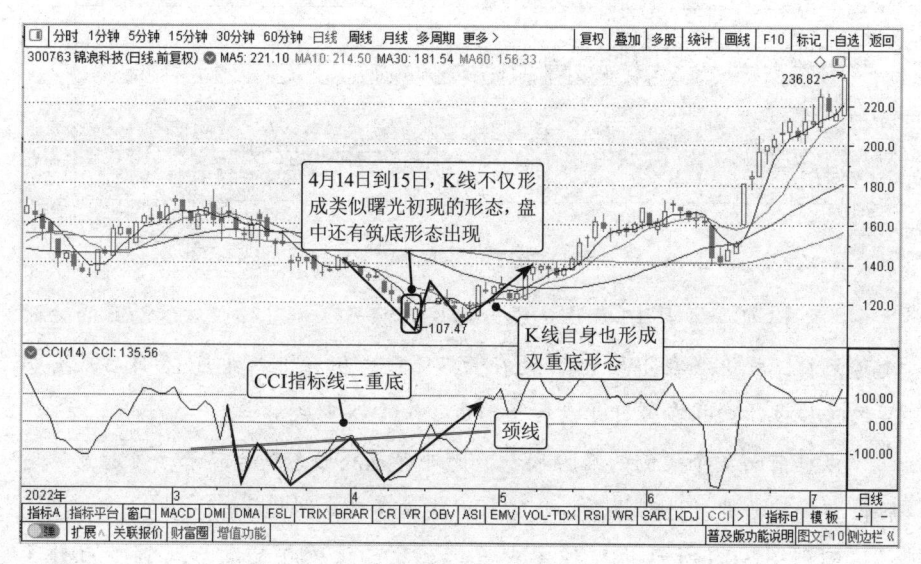

图 3-18 锦浪科技 2022 年 2 月到 7 月的 K 线图

在锦浪科技的前期走势中，股价呈猴市震荡。其间 K 线多次与中长期均线产生交叉，CCI 指标线也多次上下穿越常态区间，但就是没有彻底突破或跌破过边界线。因此投资者还是暂缓买入的步伐，静待趋势发生明显转变后再制定策略。

3 月下旬，股价在 140.00 元上得到支撑后横盘了一段时间，最终还是跌下该支撑线，来到了 110.00 元价位线附近。在此期间，由于股价震荡频繁且跌幅较大，CCI 指标线多次在超卖区内上下波动，形成了三个清晰的低点。而且这三个低点高度相近，中间的两个波峰也只是小幅越过 -100 线，三重底的雏形出现了。

而在股价触底时，分时走势中也有相应筑底形态形成。

图 3-19 为锦浪科技 2022 年 4 月 14 日到 15 日的分时图。

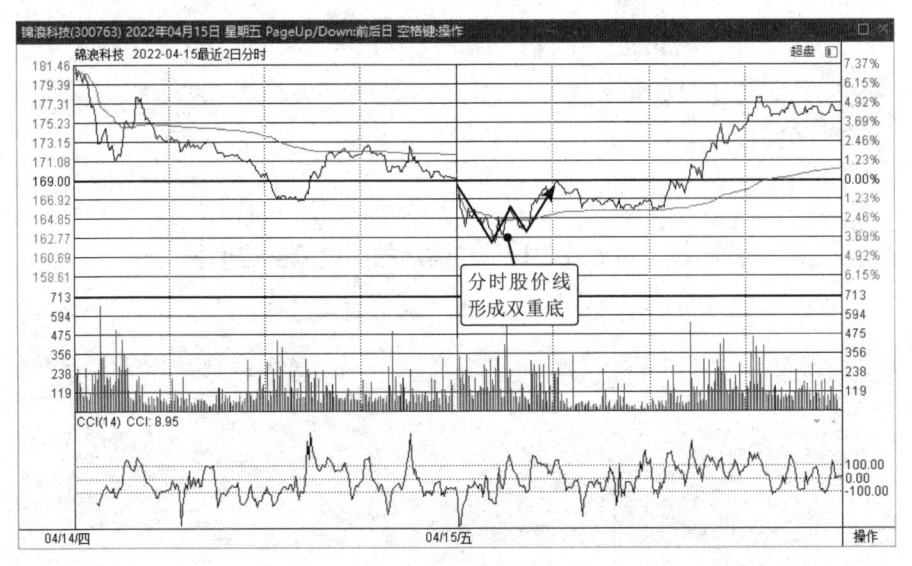

图 3-19　锦浪科技 2022 年 4 月 14 日到 15 日的分时图

4 月 14 日和 4 月 15 日正是股价触底的前一日和当日，从这两日的分时走势来看，股价线在 4 月 14 日还在长期下跌，但在进入 4 月 15 日后就有明显的转势拉升，并在当日开盘后还形成了一个双重底形态。

根据前面多个案例的经验来看，内外部筑底形态结合起来，可能意味着股价即将反转，激进型投资者此时可以尝试着建仓跟进了。

回到图 3-18 所示的 K 线图中继续观察，该股在此之后又继续上升了两个交易日，但在 10 日均线上受阻后再次回落，导致 CCI 指标线刚突破 -100 线就跟随向下转折，三重底不能视作成型。

4 月底，股价在比前期低点稍高的位置止跌回升，随后接连震荡上涨并成功突破了 30 日均线。这就彻底带动 CCI 指标线回归到了高位，三重底筑底形态成立，反转信号发出。

除此之外，K 线自身也形成了一个双重底筑底形态，多个反转信号共振，释放出了强烈的上涨信号，谨慎型投资者此时也可以迅速建仓，抓住后续涨幅了。

3.2.6 低位头肩底背离

CCI 指标低位头肩底就是头肩顶形态的翻转，具体是指股价震荡下跌的同时 CCI 指标线在 -100 线附近形成的特殊震荡筑底形态，其中有三个低点，左右两个位置相近，且都稍高于中间的低点，如图 3-20 所示。

技术图示 CCI 指标三降三升形成头肩底

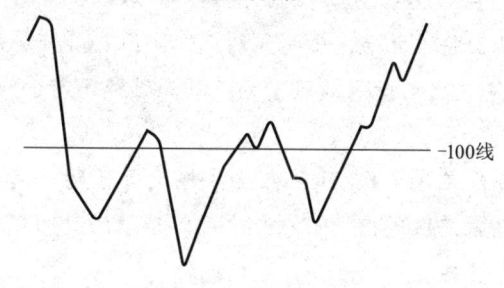

图 3-20　形态示意图

面对 CCI 指标的头肩底形态，投资者的策略与双重底、三重底等筑底形态的策略基本一致，只是要特别注意场内其他技术指标的运行状态和反转形态，以确定合适的买点。

接下来进入实战解析之中。

实例分析 臻镭科技（688270）CCI 指标头肩底背离买进

图 3-21 为臻镭科技 2023 年 6 月到 12 月的 K 线图。

在臻镭科技的这段走势中，股价在 2023 年 7 月到 8 月的跌势明显。尤其是在 7 月上旬，股价下跌的速度极快，一度带动 CCI 指标线直接从 100 线以上的高位穿越整个常态区间，跌到 -100 线以下。

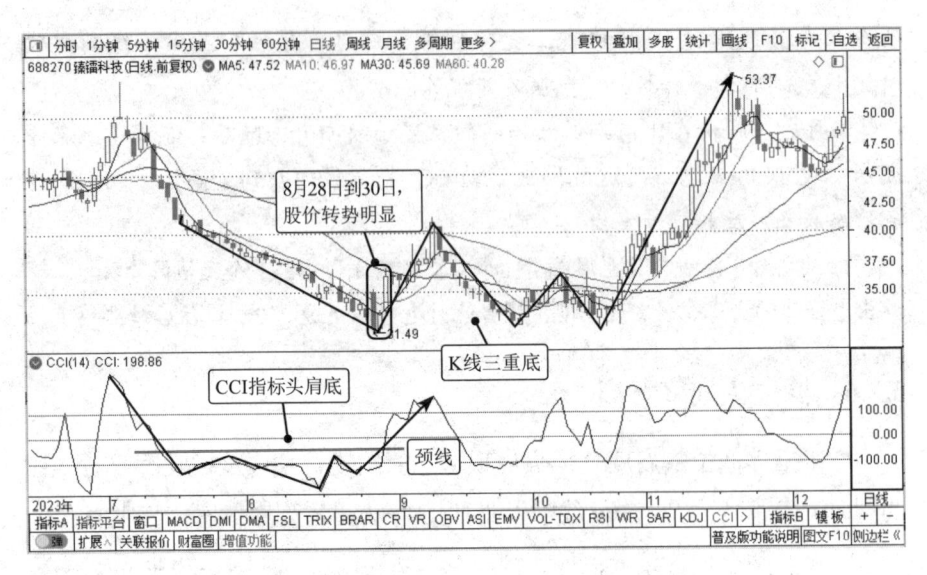

图 3-21　臻镭科技 2023 年 6 月到 12 月的 K 线图

不过该股后续在 40.00 元价位线上得到支撑后明显减缓了跌速，开始稳定地向下滑落。尽管股价并未产生明显的反弹，但 CCI 指标线也小幅回升到了 -100 线以上，不久之后就跟随股价的下跌而继续下行，跌破 -100 线进入超卖区内。

8 月中旬，股价在 35.00 元价位线上小幅反弹了两个交易日，导致 CCI 指标线跟随回升到常态区间内。不过此次反弹持续的时间实在太短，指标线很快又跌回了超卖区内。

8 月 28 日到 30 日，该股收出了三根实体明显大于前期的 K 线，且前阴后阳，很有可能是大幅反弹的标志。

下面就进入这三日的分时走势中细致观察。

图 3-22 为臻镭科技 2023 年 8 月 28 日到 30 日的分时图。

在 8 月 28 日，股价是以比较高的价格开盘的，但自开盘后就直线下跌。几分钟后股价跌速虽有所减缓，但依旧处于长期下滑之中，盘中成交量也不活跃，最终收出一根长阴线。

在其后的两个交易日中，股价线有了明显的积极表现，盘中成交量远高于前期，股价线越到后期的涨速越快，涨幅也越大。最终该股在 8 月 30 日收盘时，价格已经远远高于 8 月 28 日的开盘价，可见是实现了有效的突破，发出看涨信号。

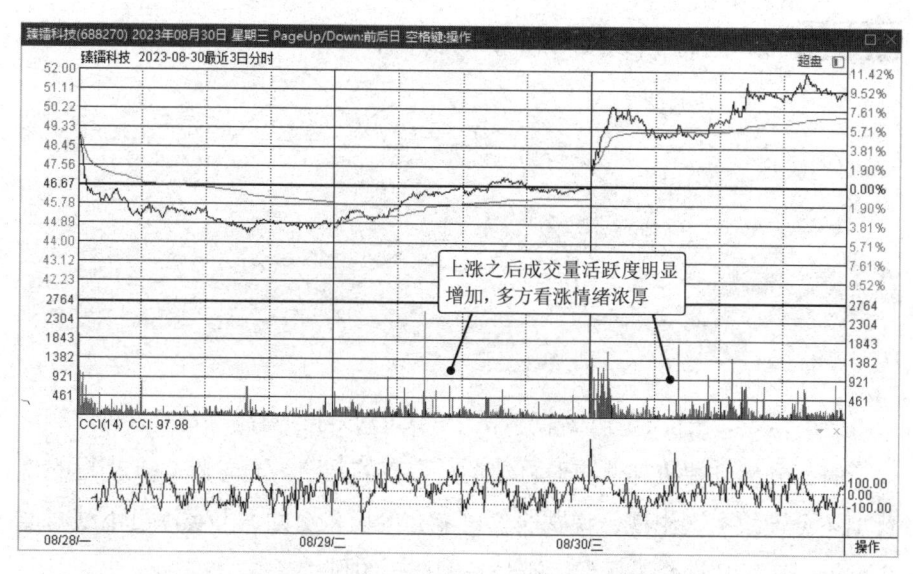

图 3-22　臻镭科技 2023 年 8 月 28 日到 30 日的分时图

回到图 3-21 所示的 K 线图中可以看到，8 月 30 日的 K 线最高价已经小幅越过了 30 日均线。同时，CCI 指标线也形成了一个低点上行，与前期的两个低点和两个高点结合形成了一个头肩底形态，而且形态的颈线和 -100 线都已经被突破，投资者可以趁机介入了。

在后续的走势中，该股连续两次在 60 日均线上受到压制下跌，但两次下跌的低点都与前期相近，形成的是一个 K 线三重底筑底形态。而且 K 线在第三次上涨后终于成功突破了中长期均线的束缚，进入了主升期之中，这对于投资者来说又是一个建仓和加仓时机。

3.2.7　顶背离形态

CCI 指标与股价的顶背离和 KDJ 指标与股价的顶背离类似，即股价高点上移的同时，CCI 指标线高点下移，如图 3-23 所示。

不过与 KDJ 指标不同，CCI 指标很容易与股价走势之间形成背离，毕竟股价涨速的下降也会导致 CCI 指标线转折。因此不是每一次背离都能预示行情即将发生转折，投资者需要结合多方信息来分析。

技术图示 股价高点上移，CCI 指标高点下移

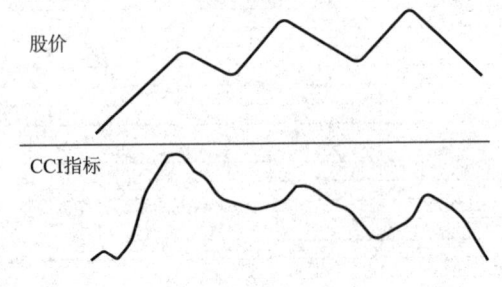

图 3-23　形态示意图

一般来说，在行情高位或阶段高位的 CCI 指标顶背离才是最具价值的，投资者在分析时要更加侧重对行情运行位置的判断。有时候 CCI 指标的顶背离还会连续多次出现，说明股价可能会经历多次回调乃至深度下跌，谨慎型投资者可尝试分段操作，避开长期持股的风险。

接下来进入实战解析之中。

实例分析 妙可蓝多（600882）CCI 指标的顶背离卖出信号

图 3-24 为妙可蓝多 2020 年 11 月到 2021 年 7 月的 K 线图。

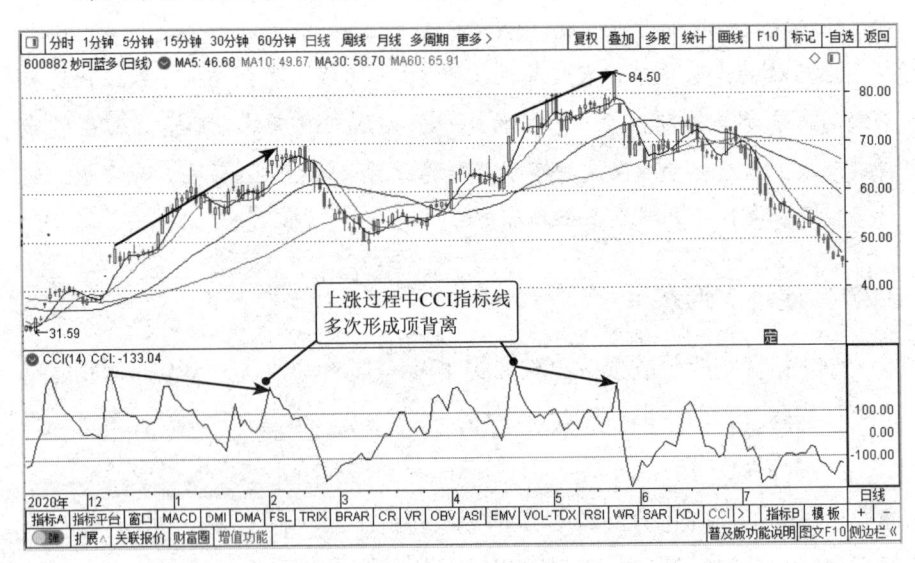

图 3-24　妙可蓝多 2020 年 11 月到 2021 年 7 月的 K 线图

在妙可蓝多的这段走势中，CCI 指标线与股价形成了两次比较明显的顶

背离，下面来逐一分析。

第一次顶背离出现在 2020 年 12 月到 2021 年 1 月，股价从中长期均线的压制下恢复上涨不久，在震荡中逐步向上攀升。

2020 年 12 月初，该股在 50.00 元价位线处受阻后横盘整理了一段时间，随后继续拉升，导致 CCI 指标线在 100 线上出现了一次尖角转折，不过后续又跟随上升到了超买区内，积极信号依旧存在。

进入 2021 年 1 月后，股价又在小幅突破 60.00 元价位线后回调整理。而 CCI 指标线早在股价涨速减缓时就转折向下了，并且高点相较于前期还有明显的下移，提前与股价形成了顶背离形态。

不过根据 CCI 指标线频繁震荡的特性，这种程度的顶背离还不足以促使投资者立即撤离，毕竟股价依旧在上涨。

后续半个多月内，股价又经历了两次涨跌，最终高点是整体上移的。反观 CCI 指标线可以发现，指标线在 2 月初形成的高点相较于 2020 年 12 月初的依旧下移，顶背离形态仍在发挥作用。

此时高达 70.00 元左右的股价相较于前期的 40.00 元价位线来说，已经有了接近 75% 的涨幅。而且在横盘后期 K 线有大幅收阴下跌的迹象，结合 CCI 指标线提前转折向下的走势及始终存在的顶背离形态来看，继续持股比较危险，投资者可先行出局兑利，随后观望。

从后续的走势可以看到，该股在 2021 年 2 月从 70.00 元价位线附近下跌到了 50.00 元价位线上才止跌反转，短期跌幅还是比较大的，这导致 CCI 指标线也跌到了超卖区内。

不过后续股价也在稳步回升，在震荡中一步步向上突破了 30 日均线和 60 日均线，也带动 CCI 指标线波动上行，回归到了超买区内。这时投资者就可以重新建仓入场了。

4 月中旬，该股在一次回调后踩着 60 日均线连续收阳暴涨，短短三日的涨幅就接近前期一个多月的上涨。这显然对 CCI 指标线造成了不小的刺激，指标线直线冲到 100 线以上的高位。

不过由于后续股价涨速明显减缓，CCI 指标线也很快转折向下靠近 100 线，还在股价收阴回调的过程中小幅跌破了该线。

5 月下旬，该股再次大幅拉升创出新高，CCI 指标线也跟随上扬到高位。

但观察二者的高点走势可以发现，在股价高点上移的同时，CCI 指标线高点有明显的下移，与之形成了顶背离形态。

其实二者的顶背离在 5 月初，股价于 80.00 元价位线附近阶段见顶回调时就可以看出来。若投资者能在那时就保持警惕或是适当减仓，待到 5 月底的顶背离成型时就更应该及时卖出，保住前期收益了。

从后续的走势也可以看到，该股在此之后很快下跌并跌破中长期均线，CCI 指标线也在很长时间内低位震荡。被套的投资者除了及时止损卖出外，就只能等待反弹到来，看是否能够降低一些损失。

下面就来看该股在后续的一波大幅反弹中 CCI 指标线的表现。

图 3-25 为妙可蓝多 2021 年 9 月到 2022 年 2 月的 K 线图。

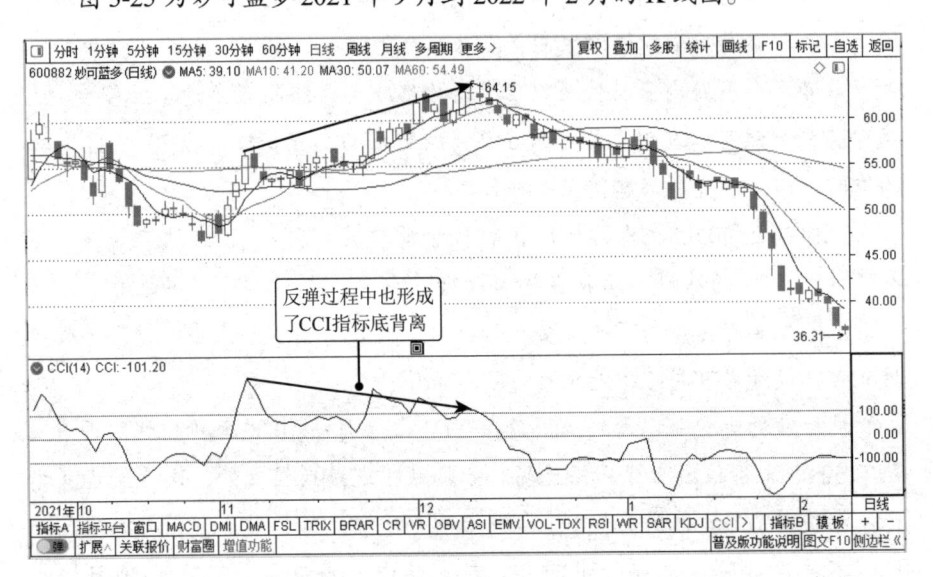

图 3-25　妙可蓝多 2021 年 9 月到 2022 年 2 月的 K 线图

从图 3-25 中可以看到，到了 2021 年 10 月下旬时，股价已经跌到了 50.00 元价位线附近，相较于前期已经有了很大的跌幅。

进入 11 月后，该股开始连续收阳上升，形成了反弹的趋势。在 K 线成功越过中长期均线后，这一波强势反弹也拉开了帷幕。此时场外投资者也可以适当参与，但要注意仓位管理，场内投资者应主要关注如何解套。

接下来观察 CCI 指标线，可以发现早在股价止跌上涨的初期，指标线就已经冲上了超买区，然后随着股价的回调而转折向下，小幅跌破 100 线。

不过股价后续继续上涨，CCI 指标线也重新回到了 100 线以上。但当股价高点超越前期时，CCI 指标线的高点却是下移的，再次形成了顶背离形态，再加上这原本就是在下跌过程中的反弹，投资者更应该谨慎持股。

待到股价上涨到接近 65.00 元价位线时，CCI 指标线的顶背离也更加清晰了，而且指标线十分接近 100 线，随时可能将其跌破，谨慎型投资者最好还是应尽早出货止盈。

进入 12 月后不久，股价就向下跌破了 60.00 元价位线，并带动 CCI 指标线跌下超买区，传递出明确的卖出信号。持股到现在的投资者要注意迅速借高卖出，保住前期收益。

3.2.8 底背离形态

CCI 指标的底背离与顶背离相反，指的是在下跌行情的后期，股价低点持续下移的过程中，CCI 指标线的低点转而上移的背离看涨形态，如图 3-26 所示。

技术图示 股价低点下移，CCI 指标低点上移

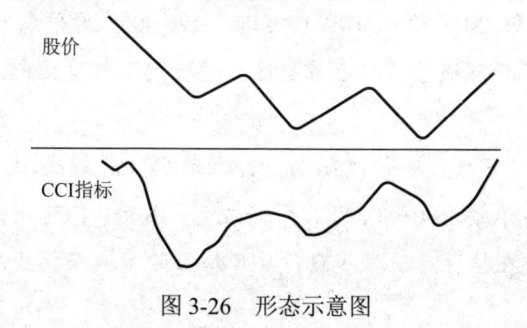

图 3-26 形态示意图

与 CCI 指标线的顶背离一样，底背离也可能频繁在一段走势中出现，并且不一定每次都能成功预示出趋势的反转。因此投资者在使用时还是得借助其他信息辅助分析。

接下来进入实战解析之中。

实例分析 融捷股份（002192）CCI 指标的底背离买进信号

图 3-27 为融捷股份 2021 年 8 月到 2022 年 2 月的 K 线图。

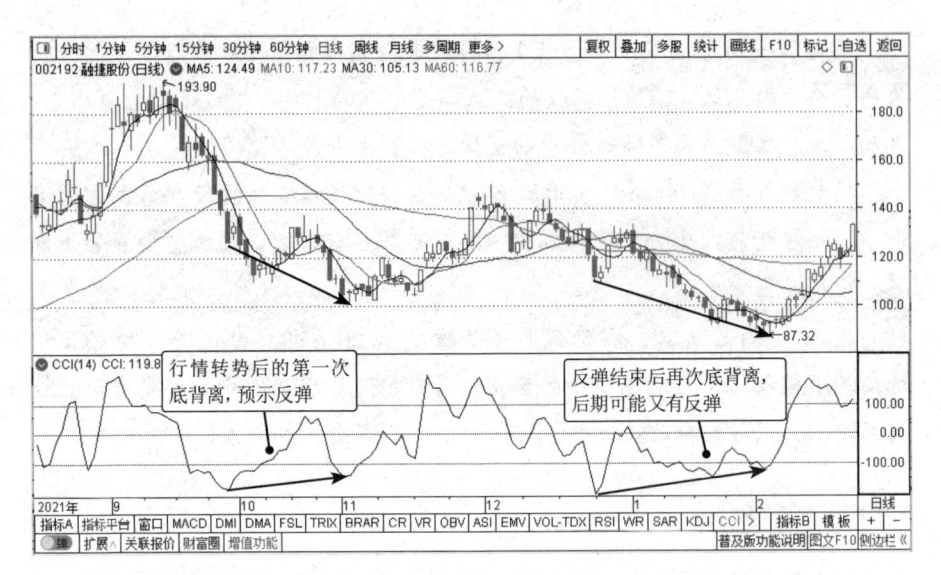

图 3-27　融捷股份 2021 年 8 月到 2022 年 2 月的 K 线图

在融捷股份的这段走势中，CCI 指标线的底背离形态为投资者确定抢反弹的买入点发挥了关键的辅助作用。

CCI 指标线的第一次底背离是在 2021 年 10 月前后，该股在一次连续、快速下跌后从 190.00 元价位线以上跌到了 120.00 元价位线附近，短期较大的跌幅导致 CCI 指标线穿越整个常态区间运行到了超卖区内，并在股价反弹后形成一个低点。

进入 10 月后不久，股价收阳向上，带动 CCI 指标线向上回升到了常态区间内。不过由于股价反弹时间不长，幅度也不大，CCI 指标线没能向上突破 100 线，而是在接近后就跟随股价反弹结束的步伐而拐头向下，又一次进入了超卖区内。

11 月初，该股在 100.00 元价位线上得到支撑后再度反弹，CCI 指标线跟随转折向上形成一个低点。对比二者的低点走势可以发现，股价低点下移，CCI 指标线的低点在上移，形成的是底背离形态。

显然，这是股价可能即将大幅反弹甚至转势上涨的标志，虽然信号强度不如 KDJ 指标，但也能够为投资者指示出买入点。谨慎型投资者可以先不着急介入，激进型投资者要买进也要注意轻仓。

11 月中旬，股价成功向上越过了 30 日均线完成关键突破。这至少说明股价会有一波涨幅不错的反弹，此时场外投资者可迅速跟进建仓，已经买进的投资者还可以继续加仓。

果然，该股在后续反弹到了接近150.00元价位线的位置，虽然没能成功越过60日均线的压制，但短期涨幅也是很不错了，投资者及时卖出就能抓住前期收益。

后续股价一路震荡下跌，带动CCI指标线也震荡向下运行到了超卖区内。12月底，股价跌速较快，CCI指标线形成的低点位置也比较深。但在2022年1月下旬乃至2月初股价创出新低的同时，CCI指标线的低点却在接连上移，形成了一个时间较长的底背离形态。

根据前期经验，该股后续有可能会再次迎来一波反弹，投资者可根据自己的操作策略买进参与。下面来看该股未来反弹的高度如何。

图3-28为融捷股份2022年2月到7月的K线图。

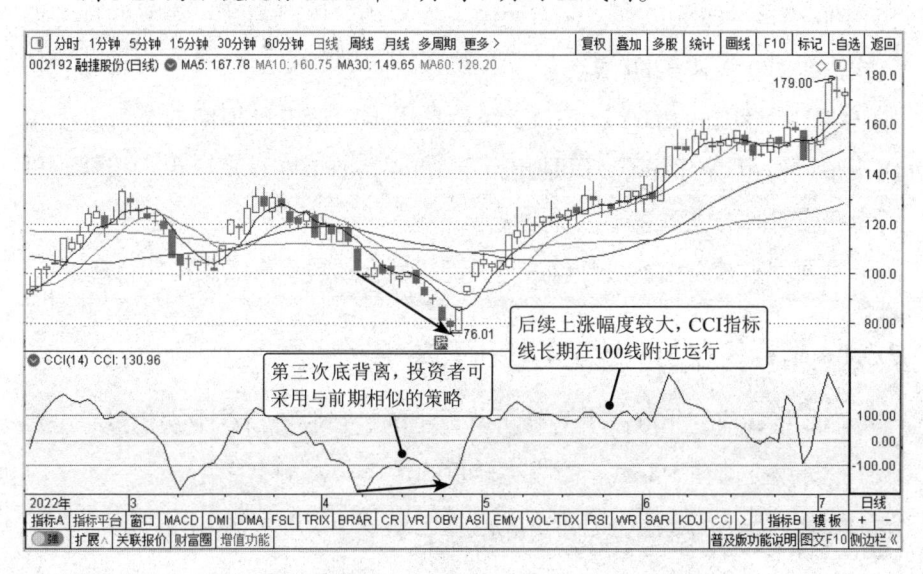

图3-28 融捷股份2022年2月到7月的K线图

该股自从2022年2月初开始反弹后就一路向上稳定攀升，在2月底时来到了接近140.00元价位线的位置，短期涨幅比较可观。

后续一个多月内，股价在中长期均线附近上下震荡，期间并未形成明显的趋势性，因此CCI指标线也只是反复穿越常态区间。直到4月上旬股价跌到100.00元的支撑线附近横向整理数日并彻底跌破后，CCI指标线才有了不同的表现。

观察这段时间内的股价和CCI指标，可见在股价低点下移的过程中，CCI指标线低点有些许的上移，形成了一个底背离形态。那么根据前期经验，投资者此时就可以建仓入场，等待后续上涨。

该股此次反弹的幅度还是非常大的，并且持续时间也不短，几乎已经可以视作行情转势了。在上涨期间，CCI指标线也上行到了100线附近并围绕其反复波动，形成横向震荡走势，可见市场涨势积极，投资者可保持持股，在合适的位置抛售后就能赚取不错的收益。

3.3 指标线对关键线的穿越背离

在CCI指标中，除了常态区间和非常态区间的分界线，即100线和-100线是关键线以外，还有两条不太常用，但研判效果很好的过度偏离线，即280线和-280线。

CCI指标中的280线和-280线也是用于衡量市场短期内是否过度偏离正常运行范围的工具，只是相较于100线和-100线来说更加极端，投资者在应对时的反应速度也要更快。

下面就来看当指标线穿越这些关键线后会与股价形成怎样的背离。

3.3.1 指标线在100线上的转折背离

CCI指标线在100线上的转折背离指的是在股价持续上涨的过程中，CCI指标线提前在100线上方发生转折的走势，如图3-29所示。

技术图示 CCI指标在100线上转折向下

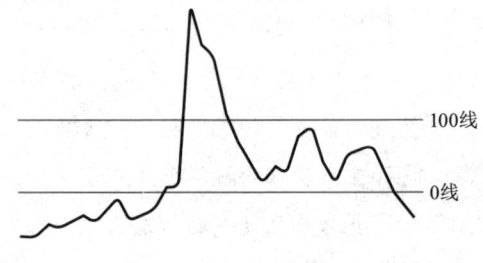

图3-29 形态示意图

这里的背离自然就是指提前下跌的 CCI 指标线和依旧上行的股价之间的走势背离。在前面的案例中其实已经涉及了不少这种背离，它的成因大概率是股价前期上涨速度过快，导致后续一旦涨速跟不上，指标线就会立即发生转折。

当然，也不是每一次 CCI 指标线都会提前转折，只要股价能够长期维持当前的涨速，或者暴涨的时间只有短短数日，那么 CCI 指标线也会在股价收阴的同时才转折向下。

因此，在大部分时候，CCI 指标线在 100 线以上的提前转折都是短期仍旧看涨，但中长期看跌的背离形态。如果 CCI 指标线在转折后没有立即跌破 100 线，投资者还可以继续持股观察，一旦指标线跌破 100 线，投资者就要根据实际情况决定是否立即撤离了。

接下来进入实战解析之中。

实例分析 通合科技（300491）CCI 指标线在 100 线上转折回落靠近 100 线的背离

图 3-30 为通合科技 2022 年 9 月到 2023 年 3 月的 K 线图。

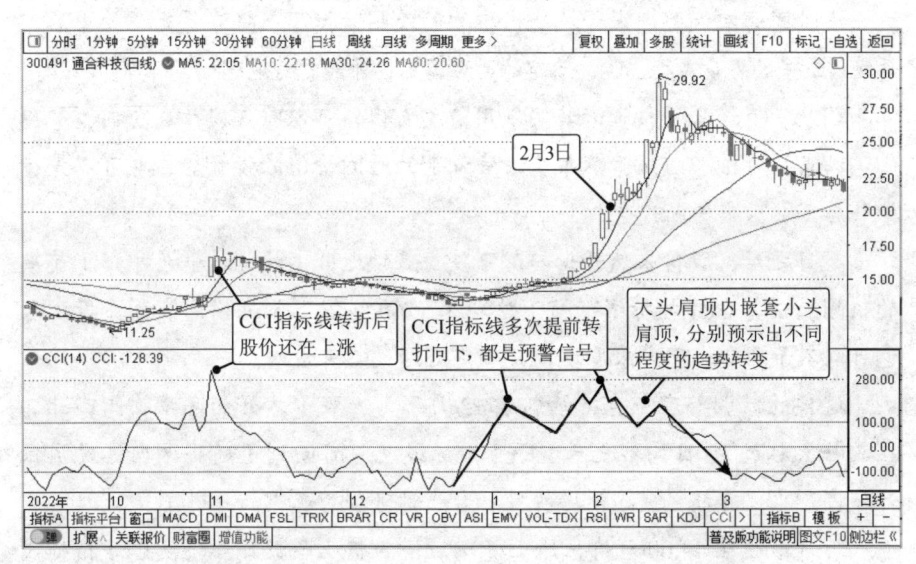

图 3-30　通合科技 2022 年 9 月到 2023 年 3 月的 K 线图

从图 3-30 中可以看到，通合科技的股价正处于长期上涨的过程中，其间只进行过一次比较明显的回调。

2022年10月初,该股在11.25元的位置触底后收阳回升,前面几个交易日的涨速还算稳定,使得CCI指标线跟随从低位回升,很快便来到了100线以上。不过由于股价在30日均线上受阻横盘,指标线拐头向下靠近,形成了一次不算明显的背离。

在此后的一段时间内,股价反复震荡试图突破两条中长期均线的压制,导致CCI指标线也围绕100线横向震荡。这说明股价短时间内虽然没有形成更有力的上涨,但整体趋势是向好的。

进入11月后,该股以一根跳空向上的大阳线成功越过了整个均线组合,同时也带动CCI指标线直线上冲,一度冲上了280线。这显然是一个行情逆转、后市看涨的积极信号,大量投资者就此跟进。

不过就在跳空的次日,股价涨速明显降低,尽管收出的依旧是阳线,但无论是实体长度还是相较于前期的上涨幅度,都远不如前日。因此CCI指标线也立即转折向下,形成了背离。

股价好不容易突破关键压力线就出现这样的受阻迹象,这是不是意味着突破已经失败了呢?其实不然,还有一种情况,即股价在完成突破后需要通过一段时间的回调整理来释放场内堆积的获利盘抛压,将浮筹充分换手后,让场内看多的力量占据主流,看空的力量离场,才能更好地进行下一步的拉升。

因此,有经验的投资者其实不用着急卖出,可以将筹码放在仓内,等待回调结束的时机。当然,不希望浪费资金的时间价值的投资者,也可以先行抛售后,在后市重新建仓。

数日之后,股价果然开始转势下跌,且跌速并不快,进一步印证了前期的猜测。就算CCI指标线跟随下跌到了-100线以下长期横向震荡,投资者也可以不予理会,而是采取之前就制定好的策略来应对。

这样的回调整理一直持续到了12月下旬,股价才开始逐步收阳回升。在又一次越过30日均线之后,CCI指标线也跟随回到了超买区内,说明拉升即将开启,前期观望或离场的投资者此时可加仓或重新买进了。

后续该股在14.00元价位线上受阻后横向整理了数日,导致CCI指标线转折向下形成背离,不过这时的背离显然是因为价格涨速下降,而非看跌信号。数日后股价向上突破15.00元价位线后明显加快上涨步伐,CCI指标线一路震荡上扬，来到了接近280线的位置。

2月初，股价在接触到20.00元价位线后在2月3日收阴，正是此次收阴导致CCI指标线再度提前转折向下形成背离。不过这次背离依旧不是转势下跌的信号，投资者可不着急卖出。

后续股价在21.00元价位线附近横盘了数日，最后继续收出大阳线向上拉升，因为价格走平而下滑到100线附近的CCI指标线也再次向上。

2月中旬，该股在创出29.92元的新高次日收阳走平，CCI指标线自然也受到影响转折向下。此时来观察从股价结束回调重归上涨的这段时间内的CCI指标线表现，不难看出其构筑出了一个十分标准的头肩顶形态雏形，并且在头部还嵌套了一个更小的头肩顶。

而且再往后一个交易日K线就收阴开始下跌了，CCI指标线也跌破了头肩顶的颈线和100线的支撑，头肩顶形态成立。再加上当前涨幅已高，多个看跌信号结合来看，该股后续确实可能形成深度回调甚至转入下跌行情，投资者还是应以卖出为佳。

下面来看后续股价止跌重拾升势后，CCI指标线的表现。

图3-31为通合科技2023年3月到8月的K线图。

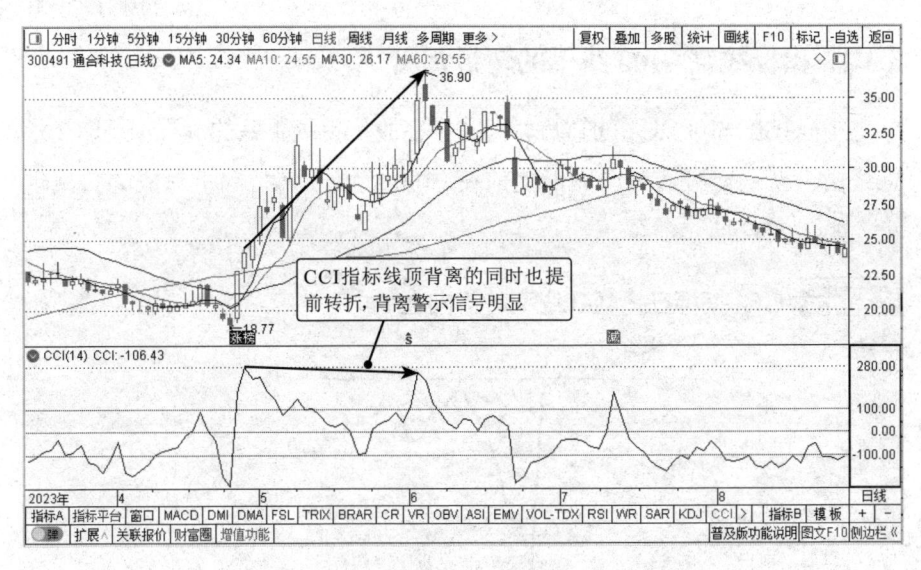

图3-31 通合科技2023年3月到8月的K线图

从图3-31中可以看到，通合科技的股价一直到2023年4月底才止跌企稳，这时的价格已经来到了 20.00 元价位线以下，跌幅还是比较深的。

股价在 18.77 元处触底后迅速收阳向上拉升，刚开始的涨速就非常快，几乎可以称得上暴涨。这使得 CCI 指标线直线向上拉升到了高位，顶部甚至已经接触到了 280 线，可见市场发力之迅猛，反应快的投资者完全有机会在这几日抓住时机重新建仓。

不过该股很快在 27.50 元价位线上受阻收阴整理，CCI 指标线也就此转折向下，即便后续股价继续上涨，也没能带动 CCI 指标线回归到高位。

在股价又一次整理回调之后，CCI 指标线还跌到了接近 -100 线的位置，不过没有跌破，因为股价在 30 日均线上企稳后进行了下一波拉升。这一次 CCI 指标线也是跟随向上运行到了接近 280 线的位置，并在股价收阴的同时转折向下，没有提前背离。

但观察股价和 CCI 指标线的高点可以发现，二者在此期间形成了一个顶背离形态，所以反转信号还是及时得到了展示。

而且此时的股价已经上涨到了 35.00 元价位线以上，比 2 月中旬的高点还要高，涨幅也是比较大的，所以投资者就此卖出也可以获得不错的收益，没有必要冒险继续持有了。

3.3.2 指标线在 -100 线下的转折背离

指标线在 -100 线下的转折背离是指在股价持续下跌的过程中，CCI 指标线由于其跌势减缓等原因而提前在 -100 线以下转折向上形成的背离走势，如图 3-32 所示。

技术图示 CCI 指标在 -100 线下转折向上

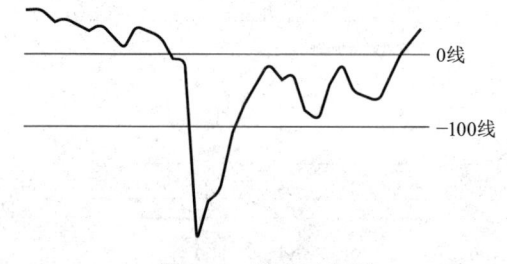

图 3-32　形态示意图

一般来说，在股市中要让股价逆转下跌行情转为上涨，所需的资金和推动力都大于由上涨转为下跌的。所以如果CCI指标线仅仅是提前向上转折，在很多时候都并不是股价可能即将反转向上的预示，通常CCI指标线突破-100线才是。

因此，投资者即便发现了CCI指标线已提前转折向上，也不宜立即买进，最好等待明确的反弹或上涨时机。待到CCI指标线突破-100线时，股价很可能有了一定幅度的上涨，并且后续可能还有更高的上涨空间，此时，投资者进场买入的风险会降低不少。

接下来进入实战解析之中。

实例分析 三诺生物（300298）CCI指标线在-100线下转折回升靠近-100线的背离

图3-33为三诺生物2023年6月到12月的K线图。

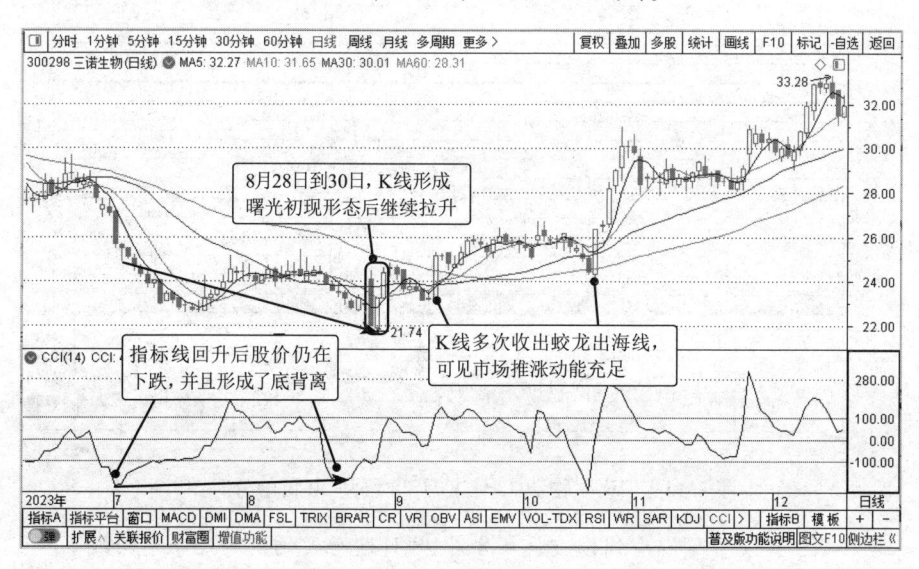

图3-33 三诺生物2023年6月到12月的K线图

来看三诺生物的这段走势，该股在2023年6月的下跌速度非常快，均线组合都形成了空头排列形态，CCI指标线更是很快跟随下滑到了-100线之下。

不过随着股价跌速的减缓，CCI指标线在超卖区内提前形成了向上的转折。根据理论来看，当前市场依旧是看跌的，因此投资者依旧要保持观望，不可冒进。

越到后期，该股跌势越发减缓，最终形成了类似勺子状的走势图。股价在23.00元价位线上得到支撑后，CCI指标线其实已经来到了-100线以上，但并未向上远离。直到K线开始收阳拉升，指标线才彻底完成-100线的突破，传递出反弹信号，这时投资者才可以买进。

可惜此次股价反弹的幅度并不算大，在接触到30日均线不久后就走平并转势下跌了。在此期间，CCI指标线只小幅突破了100线，最终还是向下滑落，进入了超卖区内。

8月28日到30日，该股收出了前阴后阳的三根K线，并且前两根K线构筑出的是曙光初现见底K线组合形态，下面来看这三日的分时走势。

图3-34为三诺生物2023年8月28日到30日的分时图。

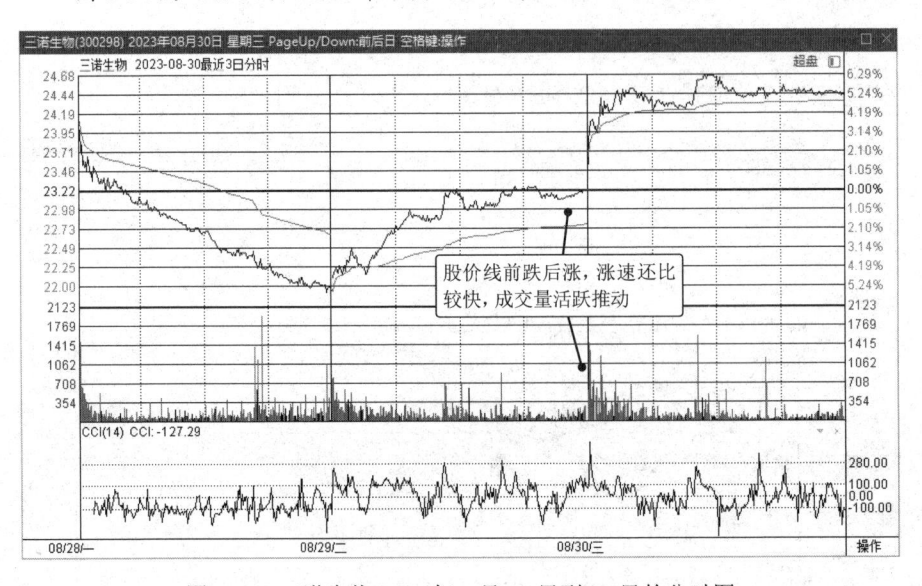

图3-34　三诺生物2023年8月28日到30日的分时图

从图3-34中可以看到，该股在8月28日这一天的走势几乎是斜线下坠，跌势十分稳定。而到了8月29日，该股先是小幅低开，随后迅速震荡上行，在临近23.22元价位线时受阻横盘，最终以较高的价格收盘。这一日的阳线实体深入前一根阴线实体一半以上，符合曙光初现见底K线组合形态的要求，因此释放出的是见底信号。

再往后一个交易日，股价更是跳空向上开盘，最终收盘的位置明显高于第一根阴线的高点，实现了突破，进一步证实曙光初现的见底信号。

而回到图 3-33 所示的 K 线图中观察可以发现，这时的 CCI 指标线早已转折向上，并在曙光初现的位置成功突破 -100 线。而且指标线的低点相较于前期有明显上移，与低点下移的股价形成了底背离。

多个看涨信号的共振，已经清晰展示出了后续该股可能运行的方向，激进型投资者此时就可以尝试着跟进了，谨慎型投资者则可以等待股价突破中长期均线的时机。

从后续的走势可以看到，该股在 60 日均线上受阻后小幅回调了一段时间，但在 9 月初又突然以一根长实体阳线自下而上突破了整个均线组合。这是一个典型的拉升开启形态——蛟龙出海，说明股价即将进入主升期，谨慎型投资者也可以迅速跟进了。

10 月该股又进行了一次蛟龙出海式反转，可见市场多方推动力充足，投资者可继续持仓，有能力的投资者还可以在低位适当加仓。

3.3.3　指标线越过 280 线后股价背离

280 线是 CCI 指标的超涨过度偏离线，一般情况下指标线不会冲到这么高。但当 CCI 指标线运行到如此高位时，往往意味着市场在短时间内过度追涨，价格被过度抬高，有可能在不久之后面临横盘或下跌。

因此，CCI 指标线在 280 线上的提前转折尽管与在 100 线上的转折在形态上没有什么区别，但警示信号的强度要高很多，如图 3-35 所示。

技术图示 CCI 指标在 280 线上转折

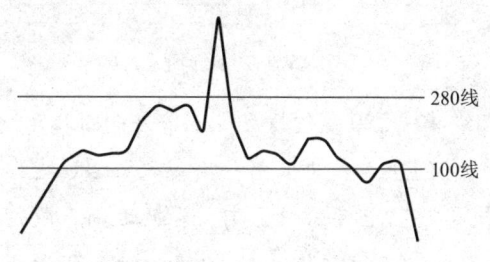

图 3-35　形态示意图

不过，CCI 指标线能够冲上 280 线，也说明了股价涨势的迅猛，带来的收益十分丰厚。因此，很多时候反应快的场外投资者甚至能够及时借助

CCI 指标线的超涨而迅速建仓，赶上这一波上涨，然后在 CCI 指标线拐头下跌后及时借高出货，将收益兑现。

这种操作对于投资者的经验和风险承受能力都要求较高，普通投资者最好不要轻易尝试，只要 CCI 指标线在转折跌破 280 线后，还有继续向下跌破 100 线的迹象，普通投资者还是应以卖出为佳，避免高位被套。

接下来进入实战解析之中。

实例分析 科士达（002518）CCI 指标线在 280 线上转折回落靠近 280 线的背离

图 3-36 为科士达 2022 年 4 月到 8 月的 K 线图。

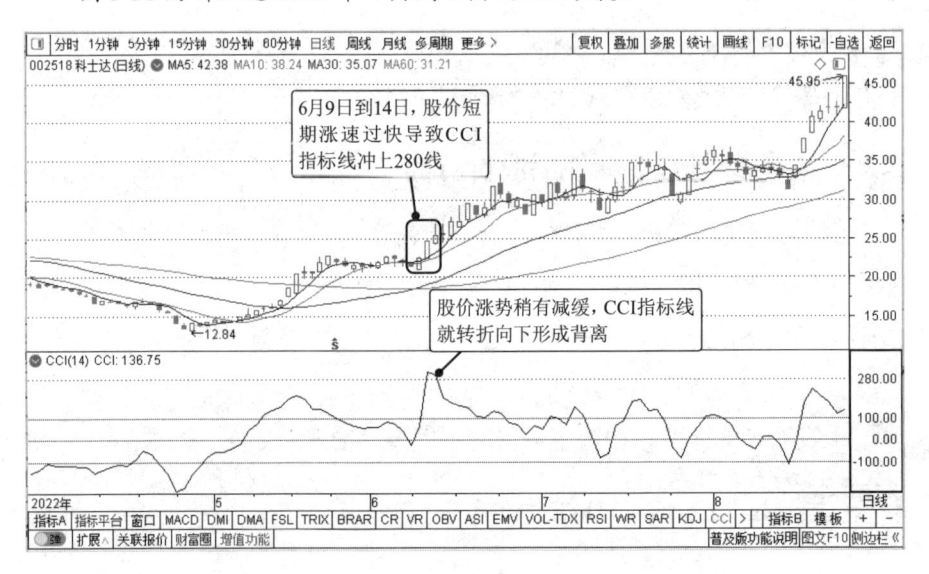

图 3-36　科士达 2022 年 4 月到 8 月的 K 线图

由于 CCI 指标线冲破 280 线的情况并不常见，因此即便在科士达的这段如此积极的上涨中，CCI 指标线也只有一次突破了 280 线。

这一次突破出现在 2022 年 6 月上旬，在此之前，股价刚从下跌中恢复不久，自 15.00 元价位线下方上涨到 22.50 元价位线附近后受阻横盘整理。6 月 9 日，股价还在收阴整理，但从 6 月 10 日开始，该股就接连收阳爬升，直接突破了横盘区间的压力线。

下面来观察股价转势上涨的几个交易日的分时走势。

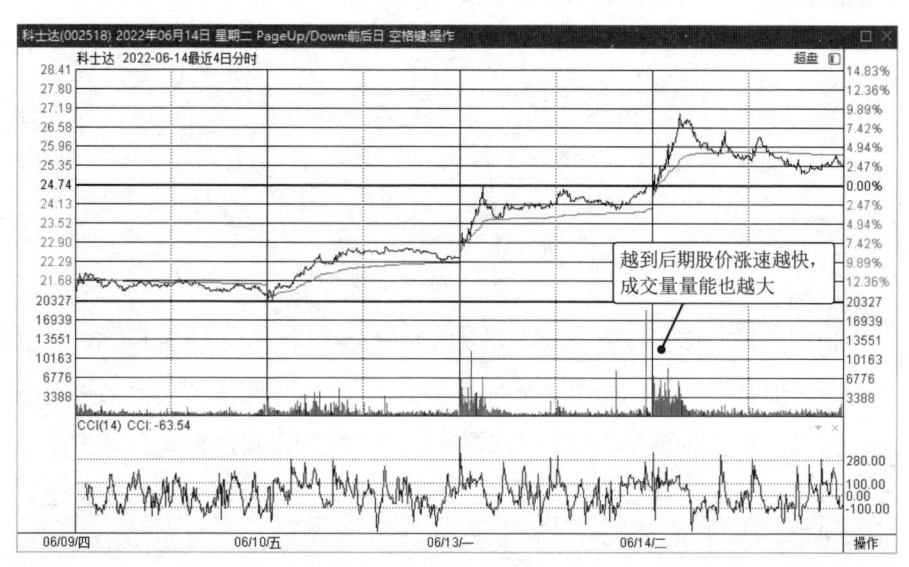

图 3-37 为科士达 2022 年 6 月 9 日到 14 日的分时图。

图 3-37 科士达 2022 年 6 月 9 日到 14 日的分时图

从图 3-37 中可以看到，科士达的股价在 6 月 9 日的走势十分平缓，整日几乎都在横盘震荡。到了 6 月 10 日，股价就出现了十分积极的上涨，最终收盘时就已经突破了前期高点。

后续两个交易日股价的涨速也是日渐加快，成交量活跃度不断增加，可见市场多方正在恢复活力，推涨力度增强，下一波拉升可能即将来临，反应快的投资者在这三日就可以迅速跟进。

回到图 3-36 所示的 K 线图中观察 CCI 指标线的表现，在股价连续收阳拉升的同时，CCI 指标线也冲到了 280 线以上，不过两日后就开始向下转折，并很快跌破 280 线，这时的股价也只是减缓了涨速而已。

因此，即便 CCI 指标线发出了股价可能在不久之后整理或下跌的信号，投资者也可以保持持有，等到 CCI 指标线跌破 100 线，股价真正的下跌来临后再卖出不迟。

3.3.4 指标线跌破 –280 线后股价背离

CCI 指标线跌破 –280 线后，也会很快在一两日内转折向上，如图 3-38 所示，其成因大概率是股价跌势减缓，使得二者形成背离。

技术图示 CCI 指标在 -280 线下转折

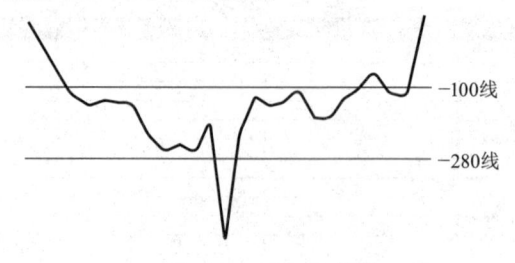

图 3-38　形态示意图

遇到这种背离，投资者就不要奢求股价会在后续转势大幅反弹了，这种形态一般是用于警示投资者及时撤离的危险信号。未来股价确实可能有潜力反弹，但前期导致 CCI 指标线跌破 -280 线的下跌已经让投资者遭受了巨大损失，受此打击的投资者还是不要长久停留，及时出局寻找其他优质个股更好。

接下来进入实战解析之中。

实例分析 王府井（600859）CCI 指标线在 -280 线下转折回升靠近 -280 线的背离

图 3-39 为王府井 2019 年 7 月到 2020 年 3 月的 K 线图。

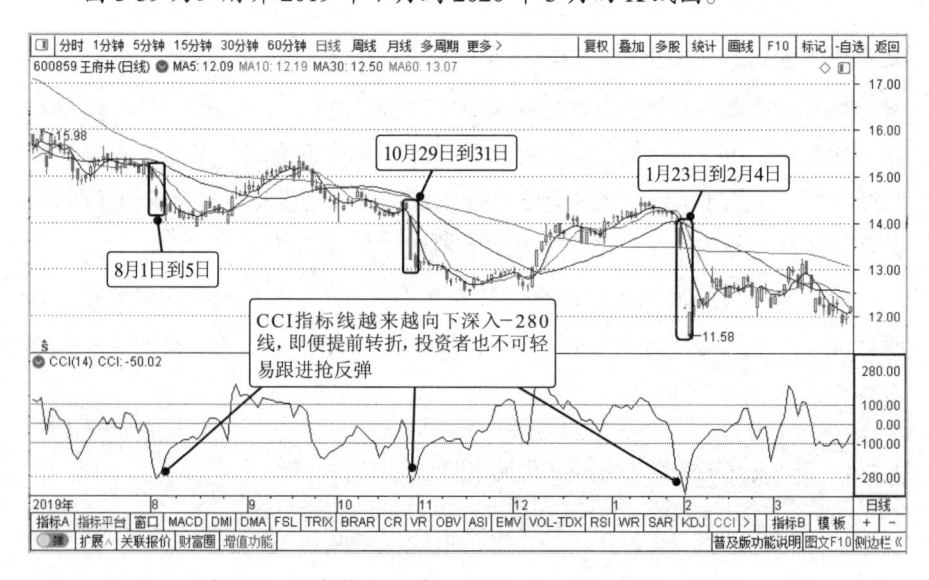

图 3-39　王府井 2019 年 7 月到 2020 年 3 月的 K 线图

在王府井的这段走势中，股价几乎是在呈阶梯式下跌，每一次下跌的位置都伴随着CCI指标线跌破-280线的走势。

第一次跌破是在2019年8月初，股价在下跌到15.00元价位线附近后横盘震荡，但最终还是在8月1日到5日连续收阴下跌并跌破了横盘支撑线。与此同时，CCI指标线也直线下坠到-280线上。

下面来看下跌时的三个交易日的分时走势。

图3-40为王府井2019年8月1日到5日的分时图。

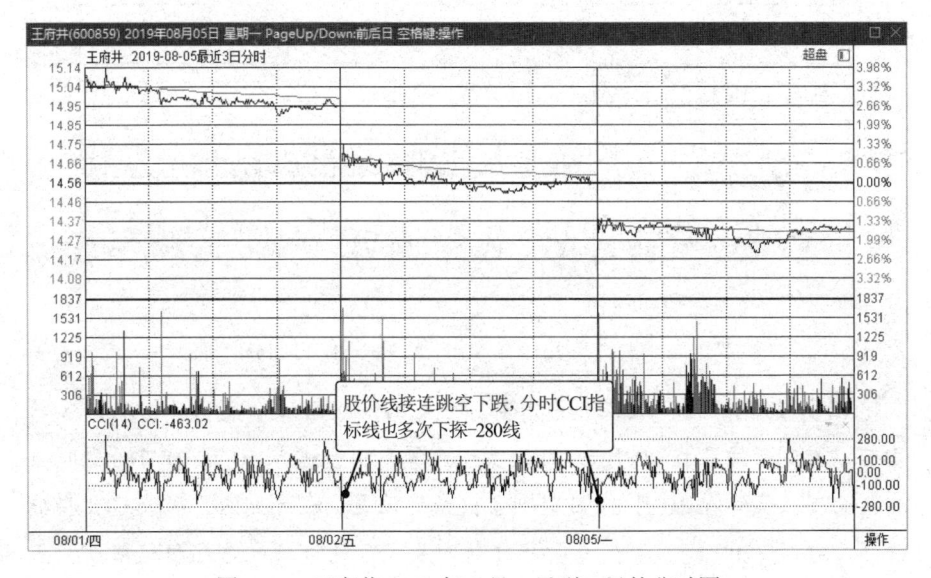

图3-40　王府井2019年8月1日到5日的分时图

从图3-40中不难看出，股价线在每一日的下跌幅度其实不大，关键在于后两日的开盘相较于前日都有大幅的向下跳空。正是这两次跳空，导致分时CCI指标线也两次跌破了-280线，市场杀跌情绪浓厚，场内投资者一定要及时卖出止损。

回到图3-39所示的K线图中观察，在股价结束跳空下跌减缓跌速的同时，CCI指标线其实就转折向上了，但投资者依旧不敢轻易跟进。直到后续该股在14.00元价位线上彻底企稳并反弹，带动CCI指标线突破-100线乃至100线后，投资者才可以进场抢反弹。

同样的情况在10月底再一次发生了，股价也是连续收阴跌破前期横盘支撑线，导致CCI指标线跌破-280线。并且此次下跌的幅度还更深，股价跌幅更大，下面来看下跌期间的分时走势。

图 3-41 为王府井 2019 年 10 月 29 日到 31 日的分时图。

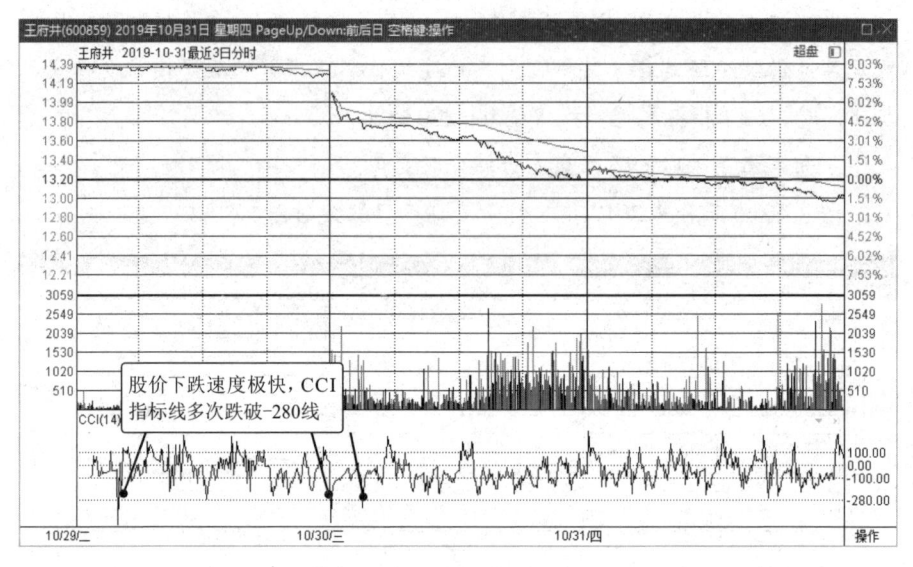

图 3-41　王府井 2019 年 10 月 29 日到 31 日的分时图

10 月 29 日到 31 日正是股价第二次大幅下跌的三个交易日，从图 3-41 中可以看到，该股在 10 月 29 日的跌速还算平缓，进入 10 月 30 日后就明显转折向下，最终在 10 月 31 日落到了极低的位置。在此期间，不仅 CCI 指标线多次跌破 -280 线，成交量也是日渐增长，可见市场也是在积极杀跌，止损抛售。

再看图 3-39 所示的 K 线图中后续的走势，股价在 2019 年 11 月到 2020 年 1 月也是进行了反弹。然而反弹结束后该股形成了一次幅度更大的下跌，导致 CCI 指标线再度深入 -280 线以下。这时投资者的操作策略就与前期一样了，即迅速卖出止损，且不在 CCI 指标线转折后立即跟进，而是等到股价形成明确反弹走势后再介入。

第 4 章

CCI指标背离综合实战

CCI指标线作为一个较为特殊的超买超卖型指标，其在实战中的应用技巧还需要投资者通过持续实践来逐渐熟悉和掌握。本章选取的是两只股票的不同涨跌走势，深入分析在不同的行情中，CCI指标线有哪些可靠的表现。

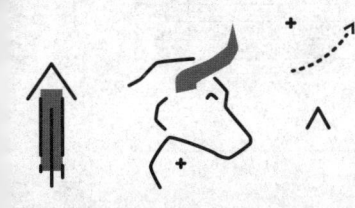

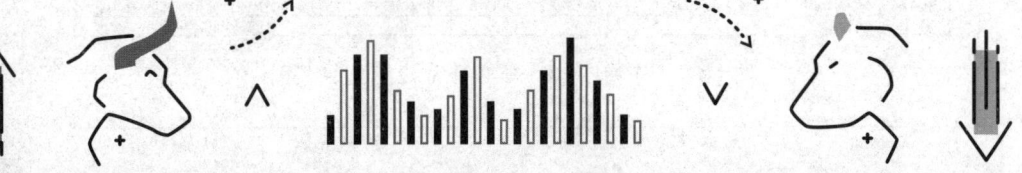

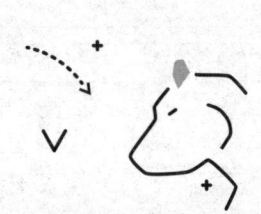

4.1 广东鸿图（002101）：CCI 指标背离寻买点

根据前面章节所学的 CCI 指标的背离技术，投资者可以知道在不同的涨跌行情中，CCI 指标的表现和参考作用是不一样的。不过在寻找买进转折点时，无论当前行情如何，CCI 指标的预示信号基本统一，只在强度上有所不同。

本节选取的就是广东鸿图的一段涨跌走势，向投资者展示在不同的行情中如何利用 CCI 指标买进持股。

4.1.1 上涨初始利用 CCI 指标线定位买点

在上涨前夕，CCI 指标线往往会给出一些预先提示信息，比如指标线大幅跌破 -100 线，或是向下接触到了过度偏离线。在这种情况下，市场超跌，股价是有机会形成反弹的。不过投资者最好也不要提前买进，而是继续观察后期走势。

下面就来看一下广东鸿图的一段上涨前夕 CCI 指标的表现。

实例分析 CCI 指标线对 -280 线的跌破与转折

图 4-1 为广东鸿图 2021 年 8 月到 12 月的 K 线图。

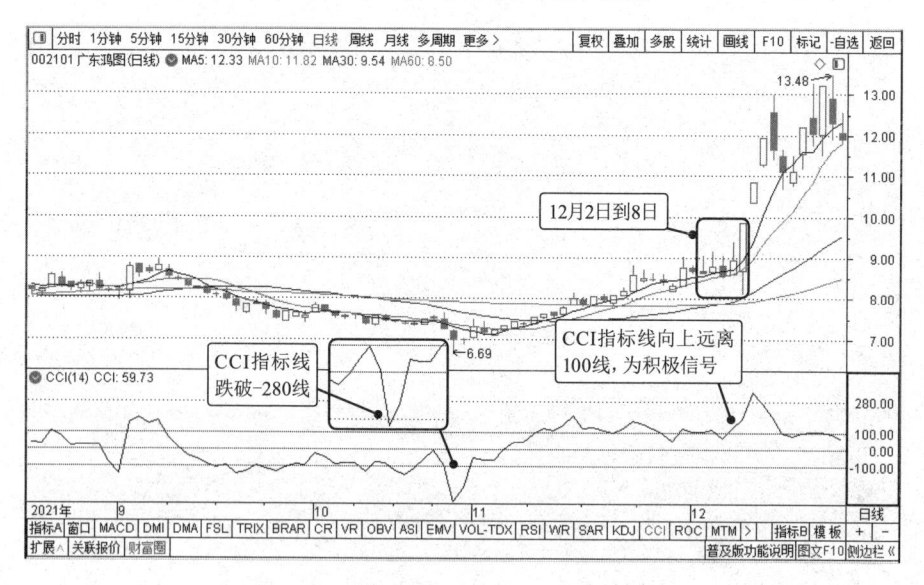

图 4-1　广东鸿图 2021 年 8 月到 12 月的 K 线图

从图4-1中可以看到，广东鸿图的股价在2021年9月之前都处于中长期均线上方横向震荡，直到进入9月后不久才彻底将其跌破，并持续下滑到了7.00元价位线附近。

在此期间，CCI指标线也跟随下滑到-100线附近。不过随着股价的持续下跌，指标线并没有彻底将该-100线跌破，而是围绕其横盘震荡。这说明股价下跌的幅度不大，速度不快，不能带动CCI指标线落到更低的位置。不过行情整体依旧是看跌的，投资者不能轻易介入。

10月底，该股突然收出了两根下跌幅度较大的阴线，低点落到6.69元上。短时间内较快的下跌导致CCI指标线受到刺激直线向下跌破-100线，甚至在股价触底的当日还跌破了-280线，这明显是一种短期超跌的表现，投资者要特别注意这是否是主力压价吸筹的行为。

从后续的走势可以看到，该股在此之后就开始逐步收阳向上，并在数日后成功突破30日均线的压制。在此期间，CCI指标线以更快的速度转折突破到-100线以上。

而在K线突破30日均线的同时，CCI指标线也突破了100线，形成与前期截然相反的看涨信号，这时投资者已经可以尝试买进了。不过在后续的走势中，即便K线成功突破了60线，CCI指标线也没能形成更好的表现，而是围绕100线横向震荡，与之前下跌期间的表现非常相似。

进入12月后，股价已经向上接触到了9.00元价位线。但股价在其下方横盘期间，K线基本都带有较长的上影线，这说明盘中有多次上探行为，但最终都没有成功突破。

不过在12月8日，该股还是成功向上越过了该关键压力线，下面来看突破关键交易日及之前数日的分时走势，深入了解主力意图。

图4-2为广东鸿图2021年12月2日到8日的分时图。

从图4-2中可以看到，前面四个交易日的分时走势非常相似，都是成交量在开盘后大幅放量，推动股价上冲。虽然几乎每日的量能相较于前日都有所提升，但股价最终还在9.00元价位线附近受阻后小幅回落，最终以较低的价格收盘。

12月8日就不一样了，股价当日虽是以低价开盘，但在短暂整理后就很快震荡上冲，并在成交量的巨幅放量推动下直线涨停，实现突破。

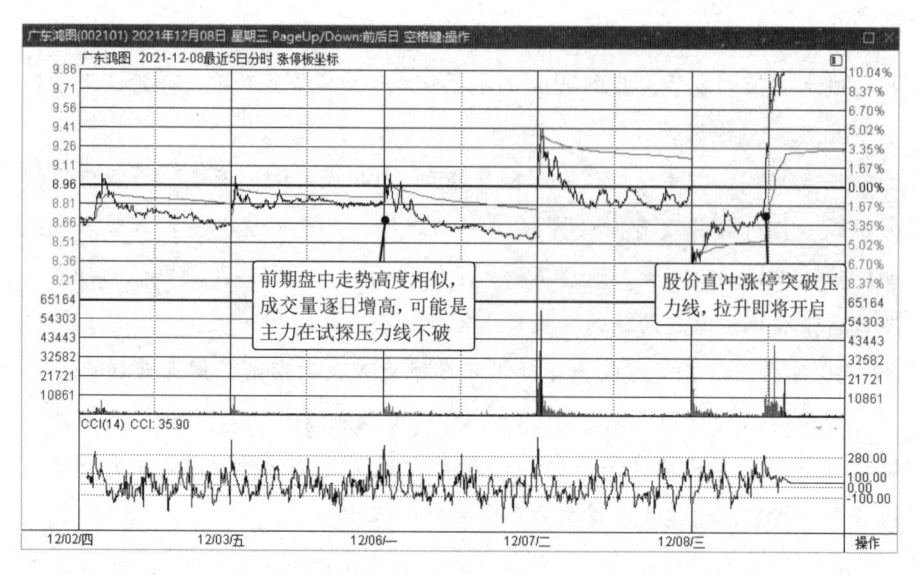

图4-2 广东鸿图2021年12月2日到8日的分时图

回到图4-1所示的K线图中继续观察，CCI指标线也很快向上远离100线，高点甚至还来到了280线以上，这说明股价有短期超涨的危险。

但根据当前K线表现来看，这可能是股价短时间内涨速过快，后续推动力跟不上，价格小幅回调导致的。已经买进的投资者可以不着急兑利，尚未进入的投资者可择机建仓。

4.1.2 注意CCI指标线的特殊底部形态

CCI指标的特殊底部形态在很多时候是有极大参考价值的，投资者如果能将指标与其他信息结合起来分析，就有可能实现精准抄底。

下面来看广东鸿图后续一波上涨前夕的买点情况。

实例分析 CCI指标线双重底与股价的背离

图4-3为广东鸿图2022年2月到6月的K线图。

进入2022年后，广东鸿图的上涨结束，开始进入深度回调之中。到了2022年3月上旬，股价跌到12.00元价位线上横向震荡，不过后续也是在4月初将该支撑线彻底跌破，一路向下滑落到了更低的位置。

股价先是在11.00元价位线上得到支撑后小幅反弹到10日均线附近，但最终没能成功跌破，而是继续收阴向下，落到了 8.00 元价位线附近，低点是明显有下移的。

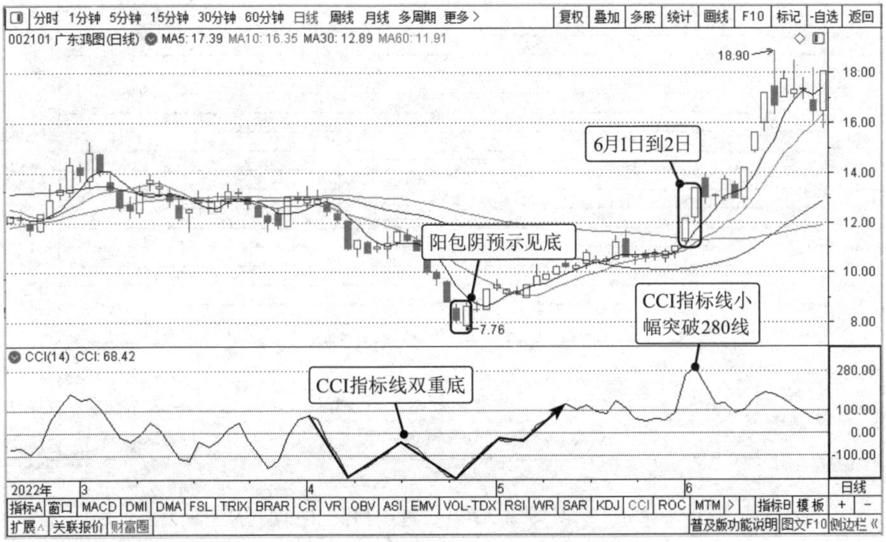

图 4-3　广东鸿图 2022 年 2 月到 6 月的 K 线图

在此期间，CCI 指标线也被带动多次下滑到 -100 线以下，然而 4 月，在股价两次得到支撑的位置，指标线都形成了低点，但这两个低点基本走平，与股价形成了一个清晰的背离，同时其自身也构筑出了一个双重底的雏形。

股价在 7.76 元上触底当日，K 线收出一根阳线，阳性的实体向前覆盖住了前一根阴线的实体，形成一个阳包阴见底 K 线组合形态。

而且这时的 CCI 指标线也已经向上转折，说明股价可能会进行又一次的反弹，但也有可能是即将构筑出双重底，开启下一步上涨。激进型投资者可以尝试轻仓介入，谨慎型投资者还应继续观望。

数日之后，该股持续收阳向上成功突破 10 日均线的压制，开始向着 30 日均线进发。在此期间，CCI 指标线积极向上，很快便越过前期高点，也就是双重底的颈线，形态成立，释放出明确的看涨信号，这时候谨慎型投资者也可以买进了。

待到股价成功突破 30 日均线，CCI 指标线也已经来到了 100 线以上。6 月 1 日和 2 日，K 线收出两根大阳线，成功越过 60 日均线的压制，下面来看这两日的分时走势。

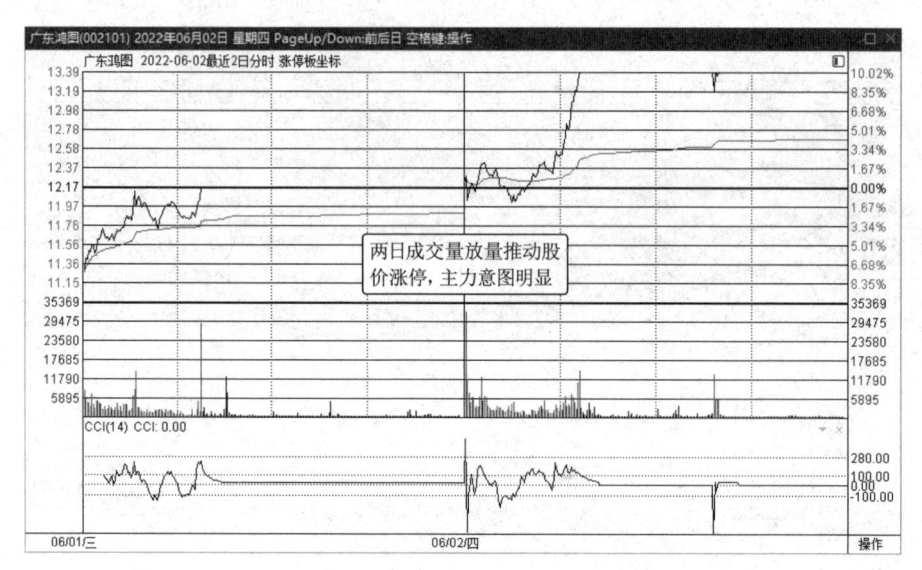

图4-4为广东鸿图2022年6月1日到2日的分时图。

图4-4　广东鸿图2022年6月1日到2日的分时图

从图4-4中可以看到，这两日的分时走势形态还是很相似的，股价在开盘后或震荡或直接拉升，但最终都成功实现了涨停。盘中也有大量能放出，说明主力在积极推动，结合K线图中的关键突破走势来看，下一波拉升在即。

回到图4-3所示的K线图中观察，CCI指标线此时也向上远离100线，并接触到280线。虽然指标线在后续很快转折，但股价并没有下跌太多，而是横向震荡，因此投资者可将其视作加仓机会，进而继续持有。

4.1.3　下跌反弹期间的背离买点

在下跌行情中，一些反弹也是值得参与的，尤其是距离行情高位比较近的反弹，更能帮助投资者解套止损。如何定位合适的买点，CCI指标线的背离形态就起到大作用了。

下面就来看一下广东鸿图后续行情转势后如何利用CCI指标线确定反弹买点。

实例分析 CCI指标底背离，反弹买进应谨慎

图4-5为广东鸿图2022年7月到12月的K线图。

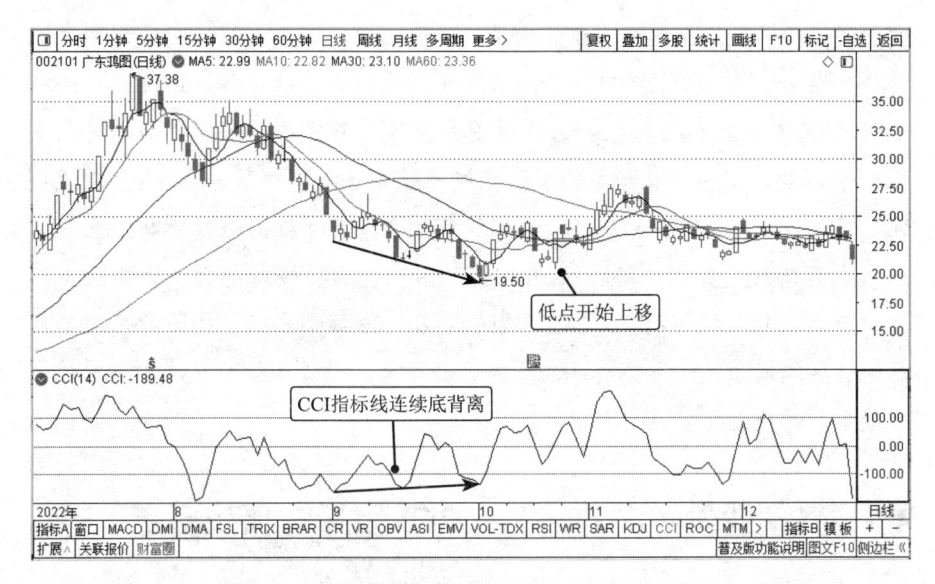

图 4-5 广东鸿图 2022 年 7 月到 12 月的 K 线图

从图 4-5 中可以看到，到了 2022 年 7 月下旬，广东鸿图的股价已经上涨到了最高的 37.38 元，相较于其上涨起始点来说，已经有了多次翻倍，涨幅也是相当可观，因此股价在此反转进入下跌一点也不突兀。

在股价反转的同时，CCI 指标线也跌破了 100 线，开始穿越整个常态区间，向着 -100 线进发。在股价跌破 30 日均线的同时，指标线也跌破了 -100 线，传递出看跌信号。

虽然后续该股有一次短暂的反弹，但也没能带动 CCI 指标线回到超买区内，因此整体依旧是看跌的，并且指标线没有给出比较恰当的买进信号。不过没来得及在前期卖出的投资者，还是可以利用此次反弹解套，保住前期收益。

此次反弹结束之后，股价就进入了持续的下跌之中。K 线接连收阴向下跌破 30 日均线和 60 日均线。在 60 日均线被跌破的同时，CCI 指标线也落到了超卖区内，开始在 -100 线附近横向震荡。

8 月底，股价在 22.50 元价位线上得到支撑后小幅反弹。在随后的近一个月时间内，该股都是在震荡中持续向下，低点明显下移，反弹的高点也有下移。

此时来观察 CCI 指标线的表现可以发现，指标线的低点和高点反而是在上移，因此与股价形成的是一个底背离形态。这说明该股后续可能会迎来一波比较强势的反弹，投资者要注意了。

10月初，该股在20.00元价位线下方触底后又一次反弹。此次股价成功越过了30日均线，虽然在短时间内没能直接将其突破，但后续回调的低点相较于前期终于有了上移，CCI指标线的低点也没有跌破-100线。这说明强势反弹可能已经开始构筑，此时风险型投资者可择机买进入场抢反弹。

在后续的走势中，该股成功越过了60日均线，但没能上涨太高便受到盘中卖方压制而转势向下。CCI指标线也从100线上转折，并逐步落回了常态运行区间内。这就意味着此次反弹已经结束，投资者最好及时卖出，避免遭受更大的损失。

4.2 兆新股份（002256）：CCI指标背离找卖点

在利用CCI指标线寻找股价卖点时，投资者需要更加谨慎地对待这些预警信号，毕竟在低位没有及时跟进，投资者还可以在后续上涨过程中建仓，但如果投资者没有及时在高位卖出，面临的可就是实打实的损失。

本节将选取兆新股份的一段涨跌走势分析CCI指标线的背离形态在其中的作用。

4.2.1 上涨到高位后的CCI指标背离卖点

在上涨行情中，阶段高位的卖点也是投资者需要重点关注的。因为在很多时候，投资者其实无法准确分辨回调与行情转势的区别，尤其是当回调幅度较大时。

因此建议谨慎型投资者在遇到回调警示信号时还是先行卖出，待到后续个股重新回归上涨后再买进不迟，惜售型的投资者最好也适当减仓。

下面来看一下兆新股份的阶段顶部和行情顶部CCI指标的不同表现。

实例分析 顶背离传递出可靠信息

图4-6为兆新股份2021年5月到10月的K线图。

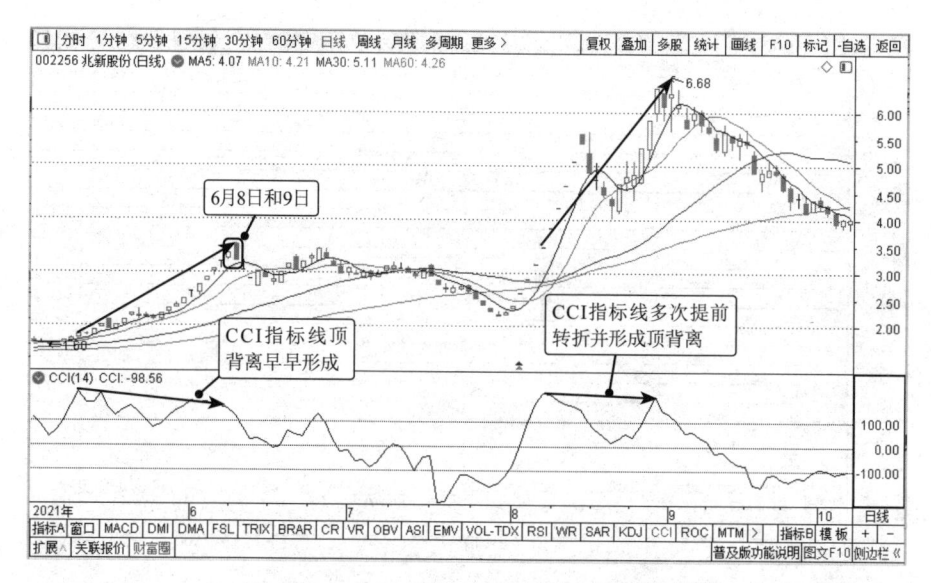

图 4-6　兆新股份 2021 年 5 月到 10 月的 K 线图

图 4-6 展示了兆新股份两段比较明显的行情转折，一次是阶段顶部，另一次则是行情顶部，接下来先观察阶段顶部的情况。

2021 年 5 月，股价上涨的速度非常快，并且由于当时的兆新股份正处于危险警示期，因此股价单日涨跌停幅度被限制在了 5% 以内。这就导致 K 线频频收出涨停阳线，这与盘中主力也分不开。

在股价持续上涨的带动下，CCI 指标线也运行到了 100 线之上，但随着股价高点的上移，CCI 指标线的高点却早早出现下跌，二者形成了一个时间较长的顶背离。

每一次指标线高点的下跌都在延续着警示信号，加上股价当前处于超涨状态，谨慎型投资者完全可以在高点下移的同时逐步减仓，待到下跌幅度过大时直接清仓。

6 月 9 日，K 线收出了一根实体非常长的阴线。这可能预示着一波大幅下跌的到来，谨慎型投资者需要先行卖出观望。

而在 6 月 8 日和 9 日的分时走势中，一些异常情况也证实了投资者的猜测，下面来深入观察具体情况。

图 4-7 为兆新股份 2021 年 6 月 8 日和 9 日的分时图。

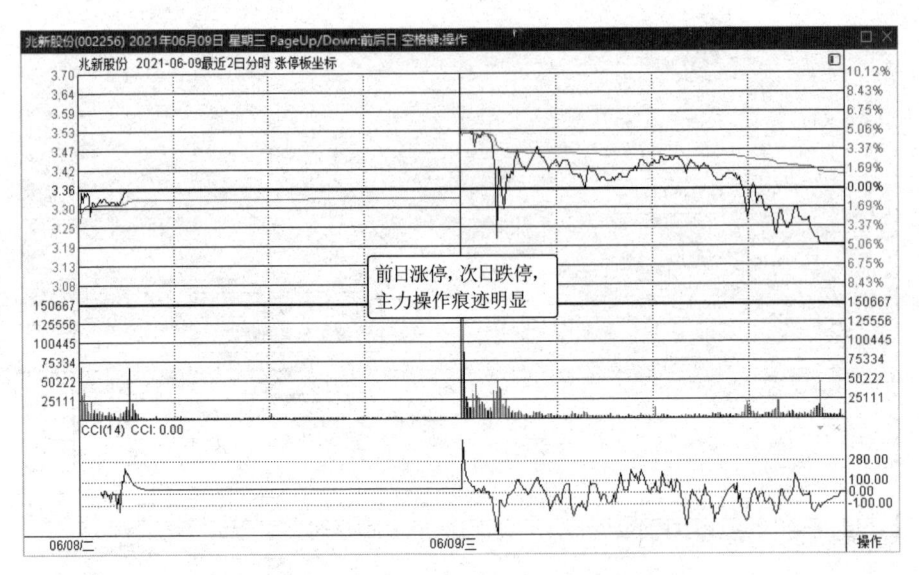

图4-7 兆新股份2021年6月8日和9日的分时图

在6月9日,该股依旧延续着涨停走势。次日股价在开盘后不久就涨停了,但数十分钟后成交量大幅放量,导致股价开盘交易,落到了较低的位置。

后续虽有反弹,但股价线受到均价线的压制后没有实现突破,而是在其下方长期震荡,最终在临近收盘时持续下跌并跌停,收出了一根实体较长的阴线。

这其中很显然有主力的主动压价行为,结合前期的暴涨来看,主力可能是想通过跌停压价的方式来正常促进场内浮筹交换,减轻后续拉升压力。也就是说,股价可能即将迎来一波深度回调,谨慎型投资者及时卖出的操作是正确的,惜售型的投资者也最好进行减仓。

回到图4-6所示的K线图中继续观察,该股在后续确实进行了一波时间较长的回调,两个月后,股价落到60日均线之下,但在跌破后不久就在2.00元价位线上方得到支撑企稳回升,开始又一波暴涨。

此次暴涨是以连续的一字涨停呈现的,此时已经落到低位的CCI指标线被直线拉升向上突破100线,高点甚至已经越过了前期。不过因其算法原因,在一字涨停期间,CCI指标线提前转折向下。

但即便指标线没有发生转折,投资者也要保持高度警惕。因为连续一字涨停之后的下跌幅度可能会非常大,毕竟场内有大量的买单亟待兑现,一旦下跌开启，市场过度杀跌，可能会导致股价快速落到低位。

后续的走势也证实了这一点，该股在越过 5.50 元价位线后就开始收阴下跌，短时间内跌速确实是非常快的，CCI 指标线很快也跌破了 100 线。不过随着股价在 4.00 元价位线上止跌继续上涨，指标线又很快回到了 100 线以上。

数日之后，该股来到了 6.00 元价位线以上，并在此横向震荡，同时，CCI 指标线也迅速拐头向下靠近 100 线。此时来观察股价与指标线的高点，可以发现，二者又形成了一个顶背离，警示信号发出。

股价在后续逐步开始收阴向下，初步的下跌速度并不快，因此投资者就要借助这一机会迅速卖出，待到股价真正跌破 30 日均线或 60 日均线时，损失可能就比较大了。

4.2.2　反弹高位借助 CCI 指标线撤离

在反弹高位借助 CCI 指标线撤离，最应当关注的还是顶背离形态，毕竟 CCI 指标线很容易与股价形成顶背离。而这种警示信号在下跌行情中又会显得更加可靠，投资者一旦发现，就需要尽快卖出。

实例分析　反弹高位的 CCI 指标顶背离

图 4-8 为兆新股份 2021 年 11 月到 2022 年 4 月的 K 线图。

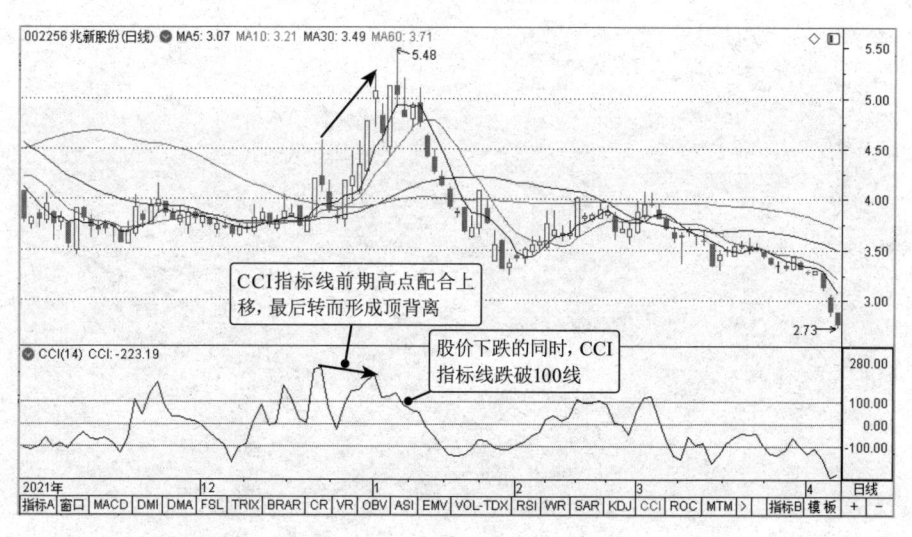

图 4-8　兆新股份 2021 年 11 月到 2022 年 4 月的 K 线图

从图 4-8 中可以看到，到了 2021 年 12 月初，兆新股份该股已经落到了 4.00 元价位线下方，并在中长期均线和该关键压力线的压制下长期横盘震荡，直到 12 月下旬才有了明显的突破走势。

不过该股的第一波上涨只小幅突破了 4.50 元价位线，后续就收阴回调，低点落在 30 日均线上得到支撑后继续向上。在连续数日收阳上冲的带动下，股价很快突破了 5.00 元价位线，高点相较于前期有明显的上移。

此时来观察 CCI 指标线可以发现，在前期 K 线突破中长期均线及 4.00 元压力线的同时，指标线的高点是在渐次上移的，与股价的走势比较契合。

但就在 12 月底该股二次冲破中长期均线压制后创出新高时，CCI 指标线的高点有明显下移，因此形成了一个顶背离。结合 K 线带有的较长的上影线来看，此次反弹可能即将到达顶部，谨慎型投资者要注意及时卖出。

从后续的走势也可以看到，该股在创出 5.48 元的新高后就快速拐头向下，CCI 指标线也很快跌破了 100 线。这就说明反弹已经结束，该股即将回归下跌，此时还未撤离的投资者要抓紧时间了。

第 5 章

RSI指标背离辅助操作

  RSI指标的全称为相对强弱指标，也属于超买超卖型指标，是由三条指标线构成的，因此背离技术相较于CCI指标来说更为丰富。本章就从RSI指标的基础入手，教会投资者有效利用该指标定位买卖点。

5.1 RSI指标初步认知

RSI指标是通过比较一段时期内的平均收盘涨数和平均收盘跌数来分析市场买卖双方的意向和实力，以及判断股票价格内部本质的强弱，从而预测未来市场的走势。

简单来说，RSI指标主要用于判断市场中多空力量的强弱程度，进而推测出股价可能运行的方向。而KDJ指标和CCI指标则主要基于股价本身的超涨和超跌现象设计，因此与RSI指标的原理有本质上的区别。

下面就从RSI指标的基本原理和参数设置讲起。

5.1.1 RSI指标的基本原理

RSI指标是根据市场供求平衡的原理，通过测量某一个期间内股价上涨总幅度占股价变化总幅度平均值的百分比来评估多空力量的强弱程度，进而提示具体操作。

RSI指标也是由三条指标线构成的，具体如图5-1所示。

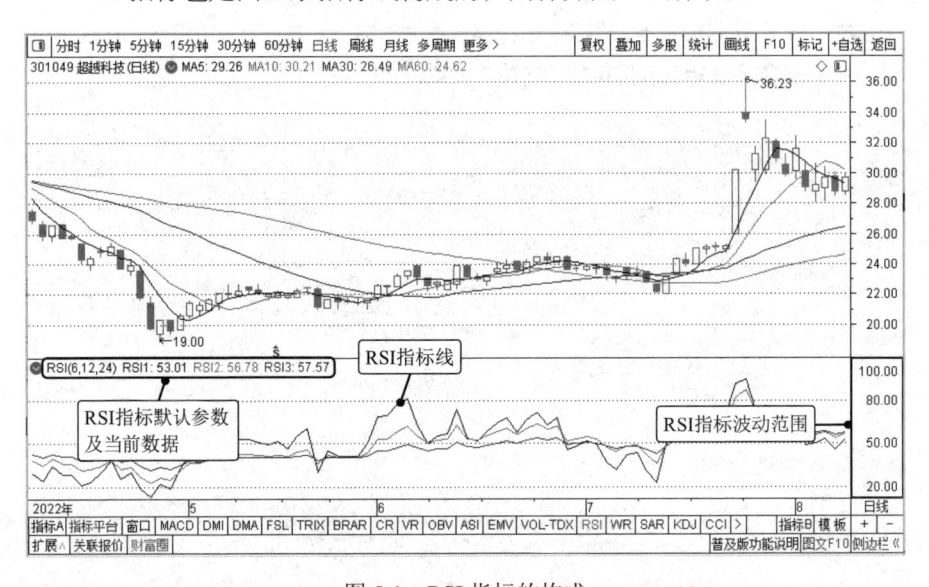

图5-1 RSI指标的构成

这三条指标线的计算公式都是一样的，只有计算周期不同，分别为

6日RSI指标线、12日RSI指标线和24日RSI指标线。这是多数炒股软件的默认参数，投资者在经验不足的情况下最好不要轻易修改，即便要改，也最好严格按照其倍数关系来设置。

在取值范围和超买超卖区方面，RSI指标与KDJ指标也有些许不同。RSI指标线的波动范围都在0～100，不存在超越摆动区域的情况。其中30～70为常规运行区域，以50线为多空分界线；30线以下称为超卖区，70线以上称为超买区，意义与KDJ指标类似。

而RSI指标摆动区域中的20线和80线也具有重要参考意义，它们都是过度偏离线，意义与CCI指标中的-280线和280线类似，只是偏离程度没有那么大，大概等同于KDJ指标中的J曲线跌破-100线或突破100线的情况。

比起KDJ指标中的50线来说，RSI指标的50线对于多空市场的划分具有更强的指示意义。当RSI指标线大部分运行于其上方时，市场有很大概率是走强的；相反，当RSI指标线大部分运行于其下方时，卖盘抛压更加强势，股价大概率会走低。因此，投资者在实战中可以更多地依靠RSI指标的50线来进行判断。

需要注意的是，多数炒股软件中默认RSI指标的取值坐标为（0.00;20.00;50.00;80.00），其中没有30线和70线，为方便观察，投资者可手动将其设置为（0.00;20.00;30.00;50.00;70.00;80.00）。

下面通过一个实例来分析RSI指标在不同摆动区域内的表现。

实例分析 大港股份（002077）RSI指标在不同区域内的表现

图5-2为大港股份2022年4月到10月的K线图。

从图5-2中可以看到，大港股份的股价在这几个月的时间内经历了两次比较明显的转折。

第一次转折是在2022年4月底，股价从下跌转为上涨，在下跌期间K线长期受到中长期均线的压制下行，而RSI指标也跟随落到50线以下，并长期在超卖区附近震荡。其中比较敏感的两条指标线还多次跌破30线和20线，可见市场看跌情绪比较浓厚，投资者不可轻易介入。

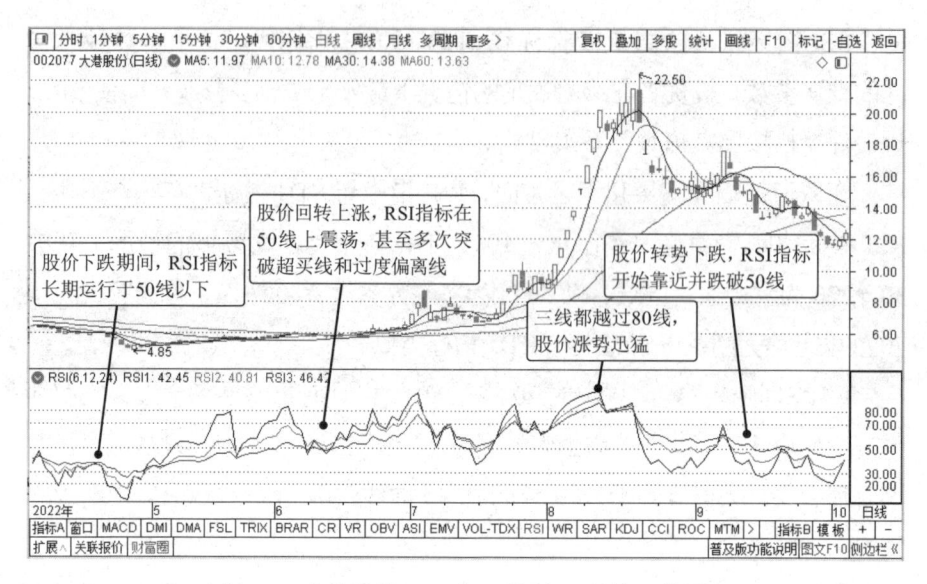

图 5-2　大港股份 2022 年 4 月到 10 月的 K 线图

待到股价在 4.85 元的位置触底后，K 线开始逐步收阳回升。虽然将周期拉长来看，这段回升期间股价上涨得比较迟缓，但实际上的涨速也是不慢的。再加上前期价格长期处于下跌之中，因此一旦转势，RSI 指标就跟随突破到 50 线以上，并随着股价的小幅回调波动而震荡上行，传递出明确的看涨信号，投资者此时可尝试介入。

等到 6 月上旬股价彻底突破中长期均线的压制后，RSI 指标也运行到更高的位置，其中敏感度较高的两条指标线早已超越 70 线来到超买区内，甚至还在股价的一次快速拉升中突破到 80 线以上，可见市场追涨力度积极，投资者可尝试加仓。

7 月初，该股在一次拉升向上靠近 8.50 元价位线后受阻，形成第一次比较明显的回调，股价跌到 7.00 元价位线处，在 30 日均线上得到支撑。

在此期间，RSI 指标也跟随从超买区内跌下，一路落到 50 线附近，敏感度最高的指标线还跌破了 50 线。不过随着股价的止跌回升，三线也很快拐头上行，预示着拉升将继续。

在 7 月底，该股又一次横盘整理之后，进入一段暴涨之中。在短短数日，价格就从 10.00 元左右上升到 20.00 元左右，实现了翻倍上涨。与此同时，RSI 指标也被带动大幅向上跃升，三条指标线都越过了 80 线，可见市场过度追涨，股价被过度高估。

在这种情况下，一旦有大机构或主力开始大批抛售，股价就可能随着市场的杀跌而快速下降，因此投资者有必要保持高度警惕。

8月上旬，股价在接触到20.00元价位线后开始小幅回落，但仅仅收阴一个交易日就继续上升了，不过后面该股上涨的速度明显不如前期。

在8月19日K线收出一根带长上影线的大阴线创出22.50元的高价之后，RSI指标三线收拢到一处并有跌破80线的迹象，预示着此次暴涨可能即将结束，谨慎型投资者应当立即卖出观望。

后续股价果然以跌停开启下跌，前期跌速还是比较快的，在落到30日均线上后，股价收阳反弹数日，不过最终还是将该支撑线跌破，落到了更低的位置。

在此期间，RSI指标也从高位滑落，一路落到50线附近，并在股价跌破中长期均线的同时将50线也彻底跌破，运行到低位。这个时候还未卖出的投资者就要抓紧时间止损了，因为这意味着后市的中长期看跌。

下面继续观察后市RSI指标的表现。

图5-3为大港股份2022年9月到2023年3月的K线图。

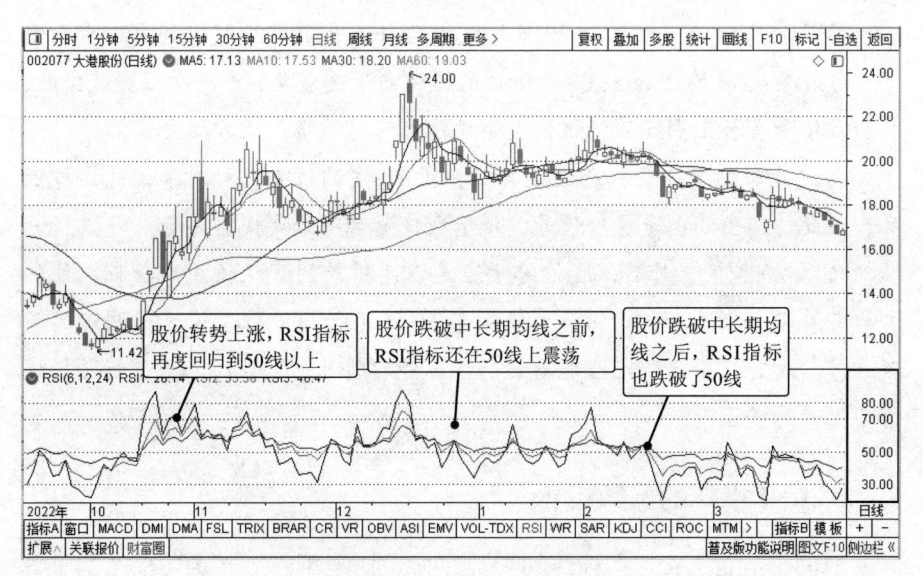

图5-3　大港股份2022年9月到2023年3月的K线图

到了2022年9月底，股价已经跌到12.00元价位线以下，相较于最高位置的 22.50 元来说，跌幅比较大。

不过在此触底后，该股就开启又一波上涨。待到 K 线成功收阳突破两条中长期均线之后，RSI 指标三线也成功形成一个金叉后突破到 50 线以上，预示着下一波拉升的开启。已经卖出的投资者此时可以重新建仓，而前期被套的投资者也可以借此机会解套甚至盈利。

从图 5-3 中可以看到，此次股价的上涨稳定程度和速度都不如前期，所以 RSI 指标的运行高度也不如前期。三条指标线大多数时候都在 50 线到 70 线震荡，敏感度比较高的指标线只是偶尔随着股价的快速拉升和回调，突破或跌破这一横盘区间的边线。

即便是股价在 11 月上旬于 21.00 元价位线上受阻大幅下跌之时，三条指标线也没有彻底跌破过 50 线。因此投资者可将其当作回调处理，谨慎一些的投资者可以适当减仓，风险承受能力较高的投资者则可以不予理会。

后续股价重归上涨后，RSI 指标也重新回到高位，并随着股价在 12 月上旬的一次拉升创新高的过程中突破 70 线和 80 线，可见市场追涨力度强劲。

但随着股价在 24.00 元价位线上冲高回落后，RSI 指标很快跌到常规运行范围内，说明又一次下跌即将到来，投资者要注意减仓。

然而此次股价下跌落到 30 日均线上后并未如前期那般得到支撑重新上扬，而是在 60 日均线和 22.00 元价位的区间内反复震荡，多次向上突破失败，收出多根带有长上影线的阳线，说明股价上涨有困难，上方压力较重。

并且此时的 RSI 指标已经运行到接近 50 线的位置，相对来说是比较低的，因此传递出的也是危险信号，谨慎型投资者有必要提前离场。

进入 2023 年 2 月后，股价终于还是以两根长阴线跌破了中长期均线的支撑。在同一时刻，RSI 指标也跌破了 50 线运行到低位，传递出明确的下跌信号。这时投资者就已经能看出行情可能即将反转，此时尚未离场的投资者要抓紧时间止损。

5.1.2　RSI 指标的参数设置

前面提到过，RSI 指标线的参数在多数情况下都默认为（6,12,24），周期越短的指标线反应越是灵敏，这一点在上一个案例中也有所体现。

不过有些投资者在不使用其他指标配合分析的情况下，可能会觉得RSI指标的默认周期过短，指标线变动频率太高，不利于自己的操作，因此可以对其进行适当修改。

一般来说，RSI指标三线的时间周期之间都是有倍数关系的，因此投资者也最好遵守这一规律进行设置，可以参考的数值有（10,20,40）、（15,30,60）、（20,40,80）等，但注意不要过度拉长，否则可能出现钝化严重的问题。

RSI指标的参数修改方法与KDJ指标的参数修改方法一致，这里不再赘述。

下面还是通过一个实例来直观感受经过修改后的RSI指标的表现，本案例将参数修改为（15,30,60）。

实例分析 国新健康（000503）RSI指标参数修改后的应用

图5-4为国新健康2023年6月到11月的K线图。

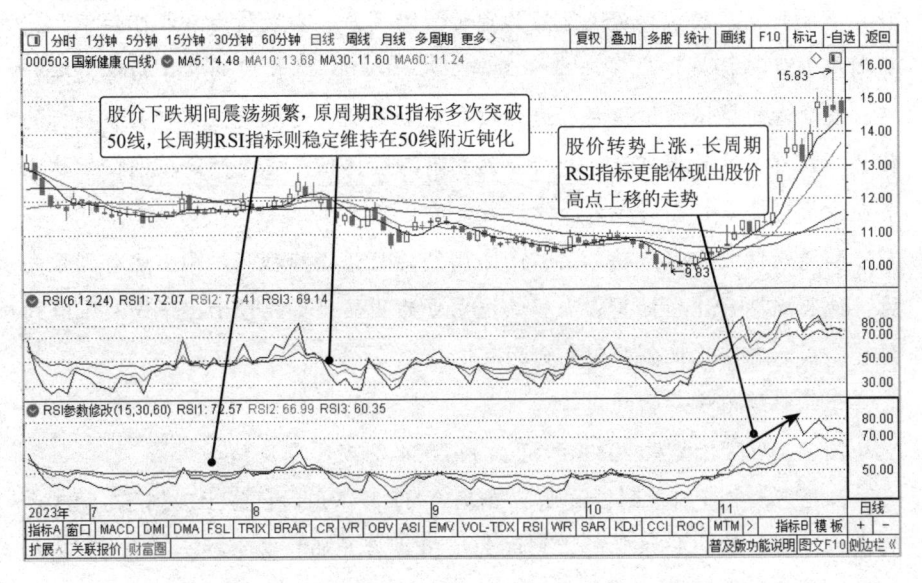

图5-4 国新健康2023年6月到11月的K线图

先来看国新健康这段走势中的下跌阶段，该股在2023年6月底跌破了中长期均线的支撑，随后便长期在其压制下波动下行。不过在跌破初期，该股还是进行了一次比较明显的反弹，并在8月上旬K线成功越过了60日均线，但没有彻底突破。

受此影响，原周期RSI指标在跌到50线以下后反转向上，在反弹期间于50线上方不远处反复震荡，周期最短的指标线还小幅突破到超买区内，可见敏感度比较高，许多投资者可能也借此机会进行抢反弹。

反观长周期RSI指标，待到股价跌破中长期均线之后，即便有反弹，指标线也几乎长期保持在50线附近钝化横盘，并未给出非常明显的反弹信号。如果投资者是以该指标为参考对象，那么就会错过这次反弹，当然，一直留在场外观望的好处就是不会面临被套的风险。

8月中旬，股价再度跌破中长期均线后开始震荡下行，低点一次比一次低。观察原周期RSI指标可以发现，指标线只是落到了50线以下，并没有体现出股价渐次下移的走势。

而长周期RSI指标则随着股价的持续下移而小幅向下滑落，尽管幅度不是特别大，但相较于原周期RSI指标来说契合度更高。

下面再来看股价转势上涨后的走势。10月底，在股价触底收阳后不久，原周期RSI指标就形成了一个金叉后突破50线，比长周期RSI指标灵敏一些，投资者能够借助该信息买进的位置也会更低，这也是短周期RSI指标的优势所在。不过长周期RSI指标虽然稍有滞后，但是安全性比较高，毕竟它是在股价突破中长期均线之后才形成金叉并突破50线的。

随着后续股价涨速的加快，两个周期的RSI指标都同步向上运行到了高位，但长周期RSI指标高点上移的迹象更为明显，更能预示出下一波上涨的强势，投资者借此机会加仓也更加有信心。

下面继续来看后面的走势。

图5-5为国新健康2023年11月到2024年4月的K线图。

从图5-5中可以看到，该股在2023年11月下旬时已经上涨到了15.83元的高位，当日收出一根带长上影线的小阴线后开始转势下跌，落到13.50元价位线上方后横向震荡。此时即便不依靠RSI指标，相信投资者也已经能看出来市场推动力的减弱。

先观察原周期的RSI指标可以发现，指标线在股价收阴下跌的第一时间就转势向下，在70线附近形成一个死亡交叉后逐步向下滑落。而长周期RSI

指标虽然也有所下降，但并未形成死叉，因此传递出的卖出信号并不如短周期 RSI 指标强。

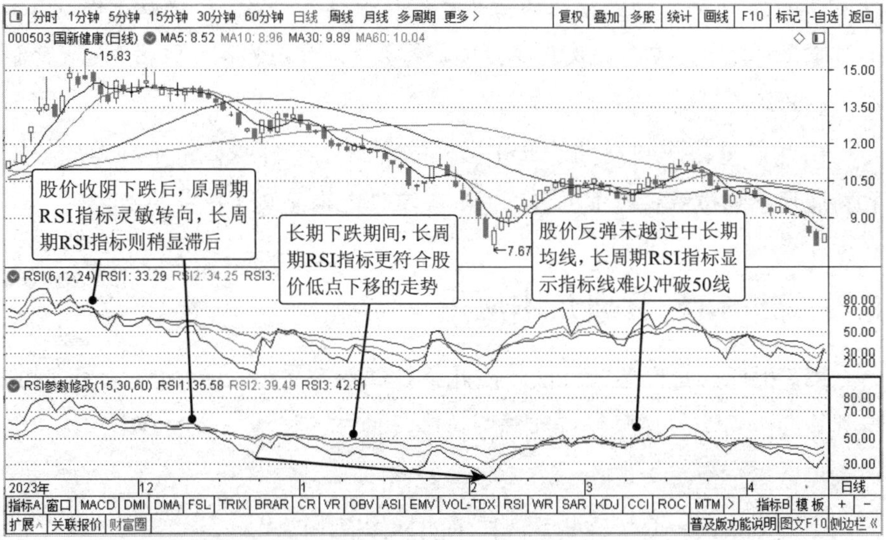

图 5-5　国新健康 2023 年 11 月到 2024 年 4 月的 K 线图

而在后续的走势中，股价在 12 月初跌破了中期均线的支撑。在此期间，原周期 RSI 指标线彻底跌破 50 线，长周期 RSI 指标此时才形成一个死叉后下行并跌破 50 线，相较于原周期 RSI 指标来说有明显的滞后。

这对于风险承受能力较低的投资者来说不太友好，但对于中长期投资者来说，反而能够降低买卖频率，确定行情真正反转的时刻，二者各有优劣，投资者要自行决策使用。

继续来看后面的走势。股价在 2024 年 1 月初彻底跌破 60 日均线后就一路向下滑落，其间低点也是不断下移，与前期走势相近。

在此期间，两个周期的 RSI 指标也表现出了相应的颓势，原周期 RSI 指标在 50 线下方反复震荡，低点多次跌破 20 线。长周期 RSI 指标也在 50 线下方震荡，但低点是逐次下移的，与股价走势更为契合。

在 2024 年 2 月初的一次反弹中，原周期 RSI 指标也是先于长周期 RSI 指标形成金叉上行，发出强反弹信号，而且在股价反弹的过程中还运行到了 50 线附近，多数时候都在其上方震荡，积极信号还是很明显的。

但反观长周期 RSI 指标，因为股价在反弹期间一直没能突破 60 日均线，所以三条指标线都长期保持在 50 线下方运行，只偶尔突破到 50 线以上，都没有接触过 70 线。因此发出的信号更倾向于警告作用，使得以此作为参考的投资者可能不会参与此次反弹，从而失去抢反弹的收益，但相应地也降低了被套的风险。

由此可见，不同周期的 RSI 指标的优缺点十分明显，不同持股周期和持股风格的投资者可根据自身情况决定是否修改 RSI 指标的参数。

5.2 RSI 指标背离技术应用

RSI 指标具有三条指标线，因此其背离形态是比较丰富的。无论是指标线自身的背离，还是指标线与股价或其他技术指标走势的背离，都可以作为投资者定位买卖点的参考。

下面就来逐一介绍这些背离技术的具体应用。

5.2.1 指标线的多头排列与破坏

在前面章节的某些案例中，曾经涉及过均线的多头排列形态，具体指的是短期均线在上，中期均线居中，长期均线在下的形态，均线之间不产生交叉。

RSI 指标线的多头排列与均线的多头排列是十分相似的，即短周期指标线在上，中等周期指标线居中，最长周期指标线在最下方，三线整体同步向上运行，并且期间不产生交叉。

一旦三条线在股价震荡的带动下产生了交叉，多头排列的形态就会被破坏。有时候是短暂的破坏，即指标线产生交叉后立即重归上行；有时候则是彻底的破坏，即三条均线同步向下，产生死亡交叉后长期下跌，具体如图 5-6 所示。

每一次多头排列被破坏之前，短周期 RSI 指标线都可能与长周期 RSI 指标线产生一定的跌速背离，进而向投资者发出股价可能震荡下跌的警示信号。

技术图示 RSI 指标多头排列结束前的背离

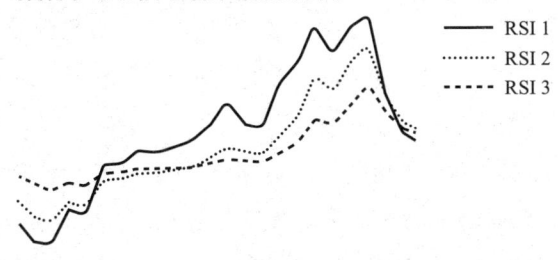

图 5-6　形态示意图

但由于 RSI 指标的敏感度较高，这种速度背离可能会频繁出现，但只要多头排列的形态不被彻底破坏，投资者就可以保持持有，甚至在指标线回调的过程中择低买进。

由此可见，投资者在借助 RSI 指标多头排列形态入场做多的过程中，也要注意当前行情的整体趋势，同时借助其他指标来辅助判断多头排列形态的结束时机，进而抓住卖出机会，实现盈利。

下面来看一个具体的实例。

实例分析 科信技术（300565）RSI 指标多头排列被破坏

图 5-7 为科信技术 2024 年 1 月到 5 月的 K 线图。

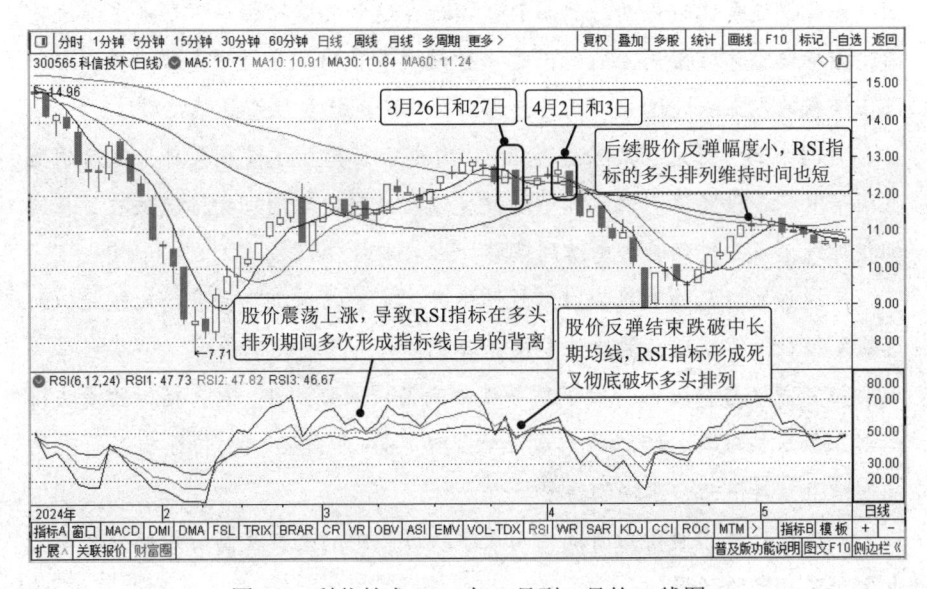

图 5-7　科信技术 2024 年 1 月到 5 月的 K 线图

在科信技术的这段走势中，股价前期下跌的速度还是非常快的，受此影响，RSI 指标从 2024 年 1 月起就跌到了 50 线以下，后续也是长期在其下方震荡运行，指标线多次跌破 30 线和 20 线，可见市场做空动能十分强劲，投资者大部分看跌该股。

直到进入 2 月后不久，股价在 7.71 元的位置触底后开始反弹向上，初始的拉升速度相比起前期的下跌速度来说也是不遑多让，在短短半个月后就从低位回升到了 12.00 元价位线附近，并在此受到了 30 日均线的压制形成回调。

观察这段时间内的 RSI 指标可以发现，在股价收阳上升的初期，短周期指标线就冲破了长周期指标线来到上方，三线位置转换，形成了多头排列形态，并且随着股价前期的快速上涨而持续拉升到了 50 线附近，周期最短的指标线还突破了 70 线。

不过随着股价在 30 日均线上受阻收阴回调，短周期指标线转折后快速下跌，大幅回踩慢速下跌的长周期指标线，形成跌速背离。但由于此次股价回调速度极快，股价在收阴次日就继续上涨了，并且在之后成功突破 30 日均线，使得短周期 RSI 指标线再度回升到 50 线上方，并未彻底跌破长周期指标线，多头排列依旧存在。

在后续近一个月的走势中，股价也是多次震荡，上涨速度虽然不如前期，但是稳定性还是比较好的。然而 RSI 指标在这种震荡的带动下形成了多次背离，指标线整体缓慢向上运行，是一种谨慎看多的多头排列走势。投资者如果已经在前期上涨的过程中买进，那么在此阶段就要注意谨慎持股。

时间来到 3 月底，股价穿越 60 日均线后在其上方横盘数日，随后明显收阴下滑了一段距离。由于其下跌幅度较大，导致短周期指标线跌破了长周期指标线，多头排列的形态遭到破坏。

不过该股在后续又很快继续收阳回升，走势与前期 2 月底的比较相似，可能是一种短暂整理，因此许多投资者也没有着急在此卖出。

但随着 4 月初股价再次下跌并跌破两条中长期均线，RSI 指标的多头排列形态彻底被破坏，指标线形成死亡交叉后跌下了 50 线，传递出了清晰的反弹结束，行情回归下跌的信号。

而除此之外，股价短时间内两次下跌过程中的关键交易日中的分时走势也体现了一定的预警信号。

图 5-8 为科信技术 2024 年 3 月 26 日和 27 日，以及 4 月 2 日和 3 日的分时图。

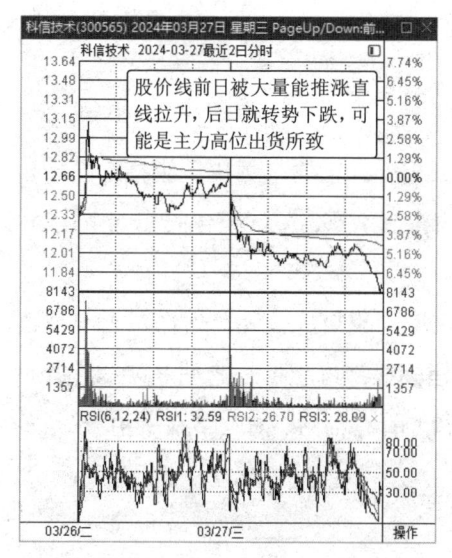

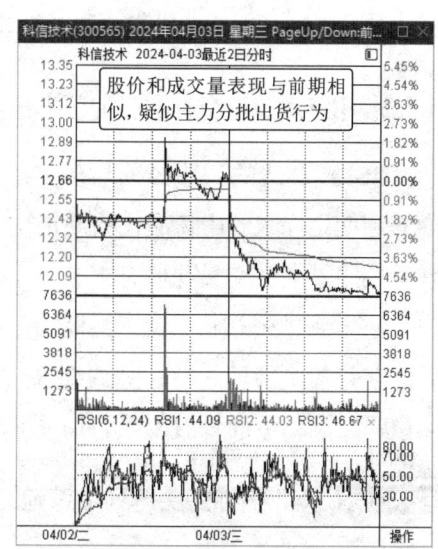

图 5-8　科信技术关键交易日的分时图

3 月 26 日和 27 日是股价在 60 日均线上受阻后形成的第一次明显下跌。在 3 月 26 日，该股在开盘后被骤然放大的成交量直线拉升到高位，随后冲高回落，最终以较低的价格收出一根带有长上影线的阳线。

根据前面那么多案例的经验来看，这可能是上方压力较重，后续反弹无力的表现。结合 3 月 27 日股价开盘即下跌，最终在尾盘还跳水的走势，以及外部行情中股价受 60 日均线阻碍的表现来看，后市有些危险，谨慎型投资者应当在此适当减仓。

再来看第二次下跌的关键交易日，即 4 月 2 日和 3 日。在 4 月 2 日，股价也是在盘中受到明显放大的量能推动而直线拉升到高位，随后冲高回落，以较低的价格收盘，当日的 K 线也呈现为带长上影线的阳线。而 4 月 3 日的股价也是开盘即下跌，最终收出大阴线。

这种在关键时刻如此相似的走势及盘中骤然放大的成交量，意味着盘中可能有主力在参与交易，短时间内推高又下跌的股价可能是主力借高出货的手段。

这种手段在前面的案例中已被频繁提及，相信投资者能明白其中的含义。因此在接收到此类警示信号，并结合外部 RSI 指标多头排列被破坏的形态来看，投资者就应当及时撤离观望，避开后市下跌。

5.2.2 指标线的空头排列与破坏

RSI 指标线的空头排列与多头排列相反，指的是短周期指标线在下，中等周期指标线居中，最长周期指标线在最上方，三线整体同步向下运行，并且期间不产生交叉的形态。

与多头排列相似，RSI 指标的空头排列也可能面临短暂破坏和彻底破坏。在每一次破坏之前，短周期 RSI 指标线都可能与长周期 RSI 指标线产生涨速背离，进而释放出或急切或缓和的看涨信号，如图 5-9 所示。

技术图示 RSI 指标空头排列结束前的背离

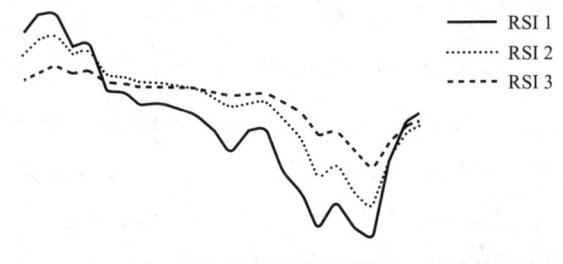

图 5-9　形态示意图

由于在下跌行情中买进所面临的风险比较大，因此投资者在 RSI 指标空头排列的形态被短暂破坏时不可以轻易建仓，而是要等到空头排列被彻底破坏，三线持续上行形成多头排列之后，才可以根据当前行情的情况而决定在何时介入。

同时，投资者也要注意盘中的其他信息，比如 K 线反转形态，主力操作痕迹等。

接下来进入具体的实例学习中。

实例分析 天合光能（688599）RSI 指标空头排列被破坏

图 5-10 为天合光能 2022 年 3 月到 6 月的 K 线图。

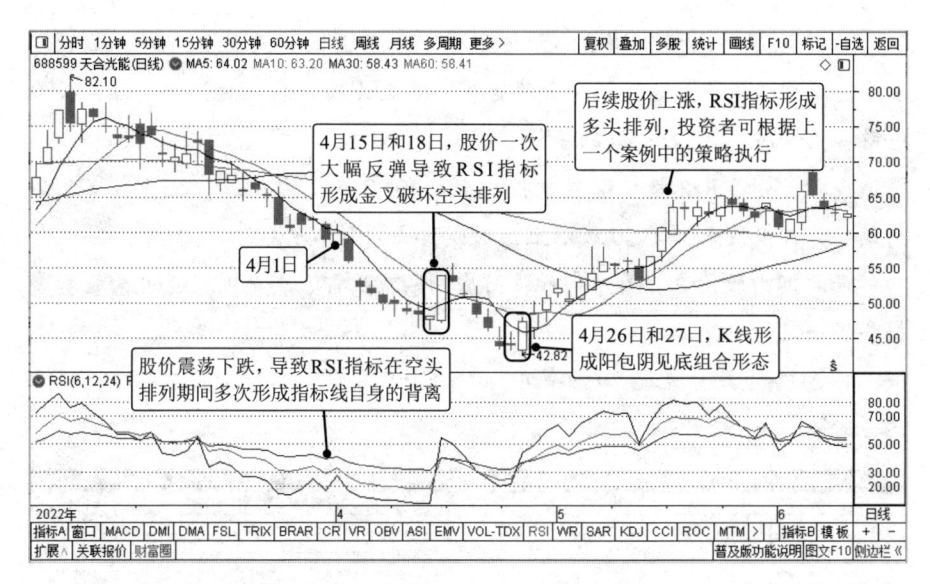

图 5-10　天合光能 2022 年 3 月到 6 月的 K 线图

从图 5-10 中可以看到，天合光能在此期间形成了清晰的涨跌趋势的转换。从 2022 年 3 月初开始，该股在 80.00 元价位线上方受阻收阴创出 82.10 元的高价后就进入了持续的下跌过程中。

原本上行并保持多头排列的 RSI 指标在股价下降接近 60 日均线时形成了死亡交叉，并随着该股彻底跌破中长期均线的步伐而落到了 50 线以下，三条指标线同步向下运行，形成了清晰的空头排列。

空头排列期间，三条指标线的距离较远，说明股价下跌幅度较大，速度较快，投资者在此期间切不可介入，场内投资者也要注意止损卖出。

在整个下跌过程中，股价在 4 月 1 日也形成了一次比较明显的收阳止跌走势，导致 RSI 指标有短暂的反弹和背离。但最终该股还是回归下跌，空头排列依旧存在。

一直到 4 月中旬，股价又一次大幅收阳向上，此次的阳线实体非常大，其中大概率有主力在介入推涨。这也导致 RSI 指标紧急转折向上，空头排列被破坏。

然而此次股价反弹并没有彻底带动行情转势向上，反而是在 55.00 元价位线上受阻后再度下降，跌到了更低的位置，RSI 指标也再度向下形成死亡交叉后展现出空头排列。

这看似是一次短暂的破坏，但继续观察后面的走势就会发现，该股在4月底再度形成了大幅收阳向上的走势，并且此次是真正的强势反弹，股价一路向上冲破了30日均线的压制。

受此影响，RSI指标明显转折向上，在30线上方形成一个黄金交叉后持续拉升，很快来到了50线以上，形成多头排列形态。

而再回看股价在4月中旬和4月底的两次反弹，其分时走势也为投资者提供了一定的看涨参考。

图5-11为天合光能2022年4月15日和18日，以及4月26日和27日的分时图。

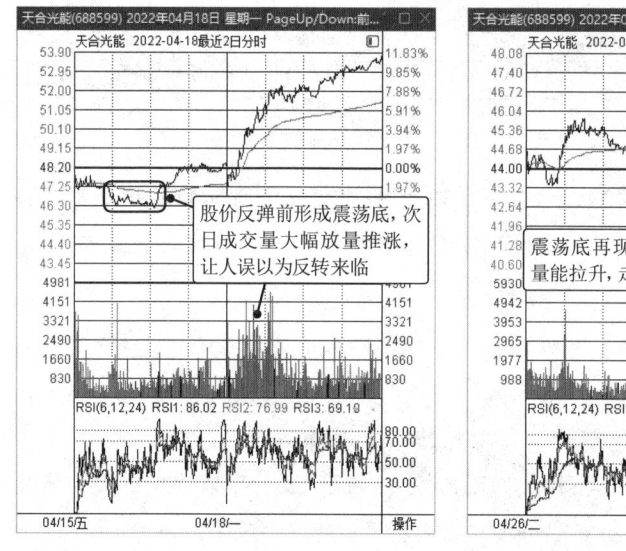

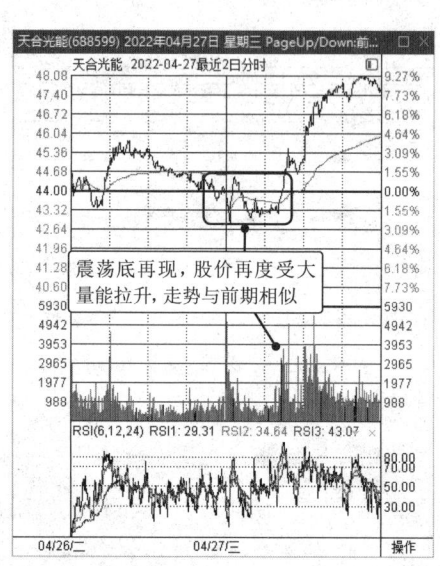

图5-11　天合光能关键交易日的分时图

4月15日和18日是股价收阳反弹前后的两个关键交易日。在4月15日，该股开盘横盘一段时间后，快速下跌落到46.30元价位线附近持续低位震荡，并在一个小时后被迅速拉升向上突破均价线，形成了一个清晰的震荡底形态。

这是一种见底反转的形态，预示着后市可能即将迎来上涨。这样的猜测在4月18日得到了验证，成交量自开盘后就开始快速放大，带动股价线积极震荡向上，最终收出了一根大阳线。

这明显是主力参与才能推动形成的，其目的可能是通知市场开始注资推动，也可能只是一次试探。不过这也使得许多场外投资者开始关注该股，甚至已经开始买进帮助推涨了。

再来观察 4 月底的反弹情况，该股在 4 月 26 日和 27 日走出了与前期相似的走势，股价线依旧在低位形成了一个震荡底，尽管幅度较大，但其传递出的信号是相似的。

再加上成交量也有同步放大支撑，而且这两个交易日的 K 线还形成了阳包阴的见底组合形态，该股后续回归上涨的可能性还是比较大的。结合 K 线图中 RSI 指标的空头排列被彻底破坏的形态来看，投资者就可以在后续持续上涨的过程中尝试介入。

未来该股形成的反弹与上一节中的案例比较类似，RSI 指标的表现也是可圈可点的，投资者可以按照之前的策略进行买卖。

5.2.3 指标线与股价顶背离

RSI 指标的顶背离主要是与 K 线的背离，并且与 KDJ 指标比较类似，都是在行情高位股价高点不断上移的过程中，RSI 指标线高点却出现下移的背离走势，如图 5-12 所示。

技术图示 股价高点上移，RSI 指标高点下移

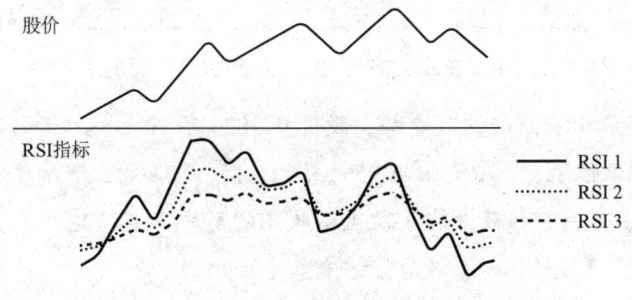

图 5-12　形态示意图

由于 RSI 指标线可能会在股价的上涨过程中经常向上接触 80 线，因此时常会高点走平，与股价高点上移的走势依旧会形成背离，只是信号没有那么强烈。

正因如此，RSI 指标的顶背离可能会持续较长一段时间。那么投资者在发现顶背离后，可以先不着急卖出，以谨慎观望为主，待到转势来临时再出局也不迟。

接下来进入具体的实例学习中。

实例分析 中文在线（300364）RSI 指标顶背离应用

图 5-13 为中文在线 2023 年 10 月到 2024 年 1 月的 K 线图。

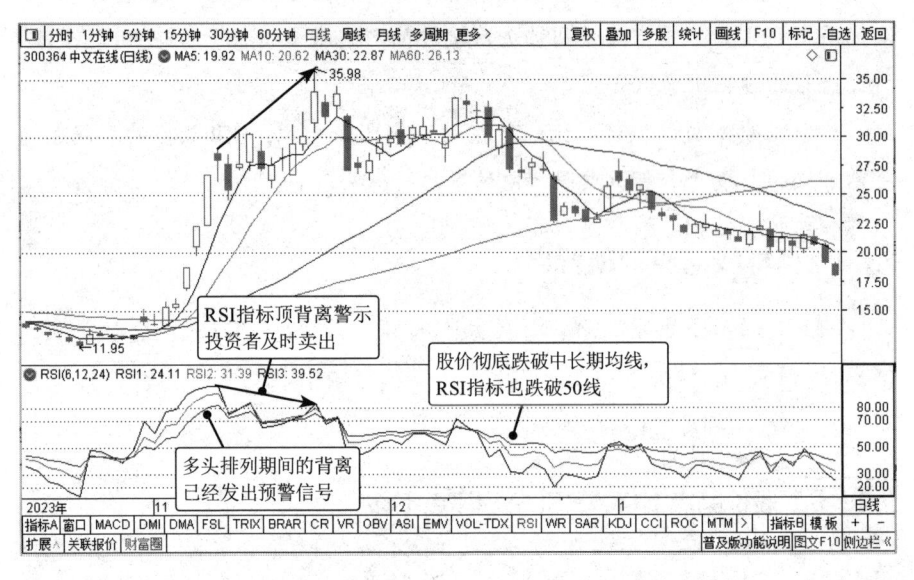

图 5-13　中文在线 2023 年 10 月到 2024 年 1 月的 K 线图

来观察中文在线的这段走势，股价在 2023 年 10 月还位于 15.00 元价位线下方长期低位运行，即便在 11.95 元处触底后，前期的上涨速度也非常慢。

一直到 11 月，该股才在一次大幅收阳的契机下成功越过了中长期均线及 15.00 元价位线的压制，开启了一波急速拉升。

短短数日内，股价就从 15.00 元价位线附近冲到了接近 30.00 元价位线的位置，实现了短期翻倍，为投资者带来了极为丰厚的收益，同时也反映出了市场中有主力在参与推动。

在此期间，RSI 指标也形成一个多头排列，并持续向上运行到 80 线以上。这已经是过度偏离了，再加上股价短期暴涨，场内积累的获利盘亟待出局兑现，股价在收阴之后可能会迎来一波回调。

事实也确实如此，该股在没有接触到 30.00 元价位线时就收阴下跌了，但是回调期间的走势更偏向于横盘震荡，而非直接向下运行，可见后续还有上涨的可能。

那么即便此时的 RSI 指标有明显的下跌，高点相较于前期是下移的，与股价高点上移的走势形成了顶背离，投资者也可以不着急提前卖出，而是应保持观望。

数日之后，该股成功收阳向上突破了 30.00 元这条压力线，并且冲上了 35.00 元。但上冲期间的三根阳线都带有较长的上影线，说明这三日内股价都有冲高回落的走势，上方压力还是比较重的，投资者要保持警惕。

而在此期间，RSI 指标虽有跟随继续向上接触 80 线，但高点相较于前期明显是下移的，与持续创新高的股价形成了鲜明的大顶背离，释放出的警告信号更加强烈。

观察后续的走势，该股在小幅回落到 32.50 元价位线附近横盘两日后，最终还是收出了一根超长实体的阴线，低点也跌到了 27.50 元价位线附近，说明此次上涨可能已经见顶，投资者要注意及时卖出。

虽然后续该股再一次反弹，但观察 RSI 指标的表现，明显没有前期的积极上扬，而是在 50 线到 70 线内反复横向震荡，这说明此次反弹有可能无法突破前期高点。

事实也确实如此，该股在 32.50 元价位线上方就结束反弹收阴下跌了，RSI 指标也陆续向下跌破 50 线，预示着行情产生彻底的反转，此时还未离场的投资者要抓紧时间。

下面继续来看该股后续的表现和 RSI 指标的顶背离形态。

图 5-14 为中文在线 2024 年 1 月到 5 月的 K 线图。

从图 5-14 中可以看到，到了 2024 年 2 月初，该股已经跌到了 16.52 元的低位，在此触底后反转向上，形成又一次快速的反弹。

在连续两个跳空向上的大阳线带动下，RSI 指标在 50 线下方形成一个低位金叉后向上运行，构筑出多头排列形态。不过后续指标线也随着股价涨速的减缓而逐步走平，但多头排列形态没有被破坏，投资者还可继续持股。

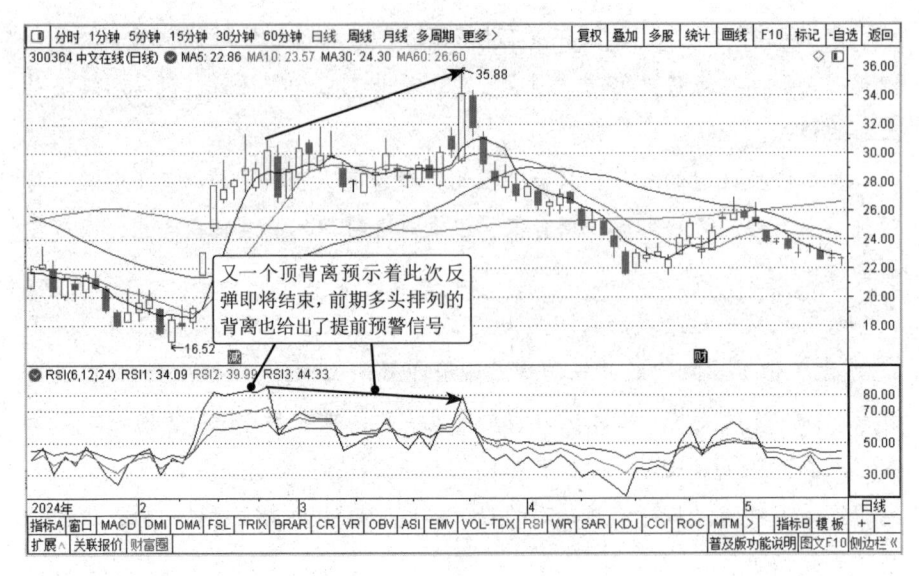

图 5-14　中文在线 2024 年 1 月到 5 月的 K 线图

进入 3 月后，股价在 32.00 元价位线上受阻后小幅下跌，低点在 28.00 元价位线上得到支撑，长期横向震荡。在此期间，RSI 指标也跟随出现回落，高点明显下移，不过与股价回调的走势也比较契合。

在横盘期间，RSI 指标线长期位于 50 线到 70 线内震荡运行，后市走势不明，此时投资者要保持镇定观望。

3 月下旬，该股突然收出一根超长阳线，最高点甚至来到了 35.88 元，相较于前期高点来说是明显上移的。而观察此时的 RSI 指标，指标线虽然也有明显的向上抬升，最高点也接触到了 80 线，但相较于前期高点来说是下移的，因此与股价形成的是顶背离。

根据前期经验来看，顶背离之后股价可能面临回调或是深度下跌，谨慎型投资者要注意止盈，惜售型投资者在观望一段时间，发现股价快速向下跌破中长期均线，导致 RSI 指标滑落形成空头排列后，也要及时卖出止损。

5.2.4　指标线与股价底背离

RSI 指标的底背离与顶背离相反，是指在股价低点下移的同时，RSI 指标低点上移形成的背离形态，如图 5-15 所示。

技术图示 股价低点下移，RSI 指标低点上移

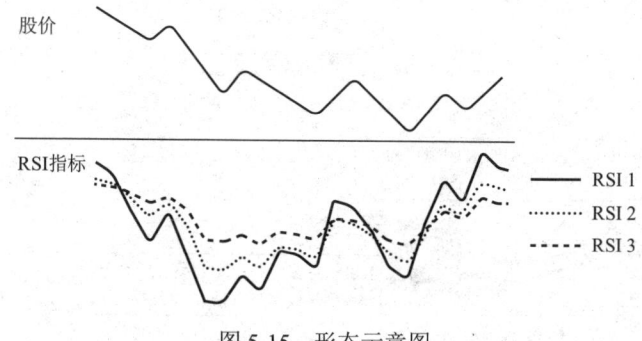

图 5-15　形态示意图

RSI 指标与股价的底背离往往意味着行情跌势减缓，市场已经开始逐步注资，推动股价形成了一定程度的反弹，从而导致 RSI 指标在低位震荡，低点还出现了上移。

一般来说，RSI 指标的底背离不会像顶背离那样长期构筑，不过信号强度不会因为形态周期偏短而降低。投资者在发现底背离后，可以尝试着先在低位轻仓买进，待到后续借助其他指标或信息确定股价的上涨行情后再加仓。

接下来进入具体的实例学习中。

实例分析 三棵树（603737）RSI 指标底背离应用

图 5-16 为三棵树 2024 年 3 月到 7 月的 K 线图。

在三棵树的这段走势中，前期中长期均线对股价的压制力度非常强，该股在 2024 年 3 月初的一次反弹过程中，甚至都没有接触到 60 日均线就转势下跌了，而且越到后期低速越快。

RSI 指标在股价反弹的影响下虽然有越过 50 线，但也只是短暂跨越，随着股价下跌跌破 30 日均线，三条指标线也落到了 50 线下方，形成了空头排列形态。

3 月底，股价落到 32.50 元价位线附近后短暂震荡企稳，在之后连续震荡下跌过程中，RSI 指标线出现多次空头排列的背离形态，期间还有小幅的破坏，但还是在股价下跌的带动下继续发散了。

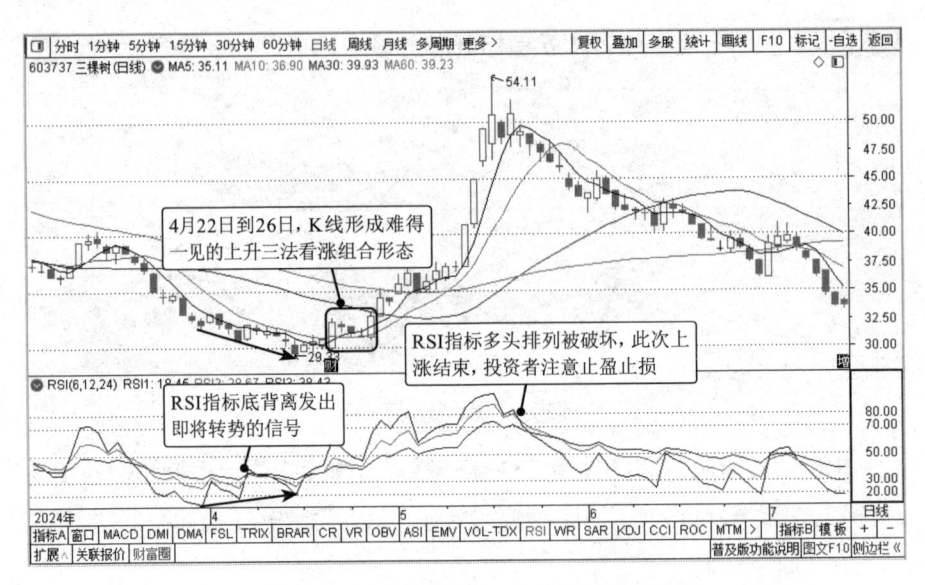

图 5-16 三棵树 2024 年 3 月到 7 月的 K 线图

仔细观察股价持续下跌的这段时间内 RSI 指标的表现可以发现，随着股价低点的持续下移，指标线的低点反而一次次上移，二者形成了底背离形态。而且在 4 月中旬之后，股价不断收阳向上，成功带动 RSI 指标在 30 线上方形成一个金叉后上行，构筑出多头排列的形态。

与此同时，K 线也在上涨过程中形成了一个很难得的上升三法看涨组合形态。该形态由五根 K 线构成，第一根和最后一根 K 线为长实体阳线，中间则为三根实体偏小的 K 线，并且这三根 K 线的实体要被包含在第一根阳线的实体内部。

这种形态由于构造特殊，要求严谨，因此在实战中并不十分常见。这里出现的上升三法已经是比较标准的一种了，因此其传递出的看涨信号也是十分强烈和可靠的。

下面来看这几根 K 线内部的具体走势如何。

图 5-17 为三棵树 2024 年 4 月 22 日到 26 日的分时图。

从图 5-17 中可以看到，该股在 4 月 22 日和 26 日，即第一根和最后一根阳线内部的分时走势十分相似，股价都是在开盘后震荡一段时间，最终被持续放大的量能直线推涨向上，到达高位后横向震荡直至收盘，其中很可能有主力在推动。

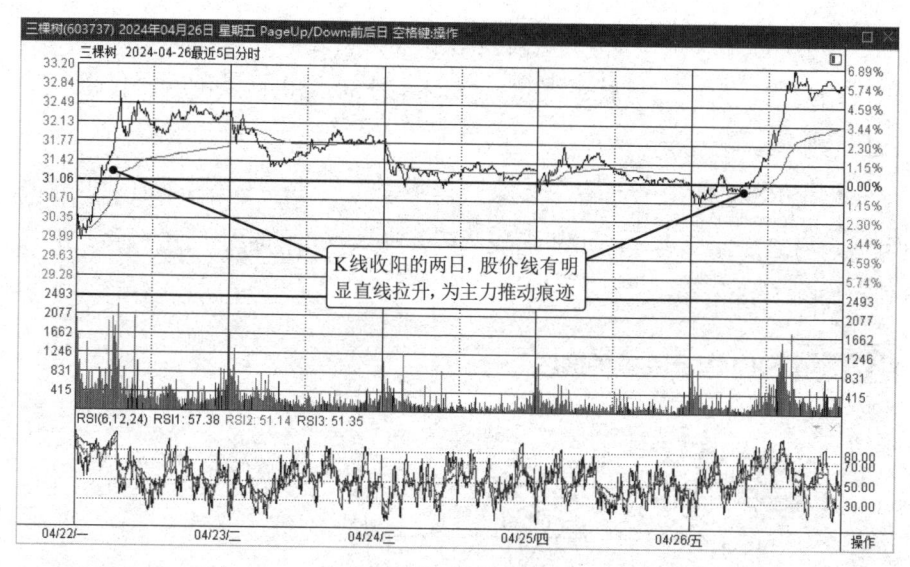

图5-17 三棵树2024年4月22日到26日的分时图

中间三根小K线的内部走势相对比较平和，整体是小幅下移的。最后一根阳线的收盘价则远远超过了第一根阳线的收盘价，可见市场整体看好。再加上RSI指标此时呈现出的多头排列积极形态，投资者完全可以尝试着在此建仓持有。

从后续的走势中也可以看到，该股在此之后积极上行，并接连穿越了两条中长期均线，在60日均线上小幅回踩整理之后继续暴涨向上，很快便来到了接近55.00元价位线的位置。

该股短期内的涨幅可谓十分惊人，投资者保持持股，获得的盈利也不会太少。不过在股价见顶横盘的过程中，RSI指标有转势向下形成死叉的迹象，这时投资者就要注意及时止盈止损了。

5.2.5 指标线跌破支撑线与回档防线

在RSI指标中存在多条关键支撑线，比如50线、30线、20线等。除此之外，还有一组被称为多头回档防线的支撑线，可以帮助投资者分段减仓，或是提醒不同风险承受能力的投资者及时出局。

多头回档防线主要指的是 50 线、40 线和 30 线这三条，RSI 指标每破位一条防线，卖出信号就更强烈一分，待到 30 线也被跌破时，投资者就应清仓撤离。

如果 RSI 指标在接连跌破多头回档防线的同时，还跌破了前期横盘关键线，与之前低点走平的走势形成背离，那么这里的卖出信号将会更加强烈，如图 5-18 所示。

技术图示 RSI 指标跌破关键线

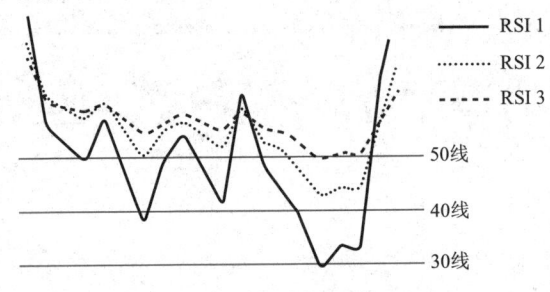

图 5-18　形态示意图

需要注意的是，RSI 指标线对防线和支撑线的破位主要集中在 RSI 1 线上，也就是周期最短的指标线，这样的卖出信号会更为及时。

当 RSI 指标形成这种连续跌破的走势时，股价可能正从高位向下跌落，并且还有一定的反弹震荡，并非直线下跌，因此能够为投资者留下充足的撤离时间。在这种情况下，投资者就可以跟随 RSI 指标的步伐而逐步减仓，最终彻底出局。

至于如何寻找前期横盘关键线，投资者一般需要将周期拉长，观察前期经常对 RSI 指标线形成阻碍或是推动的关键取值线。不同个股的不同涨跌阶段中可能都存在不同的 RSI 指标关键线，因此投资者不可一概而论，而要灵活变通。

接下来进入具体的实例学习中。

实例分析 万业企业（600641）RSI 指标跌破关键线的卖出操作

图 5-19 为万业企业 2022 年 7 月到 11 月的 K 线图。

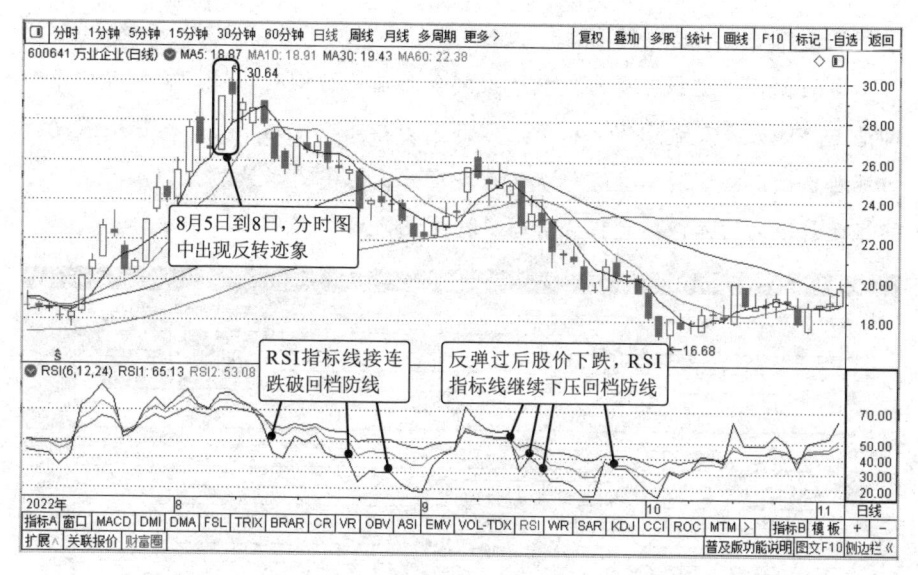

图 5-19　万业企业 2022 年 7 月到 11 月的 K 线图

来看一下万业企业这段涨跌趋势变化的过程中 RSI 指标会有怎样的表现。在前期上涨的过程中，股价涨势还是比较稳定的，其间进行的许多次回调都没有跌破过 10 日均线。大概一个月，股价就从 18.00 元价位线附近上涨到了最高的 30.64 元。

在此期间，RSI 指标早已运行到 70 线附近横向震荡，与高点持续上移的股价形成了一定的顶背离，因此投资者要注意谨慎持股，仔细观察场内是否有其他转势信号出现。

在创出新高的当日和前一日，盘中出现了反转迹象，下面来看具体情况。

图 5-20 为万业企业 2022 年 8 月 5 日到 8 日的分时图。

8 月 5 日是股价积极上涨的交易日，从其分时走势中可以看到，该股在开盘之后其实就在震荡上涨，但前期的涨速并不快。一直到下午时段开盘之后，股价的涨速才得到了进一步加快，并且在一根巨大量柱的推动下成功冲上了涨停板。后续该股虽有频繁开板交易，但下跌幅度都不大，最终该股还是以涨停收盘。

单日来看，市场看涨积极性还是很好的，但 8 月 8 日的走势却打破了这一推测。股价在开盘后虽有被成交量继续推高，但短短几分钟后就冲高回落，后续跌到了 28.00 元价位线附近。在此得到支撑后，股价虽有小幅回升，但最终还是以较低的价格收盘。

到这里谨慎型投资者可能就已经发现了前一日刚刚涨停，后一日就冲高回落并伴随大成交量出现，极有可能是主力推高出货的手段。再加上前期股价涨势已高，K线图中RSI指标又出现顶背离形态，后续该股转入下跌的可能性还是很大的，谨慎型投资者当日就应该撤离卖出。

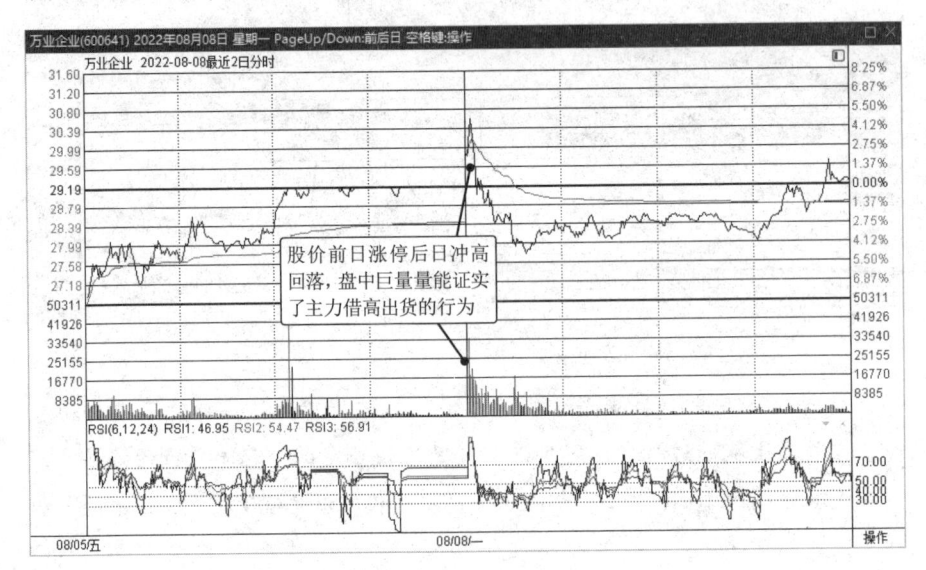

图 5-20　万业企业 2022 年 8 月 5 日到 8 日的分时图

回到图 5-19 所示的 K 线图中继续观察后续的走势，该股在 8 月 8 日之后虽然有收阳，但整体是向下的，数日之后就连续收阴跌破了 10 日均线，导致 RSI 指标在 70 线附近形成一个死亡交叉后下行，指标线也在后续股价持续下跌的带动下形成了空头排列形态。

仔细观察周期最短的 RSI 指标线可以发现，在该股收阴跌破 10 日均线的同时，指标线就跌破了第一条多头回档防线，即 50 线。后续股价小幅反弹回抽 10 日均线，RSI 指标线也跟随回抽了 50 线，但最终没有突破成功。

在股价后续跌破 30 日均线的过程中，RSI 指标线也将第二条和第三条多头回档防线，即 40 线和 30 线跌破了。随着股价对 30 日均线的回抽，指标线也回抽 30 线，最终并未突破。

在此阶段内，投资者如果依据理论所述的策略分批减仓，最终及时在 30 线被跌破的同时清仓卖出，就可以降低高位被套的损失。

除此之外，投资者不要忘了寻找这一阶段内 RSI 指标的关键支撑线。下面就将周期拉长，观察前期对 RSI 指标起关键作用的支撑线在何处。

图 5-21 为万业企业 2022 年 2 月到 10 月的 K 线图。

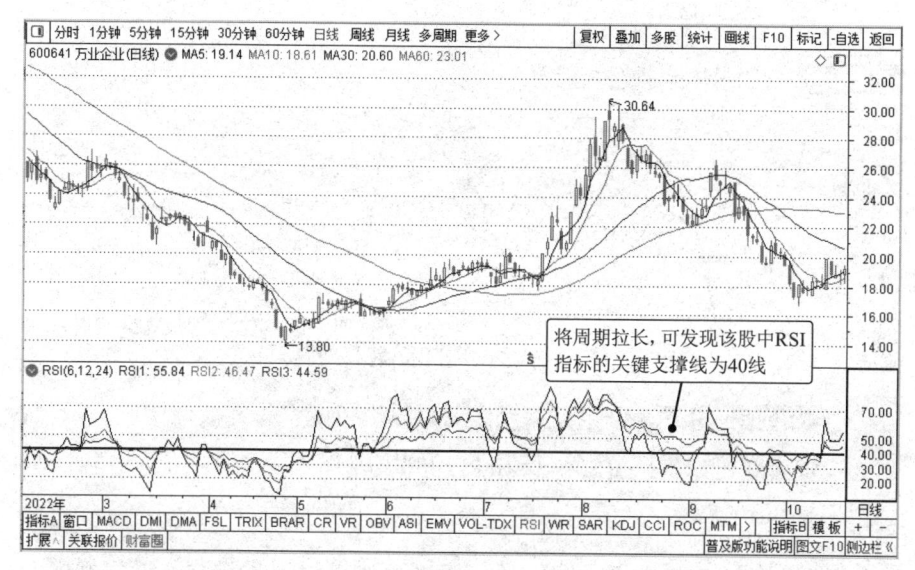

图 5-21　万业企业 2022 年 2 月到 10 月的 K 线图

将周期拉长后，投资者就可以比较清晰地观察到在前期股价震荡下跌和上涨的过程中，40 线对 RSI 指标线起到了比较关键的支撑和压制作用，前期 RSI 指标的低点也有很多落在了这一条取值线附近，因此投资者可将其认定为关键线。那么在 8 月下旬，RSI 指标线跌破 40 线的同时，投资者其实就可以清仓了。

而在后续的走势中，投资者同样可以使用这一条关键线。从图 5-19 中可以看到，该股后续于 9 月初在 60 日均线上得到支撑，并形成了一次强势反弹，可惜在数日之后，股价就在 30 日均线的压制下继续下跌。

在下跌过程中，RSI 指标线又继续下压多头回档防线与前期关键支撑线。在一次次的跌破和回抽过程中，RSI 指标线都没能越过 40 线，股价也越跌越低，投资者即便不依靠指标线也能看出当前行情的颓势。

因此无论是被套的还是抢反弹的投资者，都要及时借助这一次 RSI 指标线对这些关键线的跌破而分批减仓，甚至在跌破第一条多头回档防线时就全部清仓撤离，避开后市下跌。

5.2.6 指标线突破压力线与回档防线

RSI 指标中还有一组被称为空头回档防线的压力线，包括 50 线、60 线和 70 线这三条，这组关键线可以帮助投资者分段建仓，如图 5-22 所示。

技术图示 RSI 指标突破关键线

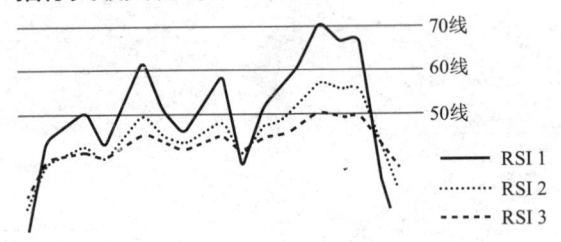

图 5-22 形态示意图

当 RSI 指标分别突破这三条防线时，股价可能也正在波动中向上攀升，那么投资者就可以借助 RSI 指标和 K 线的表现来分段建仓或加仓，以扩大后市的收益。

同时，RSI 指标前期高点多次停留的关键取值线也是一大分析利器，投资者要注意在实战中结合与空头回档防线共同使用。

需要注意的是，当 RSI 指标中的最后一条空头回档防线，即 70 线也被突破后，RSI 指标线可能会运行到过度偏离线——80 线之外。此时是存在反转风险的，投资者持股到后期时需要更加谨慎，时刻注意行情走势，看是否有变盘迹象。

接下来进入具体的实例学习中。

实例分析 岱勒新材（300700）RSI 指标突破关键线的加仓操作

图 5-23 为岱勒新材 2023 年 4 月到 9 月的 K 线图。

在岱勒新材的这段走势中，股价长期受中长期均线的压制而持续下跌，一直到 2023 年 5 月初，股价在 9.91 元价位线处触底后，才开始收阳回升，向上冲击中长期均线。

5 月中旬，在股价成功突破 30 日均线的同时，RSI 指标也突破到了 50 线以上。而且由于股价收阳的幅度比较大，上涨速度较快，周期最短的 RSI 指

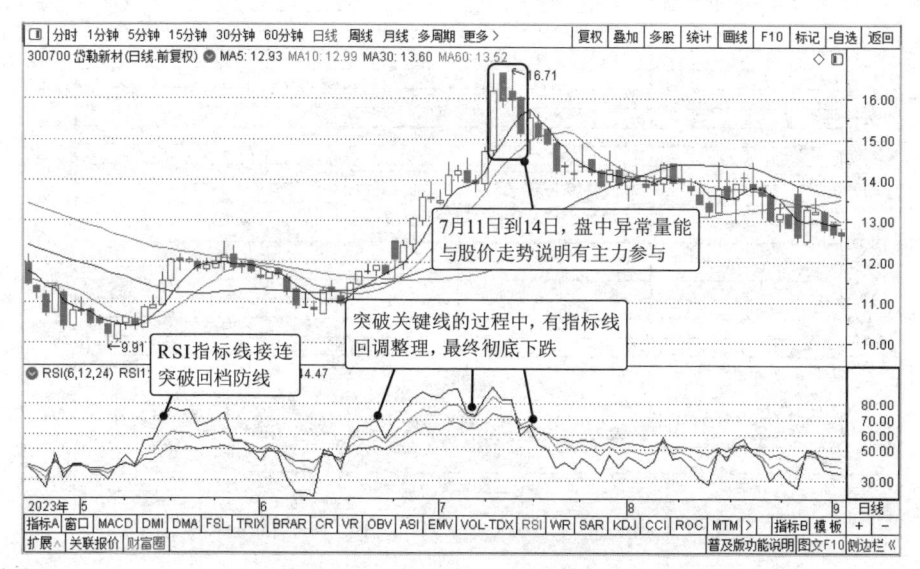

标线接连突破了三条空头回档防线，可见市场涨势迅猛，投资者可尝试介入。

图 5-23　岱勒新材 2023 年 4 月到 9 月的 K 线图

不过后续该股在遇到 60 日均线后就受到压制横盘震荡了，在横盘震荡的过程中，RSI 指标线也小幅回落，跌破 70 线，踩在了 60 线上方。不过指标线最终还是随着股价的下跌而跌破了三条空头回档防线，抢反弹的投资者要及时出局，兑现前期收益。

6 月上旬，该股回落到 11.00 元价位线下方就止跌继续上涨了，并且此次拉升成功突破了两条中长期均线，说明下一波上涨的幅度可能会比较大，投资者可尝试再次介入。

在股价回升的过程中，RSI 指标也从低位向上突破 50 线。周期最短的 RSI 指标线在上涨到 70 线附近后小幅回落，踩在 60 线上，随后在股价继续上扬的带动下直线向上拉升，成功突破了多条空头回档防线乃至 80 线，运行到了较高位置，并与其他两条指标线配合形成多头排列形态，看涨信号明确，投资者可借助这些多头排列中的背离来加仓。

不过在 7 月 11 日到 14 日的分时图中，股价出现了明显的冲高回落走势，下面来观察具体情况，如图 5-24 所示。

在 7 月 11 日，股价在盘中的涨势还是非常积极的，虽然后续小幅回落以较低的价格收盘，但当日收出的阳线实体较大，市场整体看好。

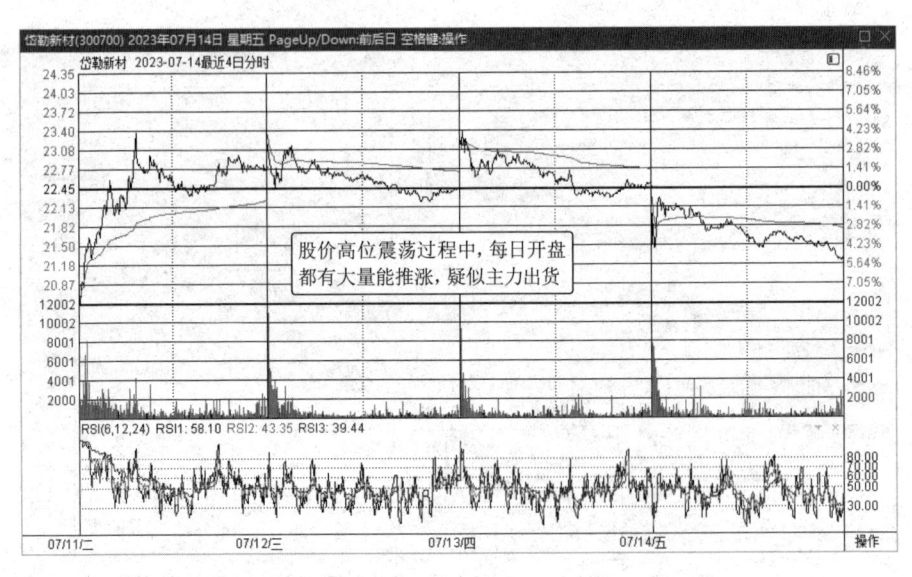

图 5-24　岱勒新材 2023 年 7 月 11 日到 14 日的分时图

但到了后面三个交易日就会发现，股价在开盘后都是小幅上升，随后直线下滑，并且盘中都有大量能放出，最终三日都收出了阴线，这说明其中可能有主力推高出货的痕迹。放在 K 线图中的高位来看，股价后市转入下跌的可能性较大，投资者要注意警惕。

回到图 5-23 所示的 K 线图中来继续观察，该股在后续确实在持续向下，并且 RSI 指标此时也向下形成了一个死亡交叉，并逐步跌破空头回档防线，传递出了明确的看跌信号。此时投资者再将周期拉长观察该股的 RSI 指标关键线，会得到进一步的看点信号确认，如图 5-25 所示。

从图 5-25 中可以看到，将周期拉长后观察前期走势，可发现 RSI 指标的高点很多都在 60 线上或是其附近停滞，并且当股价上涨穿越关键线时，RSI 指标线往往也在穿越 60 线，可见这是一条关键取值线。

那么回到图 5-23 中观察，当岱勒新材的股价一直下跌到 60 线之下，并长期在其下方突破失败时，就说明该股已经进入了空头市场之中。这时投资者就可以不以 50 线为界，而以 60 线为界，确定股价进入颓势行情之中，进而尽快卖出止损。

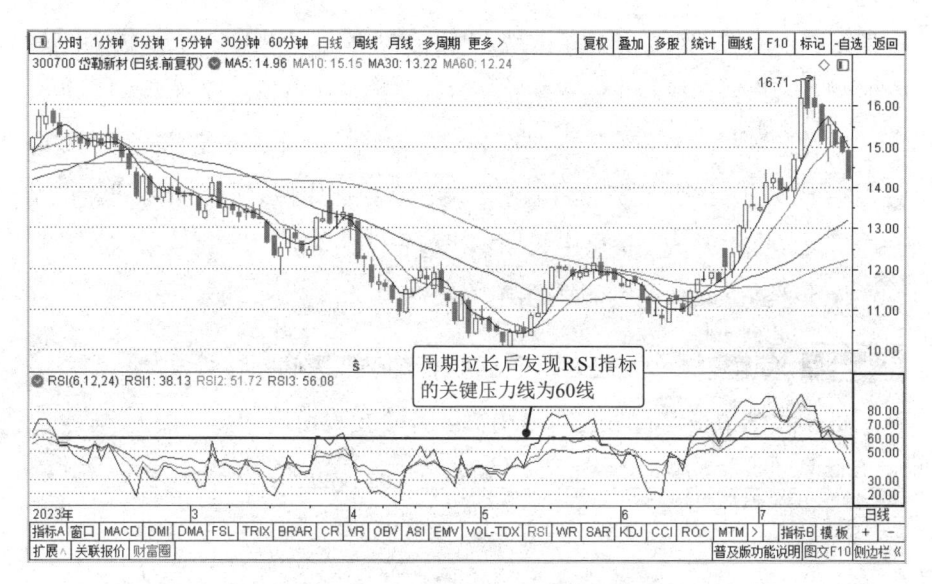

图 5-25　岱勒新材 2023 年 2 月到 7 月的 K 线图

5.2.7　筑底形态背离

RSI 指标的筑底形态有很多类别，比如双重底、三重底及头肩底等。一般来说，在底部震荡两到三次的筑底形态，发出的反转信号是比较可靠的，图 5-26 为 RSI 指标的双重底形态。

技术图示 RSI 指标双重底形态

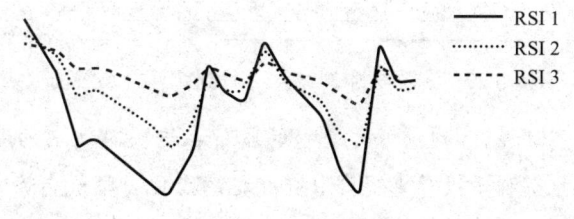

图 5-26　形态示意图

经过前面如此多理论和案例的学习，相信投资者已经对双重底不陌生了。在 RSI 指标中，指标线第二次回升并突破前期高点（或者说颈线）后，就可能进入持续的上扬之中。

由此可见，股价在此期间的表现也近似于两次下跌后两次上涨，并且在第二次上涨后就直接开启了上涨走势，这才能带动 RSI 指标形成双重底。有时候二者还会形成同步的双重底，这就更能证实行情的反转了。

不过这种指标双重底一般具有一定的前瞻性，即大多是在股价下跌的过程中形成的，因此投资者可以不着急在双重底成型之后立即买进，而是在股价反转向上并成功突破中长期均线之后再介入。

接下来进入具体的实例学习中。

实例分析 海源复材（002529）RSI 指标突破双重底颈线买入

图 5-27 为海源复材 2022 年 3 月到 6 月的 K 线图。

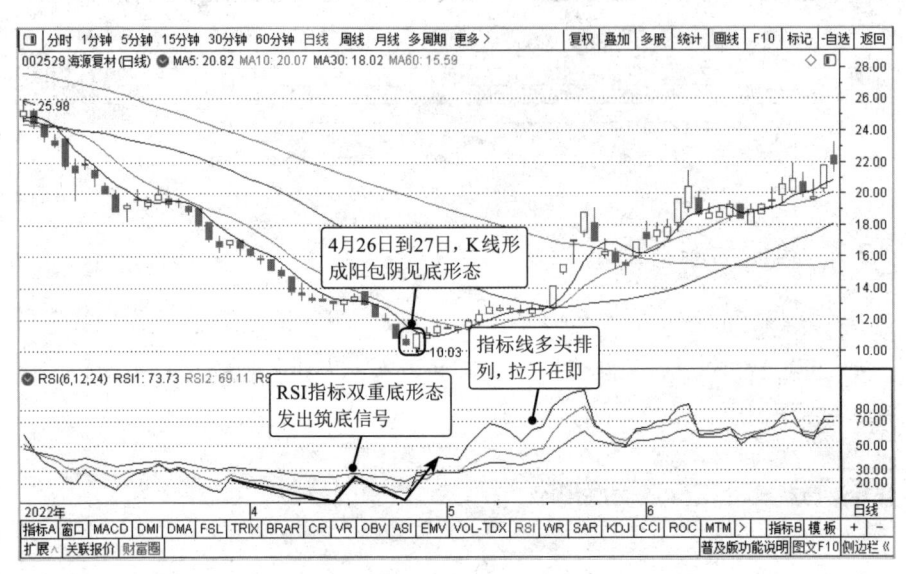

图 5-27　海源复材 2022 年 3 月到 6 月的 K 线图

从图 5-27 中可以看到，海源复材的股价在这段时间内的涨跌趋势变化非常清晰，这也有利于投资者观察 RSI 指标的变化对股价走势的预示作用，首先来看前期下跌过程中 RSI 指标有何表现。

股价从 2022 年 3 月初开始就从高位滑落，并长期受到中长期均线的压制。在整个下跌过程中，均线组合都呈现出空头排列的形态，虽然期间股价有所反弹，但始终没有成功越过 10 日均线的压制，甚至连均线组合的空头排列都没有破坏过，可见市场颓势明显，投资者不可轻易介入。

在下跌期间观察 RSI 指标可以发现，指标线早已跌到了 50 线下方，并长期在 30 线附近震荡，周期最短的指标线还多次跌破 20 线，市场明显超卖。

当这样的走势持续到 4 月中旬时，股价已经跌到了 13.00 元价位线附近，在此短暂整理后收阳回弹了两个交易日，并带动 RSI 指标也向上回弹。周期最短的指标线小幅突破 20 线后，便随着股价的下跌而继续下降了。

数日之后，该股跌到 10.00 元价位线附近得到支撑开始收阳向上，RSI 指标受其影响也在此形成了一个低点并向上运行。

此时来观察整个 4 月的 RSI 指标走向可以发现，周期最短的指标线构筑出了一个清晰的双重底形态，双重底的颈线就在 20 线上方不远处。而随着股价收阳回升的走势，指标线很快便突破了这条颈线，宣告双重底筑底形态的成立。

与此同时，在 4 月 26 日到 27 日，K 线也形成了一个阳包阴见底形态，下面来看具体的分时走势情况，如图 5-28 所示。

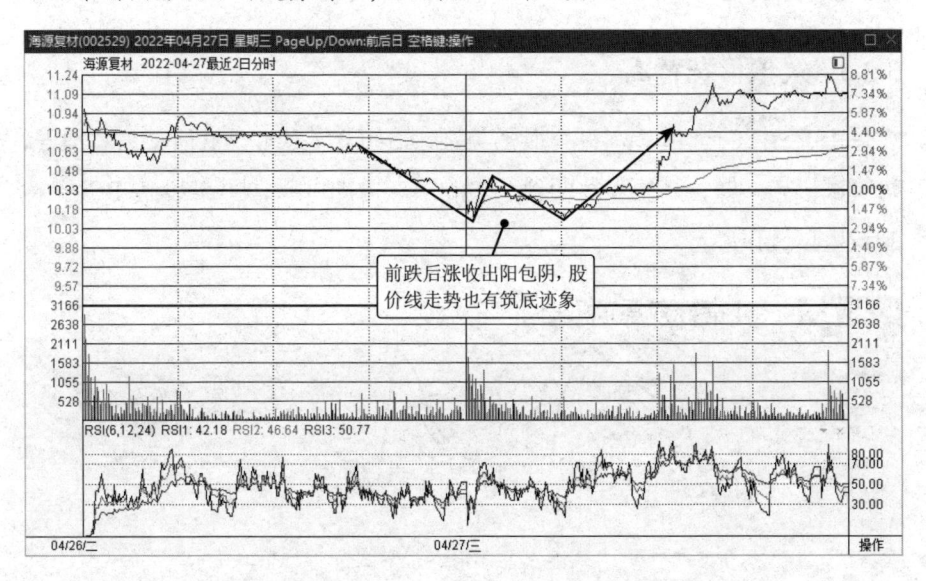

图 5-28　海源复材 2022 年 4 月 26 日到 27 日的分时图

在 4 月 26 日，股价围绕均价线横向震荡一段时间后，在临近收盘时持续下跌，最终以低价收出阴线。

而到了 4 月 27 日，股价在开盘后先是向上拉升到 10.33 元价位线上方，随后持续下跌落到 10.18 元价位线下方，在此筑底后就继续上涨了，最终以高价收出阳线。

观察 4 月 26 日和 27 日的股价线走势可以发现，它们构筑出了一个双重底形态，与外部双重底走势形成呼应。

除此之外，在 K 线图中，4 月 27 日的阳线向前完全覆盖住了 4 月 26 日的阴线，阳包阴见底形态的出现更加证实了后期股价可能形成的积极上涨，激进型投资者可以在此轻仓介入。

继续来看后面的走势，该股在此之后开始持续收阳向上，前期的涨速不快，但足以拉动 RSI 指标向上并形成积极的多头排列形态。股价在靠近 30 日均线后先是横盘整理了一段时间，但最终还是收出大阳线成功向上突破，后期股价的回踩也在 60 日均线上得到支撑向上。

这时 RSI 指标已经运行到了 50 线上方的多头市场中，积极信号明显，谨慎型投资者也可以尝试着在股价突破中长期均线的过程中买进了。

5.2.8 筑顶形态背离

RSI 指标的筑顶形态也有很多类别，比如双重顶、三重顶及头肩顶等，与筑底形态一样，高位震荡两到三次的形态更加可靠，图 5-29 为 RSI 指标的双重顶筑顶形态。

技术图示 RSI 指标双重顶形态

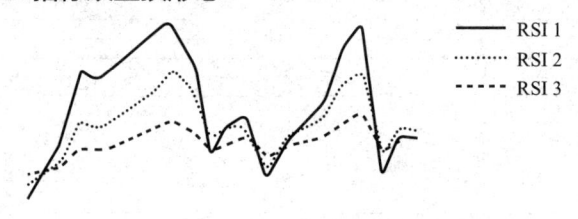

图 5-29　形态示意图

与筑底形态一样，RSI 指标和股价都有可能在同一时期内形成同样的筑顶形态，但也并非绝对。不过投资者仅凭其中一个形态就基本可以确定股价上涨乏力，那么谨慎型的投资者提前卖出也就很合理了，惜售型的投资者在发现股价转势下跌后，也要及时在合适的位置卖出止损。

接下来进入具体的实例学习中。

实例分析 易华录（300212）RSI 指标跌破双重顶颈线卖出

图 5-30 为易华录 2023 年 2 月到 7 月的 K 线图。

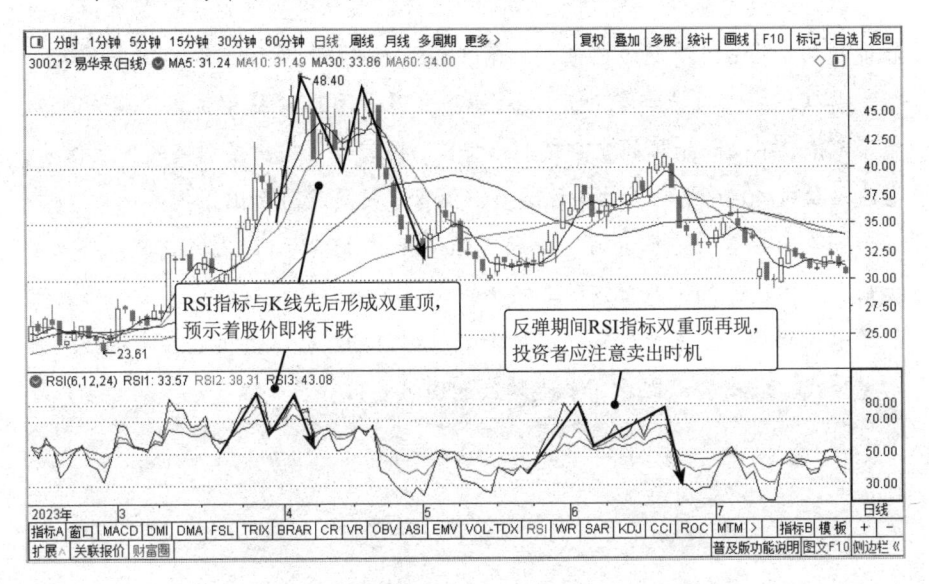

[图：易华录K线图，标注"RSI指标与K线先后形成双重顶，预示着股价即将下跌"和"反弹期间RSI指标双重顶再现，投资者应注意卖出时机"]

图 5-30　易华录 2023 年 2 月到 7 月的 K 线图

在易华录的这段走势中，RSI 指标一共形成了两次双重顶形态，每一次都成功预示出了股价的下跌，下面来逐一进行分析。

第一次双重顶形成于 2023 年 3 月底到 4 月初。在这一时期，股价已经上涨到了较高的位置，震荡的走势导致 RSI 指标也在 50 线上方持续波动，多次形成转折点。

在 3 月底，股价向上冲破 40.00 元价位线后收阴回调整理，很快股价就继续拉升向上，并一举冲到了 48.40 元处。观察 RSI 指标可以发现，指标线也跟随转折形成了一个高点和一个低点，并在股价二次上冲的过程中跟随上扬到了与前期高点相近的位置。

但该股在创出新高后就再度回调整理了，导致 RSI 指标也转折向下。这时观察其高点可以发现，前后两个高点位置相近，指标线形成了一个双重顶形态，但股价的高点却是上移的，二者还形成了顶背离。

此时股价尚未彻底转入下跌，因此 RSI 指标的双重顶是一个预先警示信号。但由于后续 RSI 指标跌到 50 线附近后没有再度上冲越过 70 线，可见该股后续拉升动能不足，谨慎型投资者最好先行卖出或是适当减仓。

在后续的走势中，股价落到 40.00 元价位线上得到支撑后继续反弹，但反弹的高点明显没有越过前期，而是在其下方不远处受阻后继续拐头下跌。

其实这一个高点与前期的并未差距太多，因此 K 线形成的也是一个双重顶形态，不仅与指标的双重顶先后呼应，同时也传递出了明确的下跌信号。当股价跌破 40.00 元的关键支撑线后，投资者就要及时卖出止损了。

而在后续 5 月底到 6 月股价的反弹过程中，RSI 指标又形成了一个双重顶形态。不过这一个双重顶的二次下跌却是与股价的反弹结束同步出现，因此传递出的卖出信号比较及时。投资者根据前期经验，要迅速在指标线跌破形态颈线，以及 K 线跌破中长期均线的同时卖出。

# 第 6 章

RSI指标背离综合实战

经过上一个章节的学习，投资者应该已经对RSI指标有了充分的认识。然而，仅仅掌握理论是远远不够的，关键在于如何将这些知识应用到实际交易中。为了更有效地指导投资者，本章将选取两只股票的不同走势，向投资者展示RSI指标的背离综合实战。

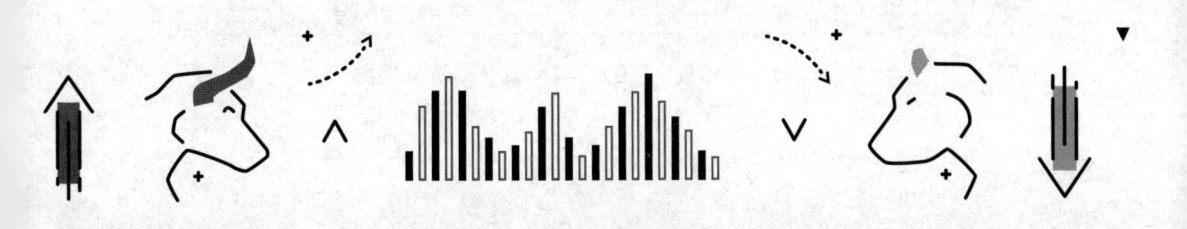

6.1 华中数控（300161）：牛市中 RSI 背离

与 KDJ 指标和 CCI 指标一样，RSI 指标的背离技术在牛市中起到的作用也是很大的。如果投资者能够合理利用、果断决策，就有机会获得不错的收益。

下面就以华中数控的一段上涨行情为例，具体分析 RSI 指标的背离技术在上涨行情中的参考作用。

6.1.1 转向牛市之后的 RSI 指标背离

在牛市正式开启之前，RSI 指标可能会形成筑底形态或底背离形态，也有可能只是单纯的转势向上。投资者需要结合其他信息来综合决断，比如均线、K 线形态等。

下面先来看一下华中数控的股价在正式转入上涨之前及进入上涨初期后，RSI 指标的不同表现。

实例分析 牛市前夕与初期的 RSI 指标表现

图 6-1 为华中数控 2022 年 4 月到 7 月的 K 线图。

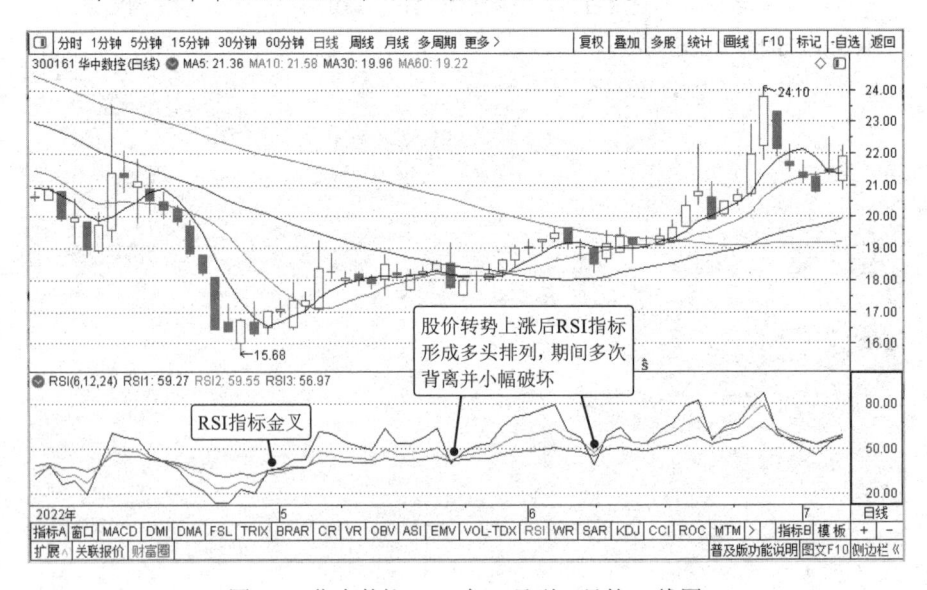

图 6-1　华中数控 2022 年 4 月到 7 月的 K 线图

从图6-1中可以看到，华中数控的股价在2022年4月还在持续下跌，中长期均线几乎保持平行向下对股价形成压制。股价虽然有所反弹，但最终也没能成功越过这两条压力线，越到后期，下跌速度还越快。

根据4月下旬K线连续收阴，阴线实体一日比一日大的走势，投资者其实可以认定其中有主力在参与。毕竟股价已经下跌了一段时间，到后期的跌速还能如此快，大概率是主力在压价吸筹，以备后市拉升，因此投资者可对其保持高度关注。

再来看RSI指标，在股价下跌的过程中，指标线长期保持在50线以下震荡。但随着该股在15.68元的位置触底反转，RSI指标也开始向上转折，短周期指标线与长周期指标线形成背离。

数日之后，K线连续收阳，短周期指标线已成功向上越过了两条长周期指标线，形成一个金叉。这尽管不是一个非常强烈的买进信号，但也说明短期内市场中多方力量更加强劲。

进入5月后不久，股价在30日均线上受阻后开始横盘震荡，但并没有跌破前期低点。这就说明该股有突破的潜力，结合前期RSI指标的金叉和K线形态预示出的主力压价吸筹的表现来看，后续可能会迎来一波强势反弹，或是直接进入上涨行情之中。

同时观察RSI指标可以发现，此时的指标线还保持着多头排列形态，虽然期间有多次震荡回落形成背离，但整体可以看出是向上的，投资者可以持币观望，随时准备介入。

5月底，股价终于成功越过了30日均线的压制，开始朝着60日均线进发。这一次成功突破已经充分证明了该股上涨的潜力，后续突破60日均线应该也不是问题。因此在RSI指标跟随股价来到50线以上时，投资者就可以择机建仓了。

6月中旬，该股彻底突破60日均线，开始构筑下一波快速的拉升。同时也证实了前期投资者的猜测，结合RSI指标线一波波向上并接触80线的走势来看，市场整体看好，谨慎型投资者也可以进入了。

继续来看后面的走势。

图6-2为华中数控2022年5月到9月的K线图。

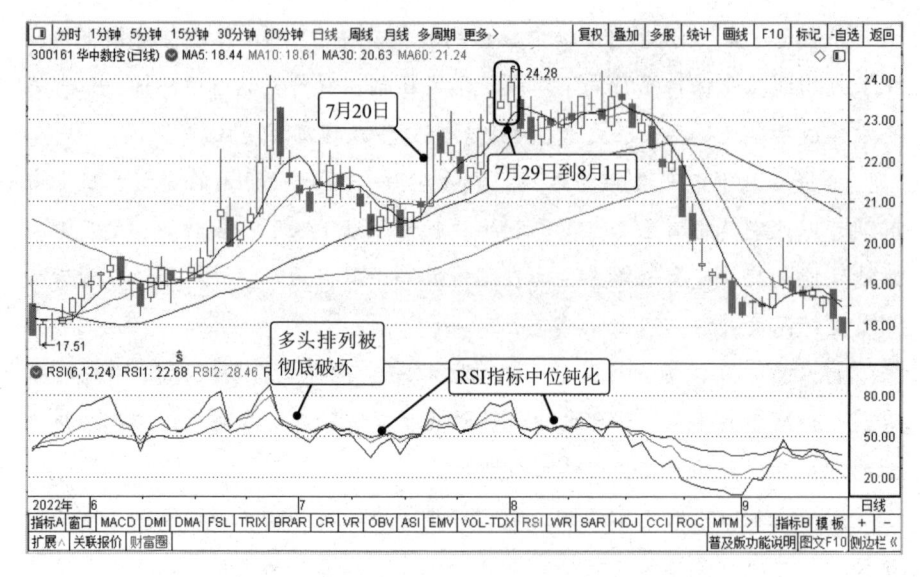

图 6-2 华中数控 2022 年 5 月到 9 月的 K 线图

图 6-2 展示的是华中数控的股价在成功突破中长期均线之后的两波拉升。从 K 线中可以看到，第一波拉升在 6 月底于 24.00 元价位线上受阻，股价很快收阴向下落到了 30 日均线附近。

在下跌的同时，RSI 指标也彻底结束了多头排列的形态，形成一个死叉，并向着 50 线靠近。但因为股价没有彻底跌破中长期均线的支撑，因此指标线也只是在 50 线附近横向震荡，形成了一段中位钝化。

对于中长线投资者或是风险承受能力比较高的投资者来说，这种程度的回调还不足以卖出。不过短线投资者最好还是在股价下跌之后迅速撤离，待到下一波拉升来临时再买进也来得及。

7 月中旬之后，股价踩在 30 日均线上震荡数日，随后在 7 月 20 日收出了一根实体超长的阳线，开始了下一波拉升。不过这一次上涨的速度就远不如前期了，股价震荡的幅度也比较大，导致 RSI 指标也在 50 线上方多次形成转折。

7 月 29 日和 8 月 1 日这两个交易日，股价成功向上越过了 24.00 元价位线，但这两日收出的都是带有长上影线的阳线，可见该股实际上并没有成功突破。而在这两日的分时走势中，投资者也可以发现一些上涨乏力的征兆，下面来看具体情况。

图 6-3 为华中数控 2022 年 7 月 29 日到 8 月 1 日的分时图。

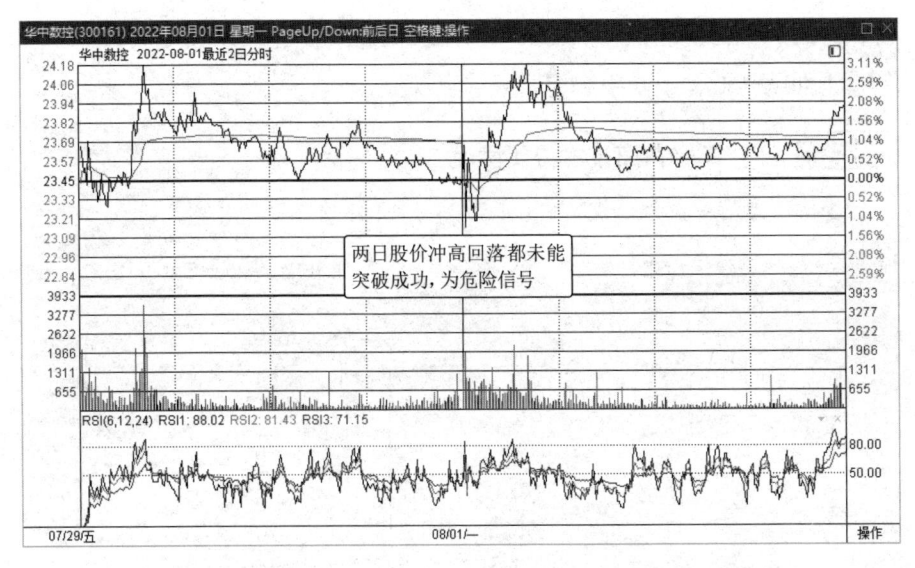

图 6-3　华中数控 2022 年 7 月 29 日到 8 月 1 日的分时图

粗略观察这两日的分时股价线表现可以发现，它们的走势十分相近，都是在开盘之后大幅震荡，落到低位后得到支撑，开始向上直线拉升，但几乎都在 24.00 元价位线上方不远处受阻后下跌，最终以高于当日开盘价的价格收盘。

除此之外，这两日的成交量表现也是非常相似的，可见其中大概率有主力在参与。那么主力推动都没能使股价成功突破该压力线，就说明未来一段时间内股价可能都不会突破，反而会进入一波深度回调之中，甚至可能就此回归下跌行情中。

而回到图 6-2 所示的 K 线图中继续观察可以发现，该股在此之后小幅回落到 23.00 元价位线下方，随后反复围绕该价位线震荡。在此期间，RSI 指标形成一个死叉后就在 50 线上方形成了中位钝化走势，其间无法发出准确的买卖信号，因此投资者也只能先行撤离或是继续观望，等待指标线钝化结束。

可惜的是，股价最终还是跌破 23.00 元价位线，RSI 指标也结束了中位钝化开始向下运行，形成清晰的空头排列形态，因此，投资者需要尽快撤离。

6.1.2　上涨过程中利用 RSI 指标定位买卖点

在行情正式进入上涨之后，投资者参与的积极度就会更高，因此也可以更好地借助 RSI 指标定位买卖点。不过不同操作风格和操作周期的投资者认定的买卖位置也有所不同,具体还应根据投资者自身情况而定。

下面就来看一下华中数控后续的表现。

实例分析 RSI 指标背离技术寻买卖点

图 6-4 为华中数控 2022 年 8 月到 11 月的 K 线图。

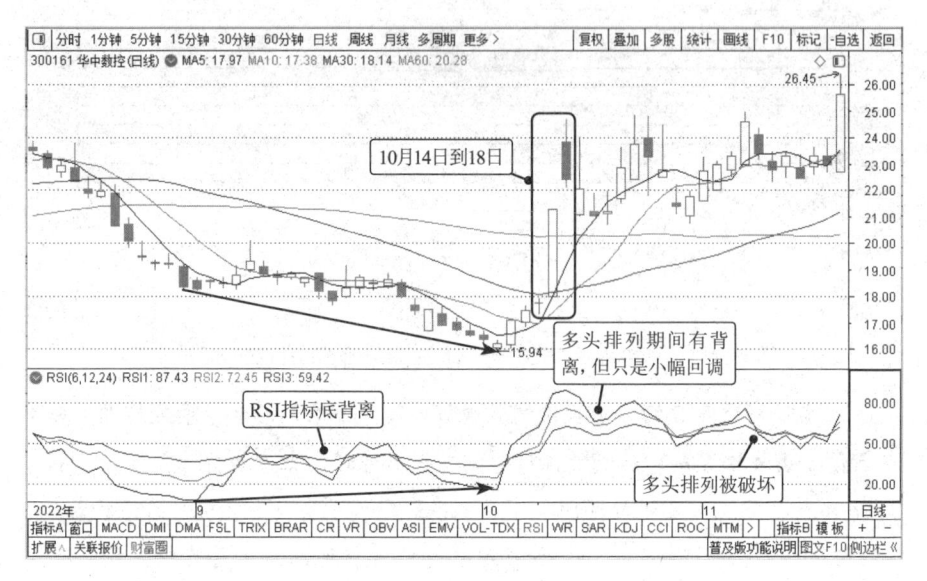

图 6-4 华中数控 2022 年 8 月到 11 月的 K 线图

从图 6-4 中可以看到,在 2022 年 9 月初,股价已经跌到了 18.00 元价位线上方,在此得到支撑后小幅回弹,不过 20.00 元价位线上的压制力较强,股价最终还是下跌到了与前期相近的位置,并横向震荡了一段时间。

9 月下旬,股价继续下跌并跌破 18.00 元价位线的支撑,落到了 15.94 元处,低点相较于前期有明显下移。但观察 RSI 指标可以发现,指标线的低点整体偏向上移,与股价形成了底背离。

结合后期该股开始收阳向上冲击中长期均线的表现来看,这一波回调可能已经结束。那么在 RSI 指标跟随股价转折向上形成金叉和多头排列的同时,投资者就可以重新建仓买进了。

不过就在股价成功突破中长期均线的三个关键交易日中,盘中有清晰的主力参与痕迹,投资者要注意观察。

图 6-5 为华中数控 2022 年 10 月 14 日到 18 日的分时图。

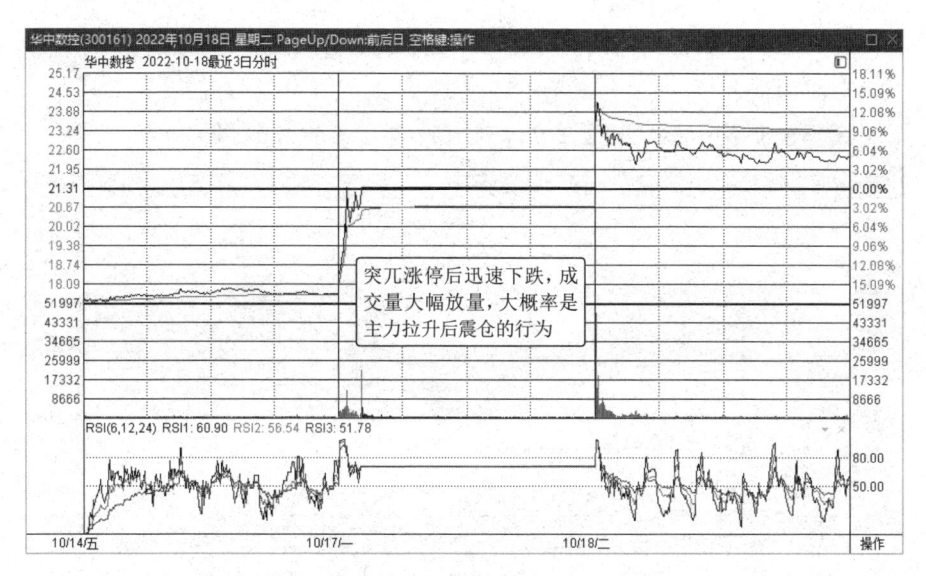

图 6-5　华中数控 2022 年 10 月 14 日到 18 日的分时图

10 月 14 日，股价还处于 30 日均线之下，当日的分时走势也比较平淡，股价缓慢上涨，但整体涨幅并不大。

到了 10 月 17 日，该股在开盘后突兀直线上冲，几分钟内就被打到了涨停板上。盘中成交量明显放大，最终该股收出了一根涨停大阳线。

10 月 18 日，该股以高价开盘，但在开盘后第一分钟，成交量就释放出了巨大的量能。股价虽有小幅上升，但很快便在盘中活跃交易的带动下震荡下跌，最终收出了一根阴线。

这种突兀涨停后迅速下跌的走势，再加上成交量的异常表现，有很大概率是主力快速推动股价突破关键压力线后立即回笼部分资金造成的。其目的有可能是震仓，将盘中不坚定的获利盘筛选出去，留下更为坚定的看涨盘，以减轻后市拉升的压力。

至于投资者是否需要卖出，还需要回到 K 线图中继续观察。从图 6-4 中可以看到，股价此后小幅回调到 60 日均线上方，很快便止跌并继续上涨。但在连续多次的上升中，股价都没能突破 25.00 元价位线，可见这是一条关键压力线。

在此期间，RSI 指标多次回落震荡，形成多次背离，多头排列的形态也被彻底破坏了。不过指标线最终还是长期维持在 50 线上方震荡，可见市场整体是看好该股的，因此投资者可以不着急卖出，而是保持观望，等待后续变盘时机的到来。

图 6-6 为华中数控 2022 年 9 月到 2023 年 1 月的 K 线图。

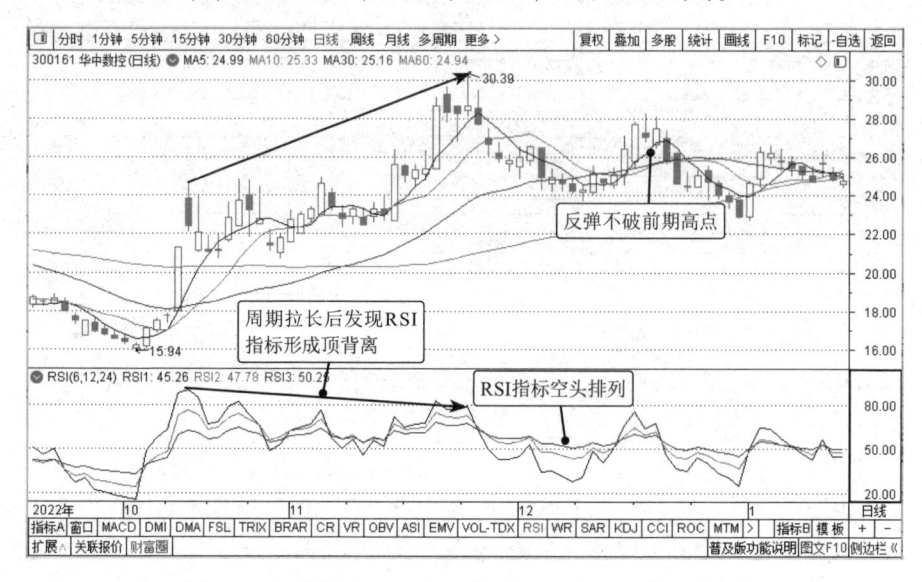

图 6-6　华中数控 2022 年 9 月到 2023 年 1 月的 K 线图

从图 6-6 中可以看到，华中数控的股价最终还是成功越过了 25.00 元价位线，随后呈阶梯式向上攀登。

在股价高点持续上移的同时，反观 RSI 指标，却发现其高点自从 10 月上旬之后就在不断下移。虽然在 11 月下旬股价突破关键压力线的同时，RSI 指标线的高点短期是上移的，但依旧没能越过 10 月上旬的高点，因此从整体来看，该指标还是与股价形成了顶背离。

而且在股价向上接触 30.00 元价位线的同时，K 线收出了一根带有长上影线的小实体阳线。这显然又是一种冲高不破的形态，在市场推动力不足的情况下，股价还是很有可能随时转势下跌的。

果然之后 K 线就连续收阴向下落到了 26.00 元价位线附近。RSI 指标也跟随形成了一个死叉后向着 50 线靠近，指标线形成空头排列形态。

虽然该股在 12 月初落到 24.00 元价位线后有一次强劲的反弹，但反弹高点在 28.00 元价位线上受阻，没能越过前期。最终股价彻底向下跌破 30 日均线，RSI 指标也在小幅破坏空头排列形态后很快回归，指标线逐步向下跌到 50 线下方，可见卖出信号还是很强烈的，投资者最好先行出局止损。

6.1.3 上涨到行情高位后的警示信号

牛市行情是有尽头的，待到股价拉升出一波较大幅度的上涨，投资者就需要将精力更多地放到RSI指标的顶部背离形态上，看其是否有出现前面章节所介绍的双重顶、三重顶或顶背离之类的走势。一旦发现这种情况，短线投资者就要注意及时卖出止盈，中长线投资者则要根据自己的风险承受能力决定是否减仓。

下面进入华中数控最后一波的实例学习中。

实例分析 行情可能反转，RSI指标提前发出信号

图6-7为华中数控2023年1月到6月的K线图。

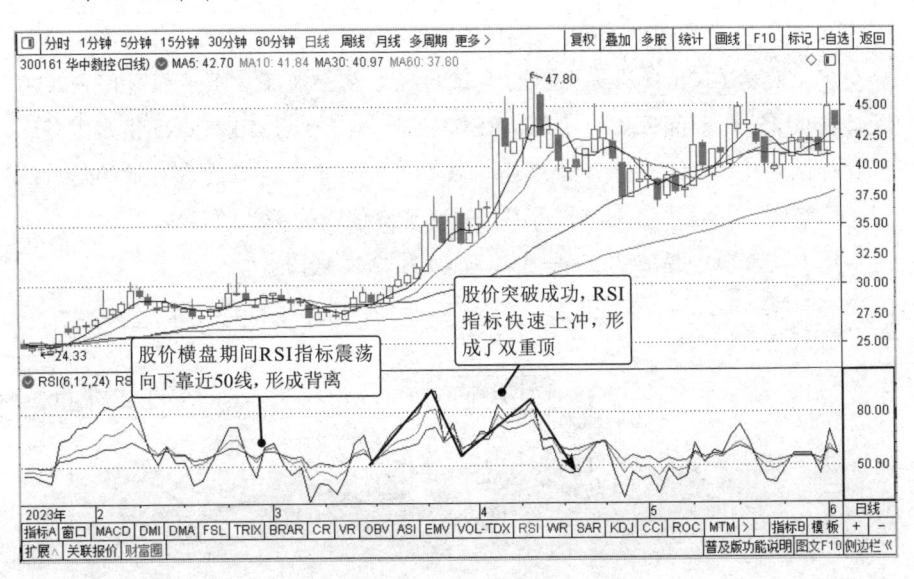

图6-7 华中数控2023年1月到6月的K线图

从图6-7中可以看到，到了2023年2月初，股价又重新回到了30.00元价位线附近，并多次向上冲击这条压力线。

在冲击的过程中，该股的低点始终都在60日均线上方不远处，整体是偏向于横盘震荡的。但在此期间，RSI指标缓慢从高位向下滑落接近50线，与股价的横盘震荡形成了一定的背离。

虽然指标线的表现是偏向看跌的，但股价始终没有跌破中长期均线的支撑，就说明其上涨的概率更大，因此投资者可以先保持观望，不必着急卖出。

到了 3 月下旬，股价终于成功向上越过了 30.00 价位线的压制，并带动 RSI 指标迅速向上冲到 80 线上方，指标线多头排列形态清晰，投资者可以择机介入。

数日之后，该股在 37.50 元价位线下方受阻后横盘震荡了一段时间，RSI 指标跟随向下滑落到 50 线上方不远处。不过随着股价继续大幅拉升向上的走势，指标线也很快回到了 80 线上方。

4 月 12 日，股价创出 47.80 元的新高后拐头向下回调，导致 RSI 指标跟随向下转折。此时投资者已经可以看出一个清晰的双重顶形态了，结合短时间内较高的涨幅来看，后续股价回调的可能性很大。收益已经达到预期的投资者可以先行卖出观望，惜售型的投资者也最好减仓，避免判断失误，行情彻底转向下跌。

从后续的走势可以看到，该股此次只是进行了一次回调，并没有彻底转势向下，股价在 30 日均线上得到支撑后就继续上涨了。虽然短时间内没有成功突破 45.00 元价位线的压制，RSI 指标也回落到了 50 线上方横盘震荡，但股价低点持续上移的表现说明下一波拉升即将来临，投资者可继续保持观望，已经卖出的投资者则可以等待 45.00 元价位线被突破的时机。

图 6-8 为华中数控 2023 年 5 月到 10 月的 K 线图。

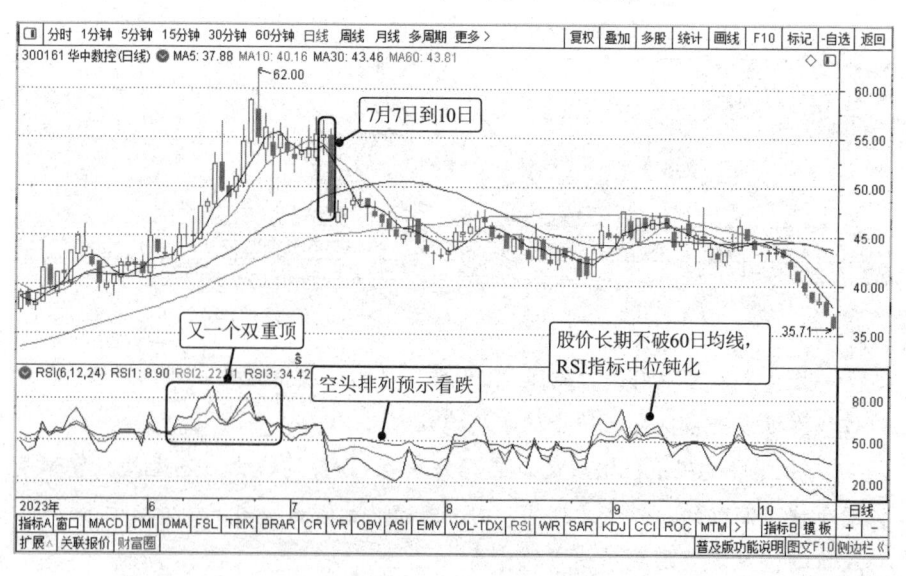

图 6-8　华中数控 2023 年 5 月到 10 月的 K 线图

从后续的走势中可以看到，股价在 6 月上旬才完成了对 45.00 元价位线的突破。股价在突破之后震荡向上，很快便来到了 60.00 元价位线上方。

可惜在创出新高的当日，K 线却收出了一根带有长上影线的阴线。根据前期经验来看，这是上方压力较重，后续突破困难的表现。除此之外，在此阶段内，RSI 指标又形成了一个双重顶形态，释放出同步的卖出信号，谨慎型投资者当时就应该卖出。

半个月之后，股价在 55.00 元价位线上横盘震荡到后期，于 7 月 10 日收出了一根实体巨大的阴线，当日直接跌破了 30 日均线，盘中的主力出货痕迹明显，下面来看具体情况。

图 6-9 为华中数控 2023 年 7 月 7 日到 10 日的分时图。

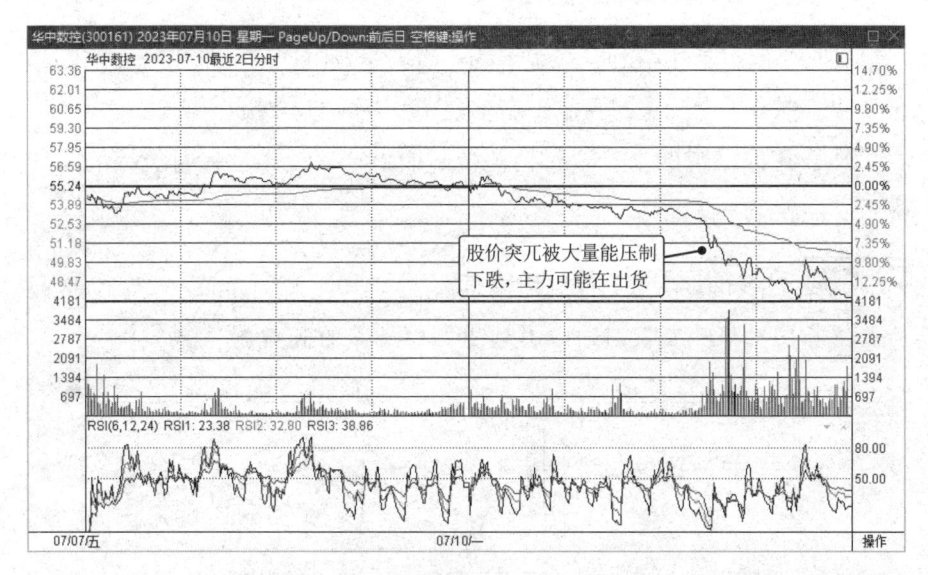

图 6-9　华中数控 2023 年 7 月 7 日到 10 日的分时图

股价在 7 月 7 日还维持着前期的横盘震荡走势。7 月 10 日开盘后很长一段时间内，该股下跌的幅度也不大，但在下午时段，随着成交量突兀的集中放量，股价快速被带动向下，最终收出了长实体阴线。

这种突然的下跌和成交量突然的活跃，极有可能是主力主动操作导致的。放在该股当前的行情位置来看，就有可能是在出货。

结合前期多方信息来看，该股很可能即将进入下跌行情之中。而且此后很长一段时间内，股价都被压制在中长期均线下方运行，RSI 指标在形成死叉和空头排列之后，又围绕 50 线形成中位钝化形态，长期看跌信号明显，此时还未离场的投资者也不可停留了。

6.2 保龄宝（002286）：熊市中 RSI 背离

在熊市行情中，投资者更要保持谨慎持股，RSI 指标释放出的提前卖出和及时止盈的信号更是要得到充分重视才能在降低持股风险的同时尽量保住前期收益。

本节就将选取保龄宝的一段下跌行情，细致分析其中 RSI 指标背离技术的参考价值。

6.2.1 上一段行情高位的转折点

要在下跌行情中盈利，很重要的一点就是及时在前一次上涨行情的高位卖出。保住了上一次的收益，才能更好地进行下一次的投资。

那么在保龄宝的上一段行情高位，股价和 RSI 指标会有怎样的表现呢？下面就来一探究竟。

实例分析 RSI 指标提前发出转折信号

图 6-10 为保龄宝 2021 年 7 月到 2022 年 1 月的 K 线图。

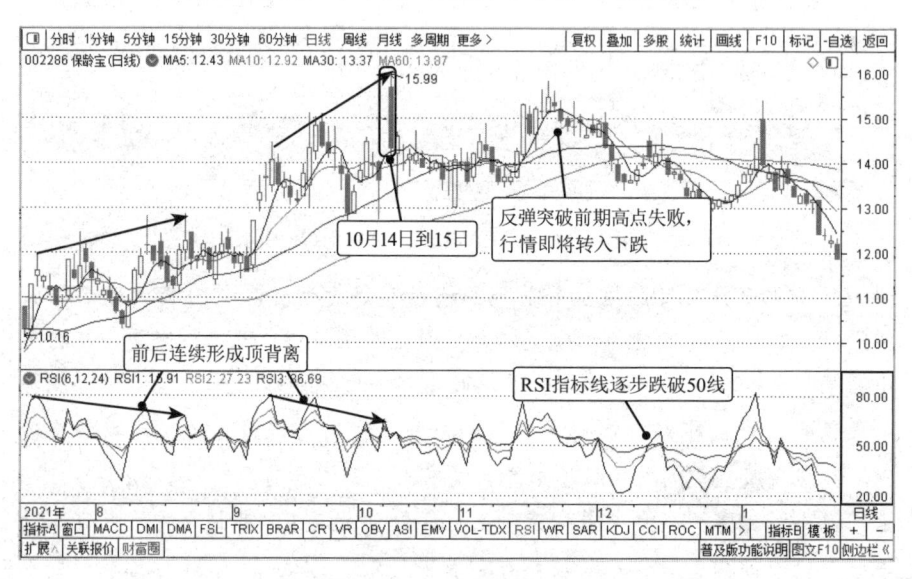

图 6-10　保龄宝 2021 年 7 月到 2022 年 1 月的 K 线图

从图 6-10 中可以看到，股价涨跌趋势的转换展示得非常清晰。而在前期上涨过程中，RSI指标其实已经给出了多次警示信号，下面就来逐一解析。

第一次警示信号形成于2021年7月到8月，在此期间，观察股价可以发现，其在30日均线的支撑下震荡上扬，高点是在不断上移的。但RSI指标的高点却明显逐次下移，与股价形成了一个清晰的顶背离形态。这显然说明股价此次上涨其实是非常艰难的，后续有可能会形成一次回调来整理。

事实也确实如此，但股价后续下跌的幅度也不大，也是在30日均线附近得到支撑后，整理了一段时间便继续收阳向上，成功突破了13.00元的关键压力线。

在股价实现突破并创出新高之后，RSI指标的高点也来到了80线附近，破坏了前期的顶背离形态。

后续该股依旧在中长期均线的支撑下震荡向上，高点逐步上移，但RSI指标的高点又一次出现了震荡下移的情况，而且在9月形成了一个双重顶形态。尽管在双重顶形成之后股价还能继续拉升，但在10月14日到15日，分时走势给出了明确的看跌信号，下面来看具体情况。

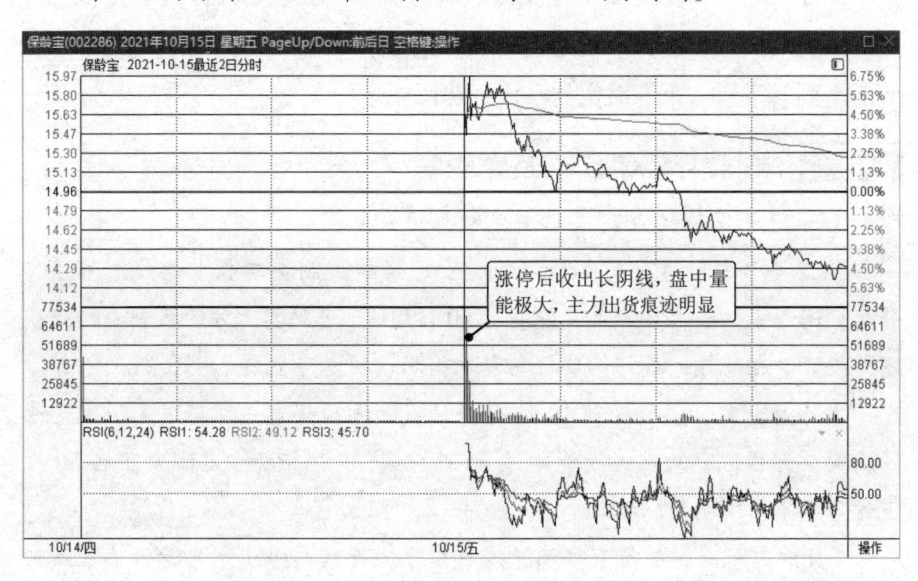

图6-11为保龄宝2021年10月14日到15日的分时图。

图6-11　保龄宝2021年10月14日到15日的分时图

10月14日，K线收出的是一根一字涨停线。10月15日股价开板交易，开盘价就明显高于前日收盘价，并且开盘的第一分钟就有极大的量能放出，导致股价在高位反复震荡一段时间后还是快速呈锯齿状下跌，最终收出了一根长阴线。

这种形态是典型的顶部反转形态，结合 K 线图中 RSI 指标的多次警示信号来看，后续该股可能会面临下跌。无论是谨慎型投资者还是惜售型投资者，都最好提前卖出观望。

下面回到图 6-10 所示的 K 线图中继续观察可以看到，此后股价跌到了 14.00 元价位线上横盘震荡了一段时间，在 11 月中旬再次上冲。但很明显此次股价没有越过前期的 15.99 元，只是在接近前期高点的位置多次试探，失败后拐头向下，最终在 12 月初收阴跌破了中长期均线。

这时的 RSI 指标也跟随拐头向下跌到 50 线下方，进一步证实了下跌行情的到来，此时还未离场的投资者要抓紧时间清仓了。

6.2.2　强势反弹是解套好时机

下跌行情中的强势反弹值得介入，它既能为被套的投资者提供解套机会，又能为场外投资者提供抢反弹盈利的机会。不过场外投资者在参与时最好轻仓买卖，毕竟风险较高。

下面就来看一下保龄宝的一段强势反弹走势。

实例分析 RSI 指标背离提示抢反弹时机

图 6-12 为保龄宝 2022 年 3 月到 9 月的 K 线图。

2022 年 3 月到 4 月，保龄宝的股价已经被压制在中长期均线之下了，并且期间形成的多次反弹都没能越过 60 日均线，可见其上方的压制力较强，场外投资者在此期间最好不要轻易介入，场内投资者也要尽快在高点卖出。

在 4 月上旬，股价落到 10.50 元价位线上方后得到支撑形成了一次快速的反弹。可惜这一次反弹没能越过 60 日均线，RSI 指标在其带动下在 50 线下方形成了一次明显转折。

4 月中旬之后，股价下跌的速度更快了，连续四根阴线导致价格暴跌到了 9.50 元价位线下方，短期跌幅极大，给投资者造成了巨大的损失。

但奇怪的是，在如此巨大的跌幅影响下，RSI 指标也仅仅是跌到了与前期低点相近的位置便转折向上了，形成的低点走平的走势与股价形成了强烈的背离。

虽然这并不是底背离，但二者差距如此大，依旧可以看出一定的反转预示。不过由于这是在下跌行情之中，投资者此时也不可以立即买进，而是要等待时机。

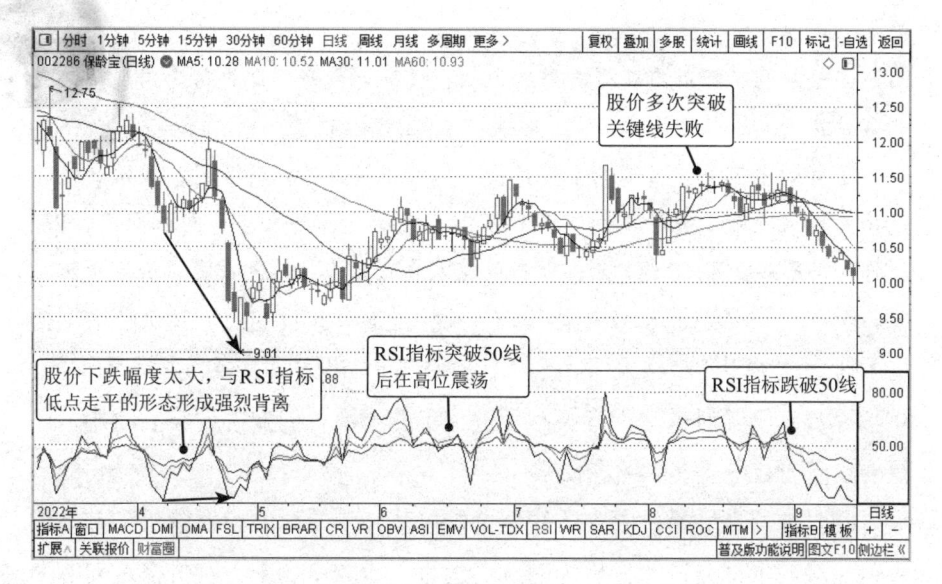

图6-12　保龄宝2022年3月到9月的K线图

从后续的走势可以看到，该股在创出9.01元的新低后就开始震荡向上，逐步靠近30日均线。在此期间，RSI指标也跟随被拉动向上，低点渐次上移靠近50线。

就在股价成功突破30日均线的同时，RSI指标也成功越过了50线的压制，并形成多头排列形态，这时投资者买进的机会就来了。

6月初，股价在60日均线上受到压制后小幅回调了一段时间，低点落在10.00元价位线上方，并没有跌破前期低点，可见后续还是有一定拉升潜力的。

6月中旬之后不久，股价就成功突破了60日均线的压制，开始向着更高点进发。第一次拉升于6月底在11.50元价位线上受阻，随后回落到60日均线附近。在此期间，RSI指标长期保持在50线上方震荡，只是在股价回调的时候小幅跌破过50线，但从整体来看是向好的，投资者依旧可以保持持有。

7月下旬，股价再度上冲，但高点依旧是在11.50元价格线上受到压制。而在后续近两个月的走势中，股价几乎都没能成功突破该压力线。在此期间，RSI指标也总是围绕50线横向波动，既没有明确下跌，也没有积极上涨，基本上可视作中位钝化形态。

而如此长时间没有获得更好的收益，投资者最好还是先行卖出观望，或者另寻其他优质个股操作。

这样的走势一直持续到了9月初，随着中长期均线的靠近，股价最终还是将其彻底跌破，并快速向下落到了前期关键支撑线之下。与此同时，RSI指标也彻底跌破了50线，形成明确的空头排列形态，催促投资者快速卖出。

至此，本书关于KDJ指标、CCI指标及RSI指标这三大超买超卖型指标的背离技术介绍就结束了。通过对相关理论知识和对应实战操作的学习，相信投资者已经对这三大指标有了进一步的了解，但要实现灵活应用，还是要投资者自己多多学习和摸索。

同时要注意的是，书中所述理论仅仅从知识的角度出发解析，并不代表每一次股价都会按照分析出的方向运行，毕竟市场中影响价格走向的因素实在太多，投资者无法一一预测。所以，具体情况还需要具体分析，在操作时也要时刻保持警惕，最后预祝投资者都能获得满意的收益。